Mehr Energie fürs Leben

Jörg Löhr / Dr. med. Michael Spitzbart / Ulrich Pramann

Mehr Energie fürs Leben

Mehr Power – mehr Lebensfreude – mehr Vitalität

Entdecken Sie die Quellen Ihrer Energie

südwest

INHALT

Die innere Dynamik 8

Das Triebwerk unserer Kräfte 12

Mehr Lebensenergie ist mehr Lebensfreude 12

Die geheimnisvolle Kraft aus unserem Inneren 14

Die chinesische Energielehre 18

Die indische Energielehre 22

Was Energie fördert oder schwächt 23

Das Energiemodell 28

Die Energiepyramide 30

Die Energiebilanz 32

*Laufen macht
fit und fröhlich.*

Die Quellen der Energie 36

Unser Körper – eine
Wundermaschine 37

Ein System mit exakter
Feinabstimmung 37

Wo die Energie herkommt 39

Ihr persönlicher Energiebedarf 39

Energiequelle Ernährung 40

Energiequelle optimistische Lebenseinstellung 42

Energiequelle richtiges Atmen 47

Energiequelle gesunder Schlaf 50

Bioenergetik – Energie erkennen und lenken 57

Bioenergetikübungen für jeden Typ 59

Die Energieräuber

Die Energieräuber 64

Was an den Kräften zehrt 65

Das Burnout-Syndrom 65

Muskeln zeigen den Spannungszustand an 70

Energieräuber Nervensägen & Co. 73

Energieräuber Ärger 74

Energieräuber Angst 77

Energieräuber Bewegungsmangel 80

Energieräuber falsche Ernährung 80

Energieräuber Elektrosmog 84

Energieräuber chaotische Organisation 85

Energieräuber Stress 87

Die Blutwerte geben Aufschluss

Die Blutwerte geben
Aufschluss 94

Energiebilanz aus dem Labor 95

Was Blutwerte aussagen 95

Die positiven Leistungsparameter 98

Powerdrink für zwischendurch: frisch gepresster Orangensaft.

Energie auf den Teller

Energie auf den Teller 104

Lebensfreude durch bessere Ernährung 105

Lust und Frust der Essgewohnheiten 105

Nährstoffe in optimaler Kombination 108

Kohlenhydrate – der Brennstoff 108

Eiweiß – der Baustoff des Lebens 110

Das biologische Wunder der Aminosäuren 111

Biostoffe – die Heinzelmännchen des Lebens 115

Fett – Fitmacher und Fettmacher 125

Übergewicht – Teufelskreis für die Seele 127

Werden Sie zum Fatburner 129

Das richtige Gewicht für mehr Energie 133

Mehr Energie durch Bewegung

Mehr Energie durch Bewegung 138

Stubenhocker schlaffen schneller ab 139

Bewegung ist Teil des Betriebsplans 139

Bewegung – das bewährte Zaubermittel 141

Hier kriegen Sie Ihr Fett weg 145

Durch Laufen zu neuer Lebensenergie 148

Gymnastik für Gehirnjogger – das bringt Bewegung ins Büro!

Erste Schritte – Fragen zur Laufpraxis 149

Laufen ist die beste Medizin – elf gute Gründe 152

Krafttraining stärkt das Selbstbewusstsein 156

Positive Energie aus Gefühlen 158

Emotionen – beflügelnd oder kräftelähmend 159

Antrieb durch Aktivierung der Gedanken 159

Die Power der Gefühle nutzen 161

Ärger als Energiequelle 163

Statt Pessimismus – das Positivprinzip 164

Energiequelle Gelassenheit 166

Flow – die optimale Energiezone 168

Energiequelle Spielen 170

Energie in extremen Situationen 171

Das innere Feuer – Energiequelle Begeisterung 174

Blitzrezepte für mehr Energie 176

Reserven ganz schnell mobilisieren 177

Die geheimnisvolle Kraft des Lächelns 177

Körper und Geist auf Touren bringen 180

Fit am Schreibtisch 184

The Power of Music 188

Energie tanken für die Seele 190

Die Kraftquellen in unserer Umgebung 191

Energie kann aus dem Herzen kommen 191

Energie durch Düfte und besondere Aromen 196

Die Wirkung von Farben auf unsere Energie 198

Energie laden an Orten der Kraft 202

Vom guten Vorsatz zum aktiven Start 206

Der Anfangsschwung für ein vitales Leben 207

Durchstarten und abheben. 207

Warum der Spaßfaktor wichtig ist 210

Die Gedanken richtig lenken 211

Bewusste Ernährung – Tipps für mehr Vitalität 213

Bringen Sie mehr Bewegung in Ihr Leben 215

Zu guter Letzt 217

Literatur 218

Nützliche Adressen 219

Über dieses Buch 219

Register 220

Schöpfen Sie duftende Kraft mit Aromaölen!

Die innere Dynamik

Wie geht es Ihnen? Sind Sie manchmal schon mitten am Tag müde? Sind Sie immer öfter abgespannt, zuweilen richtig ausgepowert? Lässt gelegentlich Ihre Konzentration sehr deutlich nach? Fühlen Sie sich lustlos, geradezu leer? Können Sie sich zu nichts mehr aufraffen? Fallen Sie in plötzliche Leistungslöcher? Geht es Ihnen auch so? Und wie gehen Sie damit um?

Klar, kennen wir doch alle, diese schlaffen, schlappen Phasen. Jeder Zweite leidet regelmäßig unter Abgespanntheit und dem Gefühl, völlig erschöpft zu sein. Gerade jene, die um die 30 sind, die ständig in Aktion sein wollen oder sind, stöhnen auffällig oft: »Weiß gar nicht, was los ist, ich fühle mich in letzter Zeit immer so fertig.«

Aktiv gegen alltägliche Durchhänger

Was tun? Die meisten verdrängen einfach diese Durchhänger. Im November, ganz klar, warum es da nicht läuft: der Novemberblues. Von Dezember bis Februar wird Antriebslosigkeit auf eine Grippe geschoben, die sich gerade ankündigt. Oder auf die latente Winterdepression. Und von März bis Mai ist sowieso die Saison der berühmten Frühjahrsmüdigkeit. Alles müde Ausreden. So einfach lassen sie sich weder erklären noch entschuldigen: die privaten Energiekrisen. Schlappheit hat mit Jahreszeiten wenig zu tun – aber sehr viel mit uns selbst:

● Mit unseren Lebensumständen, mit unserer Lebenseinstellung
● Mit der Einteilung unseres Arbeitstags (Stress? Monotonie? Genug kreative Pausen?)
● Mit unserer Freizeitgestaltung (Sport oder Fernsehmarathons? Aktive Entspannung oder lähmende Langeweile?)
● Mit welchen Menschen wir uns umgeben
● Mit dem Maß an Bewegung in unserem Alltag
● Mit unserer Ernährung
● Mit unserem Wissen über Lebensenergie, die Quellen unserer Energie und die tückischen Energieräuber

Von uns wird sehr viel verlangt. Viele Menschen sind im alltäglichen Kampf um Erfolg und Anerkennung überfordert oder überfordern sich selbst. Sie missachten die Signale ihres Körpers. Sie finden nicht die richtige Balance für ihr Leben. Sie verbrauchen, sie verplempern, sie verpulvern oft mehr Energie, als zur Verfügung steht. Oder das Gegenteil: Sie schonen sich allzu sehr. Beides, zu viel und zu wenig Belastung, kann auslaugen.

Wir kennen das. Von Kollegen, die klagen (»Mensch, mir fehlt einfach die Energie!«). Von uns und unseren Vorsätzen (»Warte, im Urlaub will ich mal wieder richtig Energie tanken!«).

Alles ist Energie

Das Thema »Energie« hat Hochkonjunktur. Wir bewundern Menschen, die energisch auftreten. Wir sprechen von sexueller Energie, von krimineller Energie oder von charismatischer Energie. Damit ist Ausstrahlung gemeint. Das Wort deutet darauf hin: Offenbar verfügen wir alle wirklich über so eine Art inneren Trafo. Wenn unser Energiehaushalt hoch ist, wirkt und überträgt sich unsere energetische Kraft auch auf andere Menschen. Sie sagen dann: Der hat Ausstrahlung.

Ein buntes Angebot zur Lebenshilfe

Sicher, wir wollen das, was andere spirituelle Energie nennen, nicht völlig außer Acht lassen. Autoren wie Deepak Chopra oder Louise L. Hay erreichen ein Millionenpublikum.

Auch Melody Beattie (»Kraft zur Selbstfindung«). Sie versucht, ihre Leser mit täglichen Meditationen aufzuladen: »Gehen Sie z. B. barfuß, und lassen Sie die Energie der Erde in sich einströmen. Strecken Sie die Hände zum Himmel empor, und nehmen Sie göttlichen Geist auf. Bewegen Sie sich. Beseitigen Sie die inneren und äußeren Hindernisse. Fühlen, lieben, singen, schreien Sie...« Na gut. Ganz so einfach machen wir es uns in diesem Buch nicht.

Patentrezepte sind immer dubios

Kaum zu glauben, wie toll es manche auf dem Wachstumsmarkt Esoterik mit dem Thema »Spirituelle Energie« treiben.

Beispielsweise Dorothy Harbour, die nahe San Francisco eine »Praxis für spirituelle Energie- und Lebensberatung« führt. Sie bietet jenen, die sich als potenzielle Opfer eines Überfalls sehen, folgende Übung als Sofortprogramm zur Aurastärkung: Im Moment der Gefahr solle man sich

»Sich selbst zu lieben, gibt uns jene zusätzliche Energie, die wir brauchen, um mit Problemen besser fertig zu werden.« (Louise L. Hay; »Meditationen für Körper und Seele«)

bloß bewusst machen (»imaginieren«), man sei von einer Säule aus Licht lückenlos und undurchdringlich umgeben. »Sagen Sie, laut oder im Stillen, mehrmals: Die Säule aus Licht umhüllt und beschützt mich. Einzig positive Energien dringen durch die Lichtsäule ein.« Dann würden sich potenzielle Angreifer sofort abwenden.

Interessant. Aber keine Bange: Mit dieser Art Energie beschäftigen wir uns hier wirklich nicht.

> »Die Energie, die wir benötigen, bekommen wir nur aus dem Strom, gegen den wir schwimmen.«
> (Leander Segebrecht, Lyriker)

Expertentipps – klar und praxisbezogen

Dieses Buch ist nicht abgehoben. Dieses Buch ist praxisbezogen. Sie finden hier Hunderte von Tipps, wie Sie wirklich mehr Energie in Ihr Leben bringen können. Alle Vorschläge und Anleitungen lassen sich leicht in Ihrem Alltag umsetzen. Vor allem erfahren Sie, wie Sie ins Handeln kommen. Dafür garantieren zwei Experten, die ich für dieses Buch gewinnen konnte:

● *Jörg Löhr*, ehemaliger Handballnationalspieler, der inzwischen zu den gefragtesten Erfolgs- und Persönlichkeitstrainern Europas zählt und von der Akademie für Führungskräfte zum Motivationstrainer des Jahres gewählt wurde.

● *Dr. med. Michael Spitzbart*, der sich nach dem Studium (u. a. in den USA) auf Akupunktur, präventive und orthomolekulare Medizin spezialisierte. Heute hält er vor allem Vorträge: ein höchst unterhaltsamer Redner von hoher Überzeugungskraft, der komplizierte Sachverhalte verständlich darstellen kann.

Beide veranstalten seit Jahren erfolgreiche Seminare zum Thema »Lebensenergie, Kreativität und Höchstleistung«. Beide kennen die Fragen und Probleme, die sich bei diesem wichtigen Thema auftun, aus dem Effeff. Beide schaffen es, Interessenten so zu begeistern, dass diese selbst aktiv werden. Denn darauf kommt es an.

Mehr Lebensenergie – mehr Lebenslust

Energie ist unser Treibstoff. Energie ist unsere Lebenskraft. Ohne Energie läuft nicht viel. Nur wenn wir über genügend Energie verfügen, können wir klar denken und handeln und unsere Ziele erreichen. Wenn nicht, sinkt die Lebensqualität. Die Rechnung ist einfach: Wenig Lebensenergie = wenig Leistungsfähigkeit und Lebensfreude; viel Lebensenergie = viel mehr Lebensfreude. Das Problem: Lebensergie lässt sich nicht direkt messen; allenfalls erleben wir die Auswirkungen. Gehen Sie mal zu Ihrem Hausarzt, und fragen Sie ihn, wie Sie Ihre Lebensenergie stärken können. Der wird sagen: Wie bitte? Denn der Begriff »Lebensenergie« kommt in der Ausbildung an der Universität nicht vor. Vielleicht wird er Ihnen ja Ginseng verschreiben, die vitalisierende Wurzel. Doch das allein reicht natürlich nicht.

Unser Kopf ist rund – damit unsere Gedanken die Richtung ändern können.

Ins Handeln kommen

Nein, Lebensenergie lässt sich nicht vom Doktor verordnen oder als Pille schlucken – ebenso wenig wie Gesundheit.
Aber: Sie selbst haben es in der Hand. Werden Sie aktiv. Wecken Sie die Energie. Essen Sie sich geistig und körperlich fit. Entspannen Sie für neue Vitalität. Mit minimalem Zeitaufwand können Sie maximale Erfolge erzielen. Wir erklären, wie das funktioniert. Bewegung, Ernährung, Denken – das sind die wesentlichen Faktoren für ein besseres Lebensgefühl und mehr Energie fürs Leben. Eine einfache Wahrheit, doch es gibt kein besseres Rezept.

Ulrich Pramann

Arbeiten Sie mit Hilfe dieses Buchs energisch an sich – dann wird Ihr Leben schon bald voller Power sein!

Das Triebwerk unserer Kräfte

Mehr Lebensenergie ist mehr Lebensfreude

Manchmal ist die Welt entrückt, die Zeit unwichtig, der Zustand außerirdisch. Die Arbeit flutscht nur so. Die anderen Menschen nerven nicht mehr, sie lächeln sogar, weil wir sie angelächelt haben. Alles ist verklärt. Was sonst Herausforderungen sind, scheint ganz einfach. Wir fühlen uns sehr gut und finden uns wertvoll und attraktiv. Wir sehen alles intensiver. Wir fühlen uns unheimlich stark. Wir müssen kaum mehr schlafen und sind trotzdem nicht dösig. Im Gegenteil. Wir fühlen sie, diese enorme Schubkraft – wenn wir verliebt sind.

Die Erfahrung dieses wunderbaren Gefühls kann sicher jeder bestätigen: Wenn wir verliebt sind, vernarrt, wenn wir uns rundum glücklich fühlen, ja – dann strotzen wir nur so vor Energie. Lebensenergie. Lebensfreude setzt Energie frei.

Bitte volltanken

Und manchmal erleben wir genau das Gegenteil – ohne zu wissen, warum. Dann fühlen wir uns überlastet, überanstrengt, überfordert. Abgespannt, abgegriffen, ausgelaugt. Zerschlagen, zerknirscht, ziemlich fertig. Kreuzlahm, leer. Es gibt viele Namen und Nuancen für diesen elenden Zustand: Lustlosigkeit, Antriebslosigkeit, Schlappheit, Verzagtheit, Erschöpfung, Ausgebranntsein (»Burnout«), Depression. Bestenfalls bemerken Bekannte: »Mensch, Tank leer, was?« Stimmt, nix mehr drin, null Energie.

Und manchmal, da wundern wir uns über andere. Wo die so viel Energie hernehmen. Wie die das machen, wie die in extremen Situationen noch unglaubliche Reserven abrufen können.

Beispielsweise Lance Armstrong. Die meisten hatten ihn längst aufgegeben. Der junge Amerikaner lag auf dem Totenbett. Er hatte Krebs, Hodenkrebs, und im Kleinhirn fanden sich schon Metastasen. Aber er ist vom Totenbett wieder aufgestanden. Fast die ganze Welt wurde Zeuge, als Lance Armstrong zweieinhalb Jahre später (1999) die Tour de France gewonnen hat.

»Sich selbst auf der Bühne des inneren Theaters willkommen zu heißen, kann den Vorhang zu einer Komödie, einer Tragödie oder einem grandiosen Schauspiel der eigenen Teilpersönlichkeit öffnen.« (Ulrich Sollmann; »Management by Körper.«)

Das Energiewunder Lance Armstrong

Das härteste, das schwerste Radrennen der Welt. Über 3000 Kilometer in drei Wochen. Täglich bis zu sieben Stunden im Sattel. Stets auf der Hut sein. Bis an die Grenze gehen. Gejagtwerden, Zeitfahren, Sprints, steile, sehr steile Pässe in den Pyrenäen und Alpen, bis 3000 Meter hinauf. Armstrong beherrschte alle Konkurrenten. Auch er konnte seine Energieleistung kaum fassen: »Das war nicht Hollywood, das war nicht Disney. Meine Story ist phantastisch, aber wahr.«

Hinterher versuchte einer seiner Ärzte, Dr. Lawrence Einhorn, das Wunder Armstrong zu erklären. Der Sterbenskranke trainierte, selbst als man ihm Chemotherapien verpasste, noch täglich bis zu 80 Kilometer auf dem Rad. Dr. Einhorn: »Armstrong ist einer dieser amerikanischen Helden, die zwei Dinge in sich vereinen: starke Persönlichkeit und verdammt viel Mut.«

Und viel Lebensenergie. Drei Monate später wurde Lance Armstrong sogar Vater. Sein Sohn ist übrigens kerngesund und – wie fast alle Babys – auch ein Energiebündel.

> »Nur wenn ich selber keine Angst habe zu verbrennen, kann ich leuchten.«
> (Bernd Hohmann, Psychotherapeut)

Die geheimnisvolle Kraft aus unserem Inneren

Das Lexikon erklärt Energie als »jede realisierbare Kraft, im allgemeinen Sprachgebrauch geistige und körperliche Tatkraft, die nachdrücklich eingesetzt wird, um etwas zu erreichen oder durchzusetzen.«

Energie ist der Treibstoff, der alles bestimmt: unsere Lebenskraft, unser Wohlbefinden, letztlich unsere Lebensfreude. Wenn wir genug Energie haben, werden wir unsere Ziele erreichen, und wenn wir über reichlich Reserven verfügen, werden wir in der Lage sein, auch schwierige Situationen zu meistern. Klar, mit weniger Energie gelingt uns weniger, und das Wenige fällt auch noch schwer.

Ein bisschen Biologie und Physik

Biologisch gesehen ist Energie das Vermögen eines Körpers oder Systems, aus sich heraus Arbeit zu leisten, also aus der Umwelt Stoffe (Energielieferanten) aufzunehmen, diese zu verarbeiten und daraus Energie zu gewinnen. Unser Stoffwechsel funktioniert so.

Physikalisch wird Energie als Fähigkeit eines Körpers erklärt, Arbeit zu leisten. Energie kann z. B. in Wärme (thermische Energie), Lichtenergie und/oder Bewegung (kinetische Energie) umgewandelt werden.

Der Tiger im Tank

Nehmen wir das Beispiel Auto. Klar, jedes Auto braucht Kraftstoff. Was nützt das schönste Auto, was nützen die schönsten Reisepläne, wenn zu wenig, das falsche oder verunreinigtes Benzin im Tank ist. Da kommen wir nicht weit.

Oh ja, wenn es um Autos geht, kennen wir uns aus. Wo wir tanken können. Was wir brauchen: Diesel, normales Bleifreies oder Super. Wir stellen sicher, dass wir einen Reservekanister dabei haben. Wir passen auf, dass der Tank nicht undicht ist. Uns ist klar, wenn wir Fullspeed fahren, kostet das eine Menge Sprit, und wir wissen, mit vernünftigem Tempo könnten wir erheblich Sprit sparen und kämen mit derselben Menge Energie deutlich weiter. Mit unsererer eigenen Lebensenergie gehen wir nicht so souverän um. Die Signale unseres Körpers scheinen viel schwieriger zu deuten als die Instrumententafel des Autos, und seine Bedürfnisse kompliziert, wechselhaft und mit den Ansprüchen des Alltags kaum zu vereinbaren.

Energie statt Power

In unserer modernen Gesellschaft wurde Energie zuletzt immer mit Bewegung gleichgesetzt: schnell, laut, kräftig – powervoll. Ja, Power. Das bedeutete: Kämpfe, oder du wirst dich nicht behaupten. Power hieß: Höchstleistung oder keine Karriere. Power hieß: Pass dich an bestehende Systeme an!

Doch jetzt wird vielen klar: Nein, Energie ist nicht dasselbe wie Power. Energie ist mehr als nur Power.

Sicher, Energie bedeutet auch Power. Aber Power ist nur ein Teil des Energiemodells.

»Wir müssen uns von dem makanomorphen Energiemodell verabschieden«, sagt der Diplompsychologe und Psychotherapeut Bernd Hohmann. Makanowas-Modell? Er meint dieses mechanische Modell, bei dem oben Energie reingefüllt wird und unten kommt Leistung heraus, eben wie in einem gut geschmierten Motor. Wir sind aber keine Autos. Unsere Betriebssysteme laufen etwas komplizierter.

»Ich lebe in einem dauernden Zustand der Unzufriedenheit. Mich treibt eine negative Energie an. Ich will immer alles anders, als es ist.« (Ingolf Lück, Comedymoderator der »Wochenshow«)

Check – Was bedeutet für mich Lebensenergie?

Bitte beantworten Sie diese drei Fragen ganz spontan:

Was ist für mich Lebensenergie?

_____
_____
_____
_____
_____
_____
_____

Wie erlebe ich Lebensenergie?

_____
_____
_____
_____
_____
_____
_____

Was raubt mir immer wieder Lebensenergie?

_____
_____
_____
_____
_____
_____
_____

Ein Begriff mit vielen Bedeutungen

Nein, Lebensenergie lässt sich nicht in den Powereinheiten Watt oder Volt messen. Und Lebensenergie hat auch nicht immer unmittelbar nur mit Leistung zu tun. Wir können Energie nach außen schicken – um etwas zu bewegen. Wir können Energie aber auch nach innen schicken – um entweder in uns etwas zu bewegen oder um zur Ruhe zu kommen. Um zu uns selbst zu kommen.

Was bedeutet das eigentlich für mich – Lebensenergie? Mit dieser Frage setzen sich gleich am Anfang auch immer die Teilnehmer von Jörg Löhrs Seminar »Lebensenergie[2]« auseinander. Die Antworten sind hochinteressant und sicher auch repräsentativ:

- Ständiges Vorwärtskommen, Harmonie, Freude am Dasein
- Neue Ideen spielend umsetzen
- Positive Ausstrahlung, Optimismus, Freude, Spaß am Leben
- Die Kraft zu haben, alles erreichen zu können
- Kontakte, Freunde, Begeisterung, Ausgelassenheit
- Die Kraft, Ruhe in sich zu finden
- Nicht reagieren, sondern agieren
- Selbstsicherheit, Schaffenskraft, die ansteckt und motiviert
- Intensives Erleben der Natur
- Bauchgefühle, Leichtigkeit, Fallenlassen, Loslassen
- Strahlen, Freizeit genießen, Herausforderungen annehmen
- Lachend durchs Leben gehen

»Die größte Entscheidung Deines Lebens liegt darin, dass Du Dein Leben ändern kannst, indem Du Deine Geisteshaltung änderst.« (Albert Schweitzer)

Die Energieformel »Alles fließt«

Wir sehen an den Antworten: Die Bedeutung, was Lebensenergie ist und wie sie wirkt, wandelt sich. Schon Aristoteles ging vom Bestehen einer Energie aus, die alles Lebende lebendig hält. Er nannte diese Energie Hormon.

Der französische Philosoph und Nobelpreisträger Henri Bergson (1859–1941) erklärte Lebensenergie als »élan vital«. In anderen Kulturen kennt man sie als Prana, Mana, Pneuma oder Odem, die Kraft Gottes, die der Schöpfer dem Menschen einhaucht.

Viele Menschen möchten tiefer einsteigen und lassen sich immer stärker auch von östlichen Weisheiten oder den Denkern der Antike beeinflussen, z. B. von der Energieformel »Alles fließt«, die einst der griechische Naturphilosoph Heraklit prägte.

Die chinesische Energielehre

Vor 5000 Jahren begannen die Chinesen, eine Energielehre zu entwickeln. Die traditionelle chinesische Medizin geht davon aus, dass unser Körper von einem dichten Netz so genannter Meridiane (Jing Mo) durchzogen ist. Das sind unsichtbare Energiebahnen, auf der die Lebensenergie (Qi, sprich: tschi) etwa 50-mal pro Tag durch den Körper fließt. Neben den Meridianen gibt es noch die Gefäße (Mai). Wenn die Energie ungehindert strömen kann, ist der Mensch gesund, im Gleichgewicht – und fühlt sich wohl.

Bis heute konnten die Energiekanäle, trotz hochmoderner Apparaturen, nicht sichtbar gemacht werden. Dennoch: Akupressur und Akupunktur zeigen ja, dass man den Energiefluss durchaus stimulieren kann – das mit den Meridianen »funktioniert«.

Jeder Meridian hat Bezug zu einem oder mehreren Organen. Es gibt z. B. den Magenmeridian, den Blasen- und Gallenblasenmeridian, den Lungen- und Kreislauf-Sexualität-Meridian – insgesamt kennen wir zwölf Primärmeridiane (Organmeridiane) und acht Sekundärmeridiane.

»Jene, die reden, wissen nicht; jene, die wissen, reden nicht.«
(Lao-tse)

Die traditionelle chinesische Medizin (TCM) unterscheidet zwischen Haupt- und Nebenmeridianen. Die Hauptmeridiane unterteilen sich wiederum in zwölf Primär- und acht Sekundärmeridiane.

Energieblockaden lösen

Auf den Energiebahnen liegen Akupunkturpunkte. Sie lassen sich durch Nadeln, Massage oder Druck stimulieren. Auf diese Weise kann man Energieblockaden auflösen, damit die Lebensenergie wieder ungehindert fließt. Alle Meridiane sind hintereinander geschaltet, wie in einem Kanalsystem. Wenn die Energie irgendwo blockiert, wenn der Fluss gestört ist, entsteht im Energiehaushalt ein Ungleichgewicht: Über- oder Unterenergie. Die Folge davon können Beschwerden ganz unterschiedlicher Art sein:

● Überenergie äußert sich beispielsweise in einer Entzündung oder Kopfschmerzen
● Unterenergie etwa in schlechter Durchblutung

Die Meridiane stehen auch in engem Zusammenhang mit unserer Gefühlswelt. Bei Störung fühlen wir uns schwach, schlecht gelaunt, saft- und kraftlos. Eben ohne Energie.

Hindernisse im freien Fluss

Meist sind die Blockaden im Energiesystem tatsächlich emotionaler Natur. Bleiben wir bei dem Bild des Flusses. Solange der Energiefluss gesund ist, solange wir uns wohl fühlen, ist auch das Krankheitsrisiko gering. Ähnlich wie Abfall schwimmen Risikofaktoren (Umweltgifte, Nahrungsfette, zu viel Alkohol und Zucker) im Energiefluss mit. Das geht lange Zeit gut – so lange, bis im Fluss ein größeres Problem auftaucht, etwa ein umgestürzter Baum, an dem sich jetzt der Abfall staut. Solche zusätzlichen Probleme treten im menschlichen Leben in Form von Stress, Ärger oder Angst auf. Fest steht jedenfalls: Es kommt zum Stau im Energiefluss – und der macht sich dann im Körper als Krankheit bemerkbar.

»Wer sich von der Herrschaft des Ärgers befreit, wird das Leben viel liebenswerter finden.« (Bertrand Russell)

Die Grundprinzipien der Energielehre

Das Nei Ching, ein Klassiker der traditionellen chinesischen Medizin, fasst die Grundprinzipien der Energielehre so zusammen:

● Wenn die Energie im Körper in allen Meridianen frei fließt, ist es unmöglich, krank zu werden.
● Alle gesundheitlichen Probleme sind Folge von Energiestörungen.
● Wenn das Energiegleichgewicht rechtzeitig wieder hergestellt werden kann, heilt sich der Körper selbst.

Chi – Lebensenergie und schöpferische Kraft

Im Japanischen wird Energie mit »Ki« übersetzt. Das ist die Lebenskraft, die allen Dingen innewohnt. Die Japaner achten nicht nur auf ein Gleichgewicht des Körpers, sondern besonders auch auf die Harmonie zwischen Mensch und Umwelt.

Die Chinesen haben für Energie das Wort »Qi« oder »Chi«. Es hat mehrere Bedeutungen: u. a. »Luft«, »Atem«, »Wind«, »Wolke«. Wir kennen das Wort von den Begriffen »Qi Gong« oder »Tai Chi«, dieser jahrtausendealten Bewegungslehre. Tai Chi weist den Weg, der zur Harmonie von Körper, Geist und Seele führt. Ta Chi lehrt, Aggressionen nicht zu erwidern, sondern die Energie des anderen an sich vorbei zu lenken und selbst ruhig und zentriert zu bleiben. Tai heißt Körper. Chi – das ist im ursprünglichen Verständnis die Luft, die wir atmen, die Atmosphäre um uns und die Nahrung, die wir zu uns nehmen. Das sind die Gefühle und Empfindungen, die uns berühren, aber auch die Kräfte des Universums, schöpferische Kraft, universelle Lebensenergie.

Tai Chi – Übungen für Einsteiger

Achten Sie bei den folgenden Übungen auf eine entspannte Haltung. Atmen Sie tief aus dem Bauch, und lassen Sie sich viel Zeit (zwischen 6 und 15 Minuten).

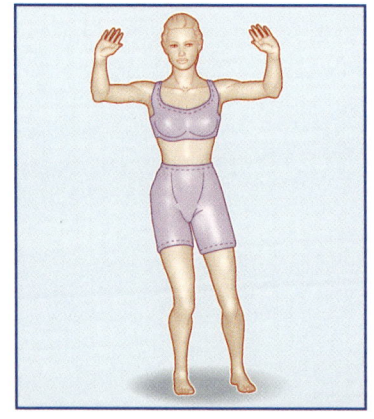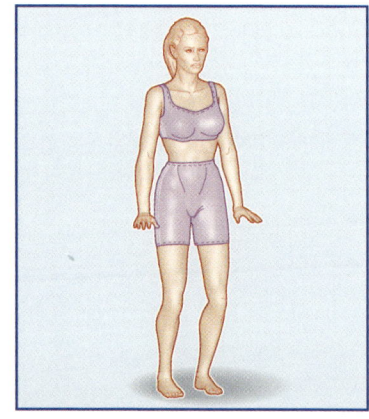

Die Grafik links zeigt den Hüftdreh (1.), rechts das Armkreisen (2.).

1. Beine leicht grätschen, Knie beugen. Der rechte Fuß steht vor dem linken. Gewicht auf den rechten Fuß verlagern. In der Hüfte nach rechts drehen und mit den Armen in Schulterhöhe nach außen kreisen.
2. Gewicht auf das linke Bein verlagern. Die Arme mit zum Boden zeigenden Handflächen nach unten kreisen lassen. Diese Bewegung zieht Energie in die Körpermitte.

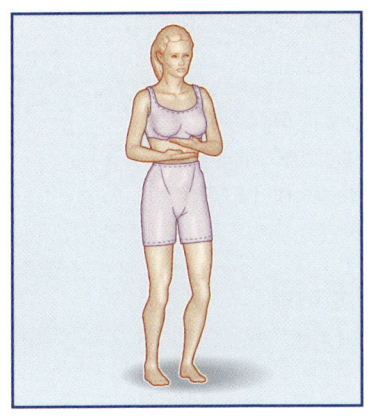 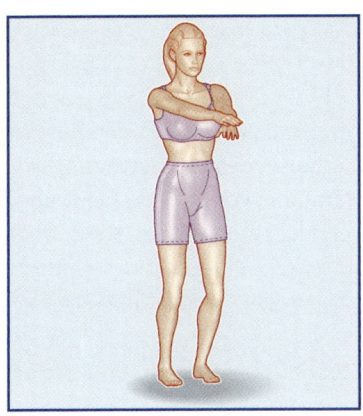

Links das Händekreuzen (3.), rechts das Händekreisen (4.).

3. Die Füße schulterbreit nebeneinander stellen. Die Hände mit nach oben weisenden Handflächen vor dem Bauch kreuzen. Die linke Hand ist innen. Die gekreuzten Hände bis in Brusthöhe heben.
4. Die gekreuzten Hände in Schulterhöhe nach vorn führen. Die Hände umeinander gleiten lassen, bis die linke über der rechten liegt. Beide Handflächen zeigen dabei nach unten.

**»Die Wirkung einer allzu unthätigen Lebensart ist, daß sie die Kräfte der Muskeln verzehrt, und sie durch Entwöhnung außer Stand setzt, die Bewegung zu ertragen. ... Es gibt auch nicht einen Teil des Leibes, den eine sitzende Lebensart nicht schwäche.«
(S. A. Tissot: »Von der Gesundheit der Gelehrten«, 1770)**

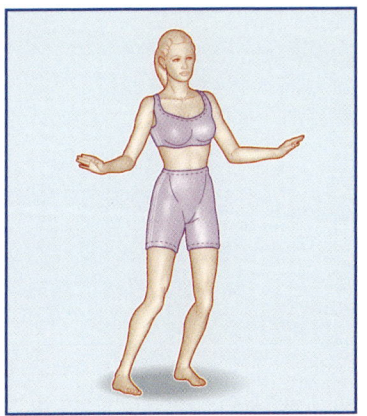 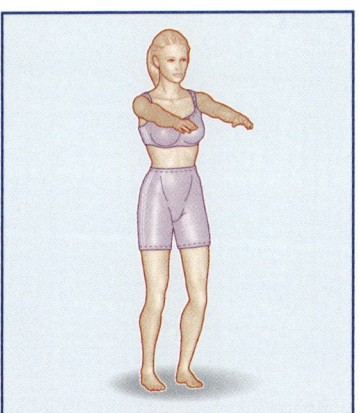

Links das Armstrecken (5.), rechts das Händesenken (6.).

5. Die Hände auseinander bewegen und schulterbreit in Schulterhöhe ausgestreckt halten. Die Handflächen zeigen weiterhin nach unten.
6. Die Hände parallel nach unten führen. Handgelenke entspannen und die Beine strecken. Zum Abschluss die Beine schließen.

Die indische Energielehre

Chakras sind nicht materiell, sie sind nur als Energiephänomene wahrnehmbar. Die Lehre von den sieben Chakras, die um 3000 v. Chr. entstand, ist Grundlage für Yoga, Ayurveda und Meditation.

Auch in Indien glaubt man, dass der Körper nur dann gesund sein kann, wenn das Prana, die Lebensenergie, ungehindert durch die Körperkanäle (Nadi) fließt. Die Körperenergie geht dabei von den Chakras aus. Das Wort »Chakra« stammt aus dem Sanskrit und bedeutet Rad oder Kraftwirbel. Ein Chakra ist also ein Punkt erhöhter Energie.

Die Lehre von den sieben Chakras

Die Chakras bilden große Energiefelder, die miteinander in Verbindung stehen. Sie sammeln und transformieren die Energie, die sie durchströmt, leiten sie weiter und versorgen über ein dichtes Netz kleinerer Chakras den ganzen Körper mit Lebensenergie. Jedes Hauptchakra hat einen speziellen Wirkungsbereich. Es ist mit verschiedenen Organen, Drüsen, Gefühlen, Fähigkeiten und Farben verbunden.

Auf der Mittellinie (Wirbelsäule) des Körpers liegen sieben Hauptchakras, vom Kronenchakra am Kopf, Stirnchakra, Kehlkopfchakra, Herzchakra, Nabelchakra, Sakralchakra bis zum Wurzelchakra am Ansatz der Wirbelsäule.

Was Energie fördert oder schwächt

Energie wird längst auch von vormals coolen Machern in neuem Licht betrachtet. Wir erkennen, dass Lebensenergie die Kraft ist, die uns gesund macht und gesund erhält. Wir wissen, je mehr Lebensenergie wir haben, desto gesünder, ausgeglichener, glücklicher sind wir. Wir wünschen uns mehr Menschen in der Nähe, die uns positiv aufladen. Wir suchen mehr Situationen, die uns Energie geben, statt welche, die Energie schlucken. Wir sehnen uns nach dieser grenzenlosen Energie, die uns mit Leichtigkeit erfüllt.

Leider bleibt es oft nur bei der Sehnsucht, denn unsere Lebensenergie wird allzu oft vom Alltag aufgefressen:

- Von Zwängen, in die wir uns (oft freiwillig) begeben
- Von verbissenem Ehrgeiz, den wir uns selbst aufzwingen
- Von Ängsten, die wir zulassen
- Von fordernden Menschen und giftigen Beziehungen

Nein, diese Energiefresser müssen und dürfen und brauchen wir nicht zuzulassen.

»Meine Scheidung und die seit fünf Jahren andauernde Sorgerechtsschlacht um meinen Sohn haben leider sehr viel von meiner Energie aufgefressen.« (Jeff Koons, Künstler)

Von der Ameise zum Adler

Die Ameise ist ein fleißiges Tier. Emsig müht und plagt sie sich, tagein, tagaus, ihr ganzes Leben lang. Ja, sie ist durchaus erfolgreich. Schließlich schleppt sie ein Vielfaches ihres Körpergewichts und bringt Kunstwerke wie ihren Ameisenbau fertig. Doch, doch: Die Ameise kann stolz sein. Alles macht sie selbst. Sie darf aber nie ausruhen. Sie muss immer weiterschuften, blind für alles, was es sonst noch zu entdecken gäbe. Würde sie nur mal nach oben schauen!

Die Kraft des Windes

Da oben schwebt der Adler. 1000-mal schwerer, 1000-mal größer – aber er schwebt in den Lüften. Wie macht der das?

Die Antwort ist simpel: Der Adler tut nichts. Während die Ameise schuftet, breitet der Adler seine Flügel aus – und nutzt die Kraft des Windes. Eine Kraft, die nicht aus seinem Körper kommt. Eine Kraft, die er nicht hinterfragt, sondern die er einfach nur nutzt.

Sind wir nicht alle Ameisen? Unser Weg zu Höchstleistung, Kreativität und Erfolg führt über Einsatz, eiserne Disziplin, Überstunden. Dabei gibt es auch in unserem Leben diese Kraft des Windes. Wenn wir die nutzen, wachsen uns Flügel. Wir gewinnen Leichtigkeit. Vieles wird mühelos, weil wir neues Energiepotenzial erschließen.

Die Basis der Leichtigkeit

Aber wie lernen wir dieses Kunststück? Wie können wir die vorhandenen Kräfte unserer Natur spielerischer einsetzen? Wir benötigen dafür drei Techniken, die Sie in diesem Buch lernen:

- Bessere Fitness (Bewegung)
- Besser essen (bewusste Ernährung)
- Bessere Lebenseinstellung (Denken)

Diese drei Faktoren sind untrennbar miteinander verbunden. Mit jeder Technik kommen wir einen Schritt weiter. Aber nur, wenn wir dabei keinen Faktor vernachlässigen.

Für 65 Prozent aller Frauen seien bewusste Ernährung und Sport »selbstverständlich«. Bei Männern steht das Thema »Körper und Gesundheit« (noch) nicht so hoch im Kurs. Nur 48 Prozent leben gesundheitsbewusst – ergab eine Umfrage der DAK.

Die drei Stützpfeiler der Gesundheit

Wer nur auf einen dieser drei Faktoren setzt, kommt nie zum gewünschten Resultat.

- *Beispiel Bewegung:* Die Fitnessstudios haben heute zum Glück großen Zulauf. Doch ein muskelbepackter Körper allein bringt noch keine Leichtigkeit ins Leben. Dazu gehört vor allem auch Köpfchen, um die anderen Energiequellen zu erschließen.
- *Beispiel Ernährung:* Wissen allein nützt noch nichts. In einem der Seminare saß eine Ernährungsexpertin und glänzte mit Detailkenntnissen. Doch sie brachte sagenhafte 52 Prozent Körperfett auf die Waage. Wer sich nicht bewegt, verbrennt auch kein Fett. Und wer fett ist, büßt einen Großteil seiner Vitalität ein. Oder, noch schlimmer, die geistige Beweglichkeit.
- *Beispiel Denken:* Buddha ist bestimmt ein Vorbild, er konnte kraft seiner Gedanken Berge versetzen. Aber stellen wir uns vor, wie sich einer wie Buddha heute mit seinem Einkauf in den dritten Stock quält. Sein Lebenswandel, seine Figur, die Last seiner Pfunde führen zu übelsten Rückenschmerzen. Es reicht nicht, wenn einer zwar pfiffig denkt, aber bewegungsfaul ist – den plagen bald ganz banale irdisch-orthopädische Probleme.

Check – Wie steht es im Moment um meine Lebensenergie?

(Die Zahl 10 bedeutet außergewöhnlich gut, 1 miserabel) 1 2 3 4 5 6 7 8 9 10

Wie sehe ich meinen derzeitigen Gesundheitszustand?	☐☐☐☐☐☐☐☐☐☐
Wie steht es um meine momentane Belastbarkeit?	☐☐☐☐☐☐☐☐☐☐
Bin ich, wenn es darauf ankommt, hellwach und voll da?	☐☐☐☐☐☐☐☐☐☐
Wie bewerte ich meine momentane Lebensfreude?	☐☐☐☐☐☐☐☐☐☐
Wie bewerte ich mein derzeitiges Ernährungsverhalten?	☐☐☐☐☐☐☐☐☐☐
Wie bewerte ich mein momentanes Körpergewicht?	☐☐☐☐☐☐☐☐☐☐
Wie bewerte ich mein derzeitiges Bewegungsverhalten?	☐☐☐☐☐☐☐☐☐☐
Fühle ich mich körperlich fit?	☐☐☐☐☐☐☐☐☐☐
Wie ausgeglichen fühle ich mich derzeit beruflich?	☐☐☐☐☐☐☐☐☐☐
Und privat?	☐☐☐☐☐☐☐☐☐☐
Wie bewerte ich mein soziales Netz (Freunde, Bekannte)?	☐☐☐☐☐☐☐☐☐☐
Wie gut bin ich über die Faktoren informiert, die meine Lebensenergie bestimmen?	☐☐☐☐☐☐☐☐☐☐
Wie gut kann ich mich entspannen?	☐☐☐☐☐☐☐☐☐☐
Wie bewerte ich momentan meinen Schlaf?	☐☐☐☐☐☐☐☐☐☐
Nutze ich meine Zeit auch für kreatives Nichtstun?	☐☐☐☐☐☐☐☐☐☐
Wie gut kann ich mich selbst organisieren?	☐☐☐☐☐☐☐☐☐☐
Schaffe ich es, mir Freiraum fürs Spielen zu geben?	☐☐☐☐☐☐☐☐☐☐
Wie ist mein Informationsstand zum Thema »Stresstoleranz«?	☐☐☐☐☐☐☐☐☐☐
Wie werde ich mit Ärger fertig?	☐☐☐☐☐☐☐☐☐☐
Wie bewerte ich meine Zielstrebigkeit und Zielklarheit?	☐☐☐☐☐☐☐☐☐☐
Wie gut kann ich mich motivieren?	☐☐☐☐☐☐☐☐☐☐
Wie ist meine Einstellung zum Prinzip »Think positive«?	☐☐☐☐☐☐☐☐☐☐
Schaffe ich es, mein Potenzial voll auszuschöpfen?	☐☐☐☐☐☐☐☐☐☐
Wie bewerte ich meine Disziplin?	☐☐☐☐☐☐☐☐☐☐
Wie ist meine Bereitschaft, »ins Handeln zu kommen«?	☐☐☐☐☐☐☐☐☐☐

Balance und Belastbarkeit

Die Welt wird immer chaotischer, komplizierter, anspruchsvoller, stressiger; der Wissenswust wächst immer schneller; alles wandelt sich immer rasanter; die Zukunft wird sicher unsicher. Sie steigen ständig, die Erwartungen an uns, die Anforderungen und die Belastungen. Im Beruf. Im Privatleben. Überall.

So viel steht fest: Lebensqualität und Lebenserfolg sind nur möglich, wenn wir über ein hohes Maß an Lebensenergie verfügen. Oder lernen, wie wir mehr Energie gewinnen und erhalten können. Dazu gehört auch: solide, robuste Belastbarkeit und das Bemühen um mehr Gelassenheit. Unsere Energiebilanz ist ein Balanceakt zwischen Input und Output, Anspannung und Entspannung. Das Gleichgewicht muss stimmen: zwischen Belastung und Befriedigung, zwischen Arbeit und Freizeit. Auch zwischen Gefühl und Verstand. Und: wie viel Energie wir abgeben und aufnehmen. Wenn uns reichlich Lebensenergie zur Verfügung steht, geht es uns klasse. Wir spüren Glück, Befriedigung, Sinn. Wenn die Energie nicht ausreicht, empfinden wir Mühe, Verzagtheit, Anstrengung und Frust.

Die Konzentration der Energie

Sport ist immer ein Spielfeld, auf dem vieles deutlich wird, auch für Laien. An erfolgreichen Sportlern können wir immer wieder beobachten, wie sie Gedanken, Gefühle und Energie auf einen Punkt zu lenken imstande sind. Sie steuern sich so, dass sie ihr gesamtes Energiepotenzial auf das, was sie jetzt und hier tun, konzentrieren.

Diese Fähigkeit ist auch überall sonst im Leben gefragt. Wer erfolgreich sein will, muss nicht nur die Balance finden zwischen Muskelkraft und innerer Ruhe, zwischen Anspannung und Entspannung, sondern muss es auch schaffen, die Energie im entscheidenden Moment zu bündeln. Durch Konzentration lässt sich Energie voll ausschöpfen. Diese Konzentration ist reine Übungssache.

Was unseren Energielevel hoch hält

Wir können nicht ständig aus den Vollen leben, wir müssen auch immer wieder auftanken. Wenn wir insgesamt über einen hohen Energielevel verfügen wollen, müssen wir clever alle Möglichkeiten nutzen. Das bedeutet:

> »Sie haben nicht nur Energie, Sie sind Energie. Wenn Sie immer nur geben, ohne für Nachschub zu sorgen, erlahmen Ihre Kräfte. Sie fühlen sich überlastet, erschöpft. Aber Sie brauchen nicht länger mit einer leeren Batterie zu funktionieren, denn Sie wissen jetzt, dass es auch anders geht.«
> (Melody Beattie; »Kraft zur Selbstfindung«)

- Die vorhandene Energie nicht sinnlos vergeuden, verplempern
- Die verfügbaren Energiequellen anzapfen
- Die unnötigen Energieräuber erkennen und ausschalten

Das Leben ist ein Seiltanz. Die Kunst und das Geheimnis des Lebens bestehen vor allem darin, die Balance zu finden und zu bewahren.

Die warnenden Vorzeichen

Es gibt untrügliche Warnsignale, wenn die Grenze unserer Belastbarkeit erreicht ist. Entweder meldet sich der Körper (mit Kopfschmerzen, Bluthochdruck, Nacken- oder Rückenschmerzen, Verstopfung, Schlaflosigkeit, Magengeschwür) oder die Psyche: Wir können uns schlecht konzentrieren, wir sind geistig abwesend, unsere Arbeitsmoral sinkt, wir werden vergesslich, verschieben, vertrösten – und sind dabei selbst untröstlich.

Ruhen Sie sich aus, wenn Sie müde sind. Legen Sie eine Pause ein, wenn das Leben Sie auslaugt. Nehmen Sie sich Zeit, um Ihre innere Batterie neu aufzuladen.

Check – Wohin ich künftig meine Konzentration lenke

Was ich gerne noch tun würde

_____
_____
_____
_____
_____
_____
_____
_____
_____
_____

Was ich gerne verändern möchte

_____
_____
_____
_____
_____
_____
_____
_____
_____
_____

15 Tipps zur Erhöhung der Belastbarkeit

- Befassen Sie sich mit dem Thema »Bewusste Ernährung«.
- Bewegen Sie sich, wann immer es geht.
- Suchen Sie regelmäßig Entspannung.
- Sorgen Sie dafür, dass Sie ausreichend Schlaf haben.
- Erkennen Sie, wie Stress entsteht, welche Ihre Stressoren sind, und wie Sie Ihre persönliche Stresstoleranz erhöhen können.
- Hören Sie auf Ihre Gefühle.
- Realisieren Sie, dass Ihre Fitness die wichtigste Basis für Ihre Belastbarkeit im Beruf und im Privatleben ist.
- Nehmen Sie Ihren Beruf nicht bierernst (aber nehmen Sie ihn auch nicht auf die leichte Schulter) – versuchen Sie, insgesamt mehr Leichtigkeit in Ihr Leben zu bringen.
- Verplanen Sie nicht jeden Tag völlig, bewahren Sie sich Frei- und Spielräume.
- Lernen Sie, im Hier und Jetzt zu leben.
- Konzentrieren Sie sich auf die wesentlichen Sachen.
- Beherzigen Sie die Weisheit: Weniger ist mehr.
- Überwinden Sie hemmenden Perfektionismus.
- Lernen Sie, mit Ihrer Energie hauszuhalten.
- Nutzen Sie zusätzliche und neue Energiequellen.

Das Energiemodell

Man kann von einem leeren Sack nicht erwarten, dass er aufrecht steht.

Zugegeben, der anfängliche Vergleich (Auto/Energieverbrauch) ist sehr vereinfacht. Wir wollen es aber auch nicht zu kompliziert machen. Nehmen wir also an: Jeder von uns ist ein Fass, gefüllt mit Energie, mit der wir wirtschaften können und müssen. Dieses Bild bemüht der Hamburger Professor Dr. Michael Stark gern, um die Zusammenhänge zu veranschaulichen. Unser Energiefass ist nicht immer gleich voll. Dies hängt von den Zuflüssen und Abflüssen ab. Zufluss und Abfluss müssen sich die Waage halten.

Ständig fließt Energie ab. Ein Teil unseres Energiebudgets fließt automatisch ab für all jene Vorgänge und lebenserhaltenden Funktionen des Körpers, die ohne unser Zutun ablaufen.

Der Körper muss nicht nur sich selbst erhalten. Er muss auch für unsere Erwerbstätigkeit (körperliche oder geistige Arbeit) und für die vielen Mühen und Mühlen des Alltags (Einkaufen, Haushalt, Kinder, Weiterbildung, Freundeskreis, Freizeitstress, vielleicht finanzielle Sorgen), die Kraft kosten, Energie aufbringen. Doch diese Dinge, Personen, Situationen können uns auch Energie schenken.

Das Vier-Kammer-System

Das Energiefass hat vier Kammern, unsere Lebensbereiche:
● Unser Körper- und Gesundheitsbewusstsein (Essen und Trinken, Schlaf und Bewegung)
● Unsere Partnerschaft und Familie (Liebe, Lust, Geborgenheit)
● Unsere Arbeit oder Ausbildung (Anerkennung, Erfolg)
● Unser soziales Netz (Freunde, Freizeit, Spaß)
Aus jedem dieser Bereiche können wir Energie schöpfen, müssen aber auch welche einbringen. Außerdem hängen alle Bereiche zusammen. Innerhalb dieses Vier-Kammer-Systems ist Energieaustausch möglich. Es gibt immer wieder Situationen und Zeiten, da steht uns in einem Lebensbereich kaum noch Energie zur Verfügung. Vielleicht, weil wir arbeitslos geworden sind. Oder weil wir im Job gerade ungewöhnlich ranklotzen müssen. Oder weil wir gesundheitlich angeschlagen sind. Oder weil eine Trennung gerade furchtbar viel Kraft kostet.

Wenn unser Energiefass leck ist

Dramatisch kann es werden, wenn unser Energiefass schadhaft ist. Wenn Risse oder Löcher – das können Seelenwunden sein, die wir im Lauf des Lebens erlitten haben – unablässig Energie kosten. Das können Misserfolge oder Demütigungen sein, die das Selbstwertgefühl beschädigt haben. Das können Versagensängste, Verlustängste, Minderwertigkeitskomplexe oder Misstrauen sein, die dem Fass den Boden nehmen. Wieso wundern wir uns eigentlich über einen Tiefststand unseres Energiepegels, wenn das Fass leck ist und der Nachschub nicht mehr läuft? Kammer leer, Fass leer? Kann sein, muss aber nicht. Denn rapider Energieabfluss lässt sich ausgleichen – wenn reichlich Energie aus anderen Lebensbereichen fließt: Unterstützung von der Familie, glückliche Beziehung, robuste Gesundheit, interessante Hobbys, die erfüllen, Freizeit zum Entspannen, anregende Freundschaften.

»Entscheidend sind nicht die Ereignisse, die uns zustoßen, sondern unsere Reaktion darauf.«
(Hans Selye, Stressforscher)

An der Energiepyramide lässt sich ablesen, wozu wir wie viel Energie benötigen. Um zur Spitze, der Entwicklung, zu gelangen, muss das Powermanagement auf den unteren Ebenen vernünftig sein.

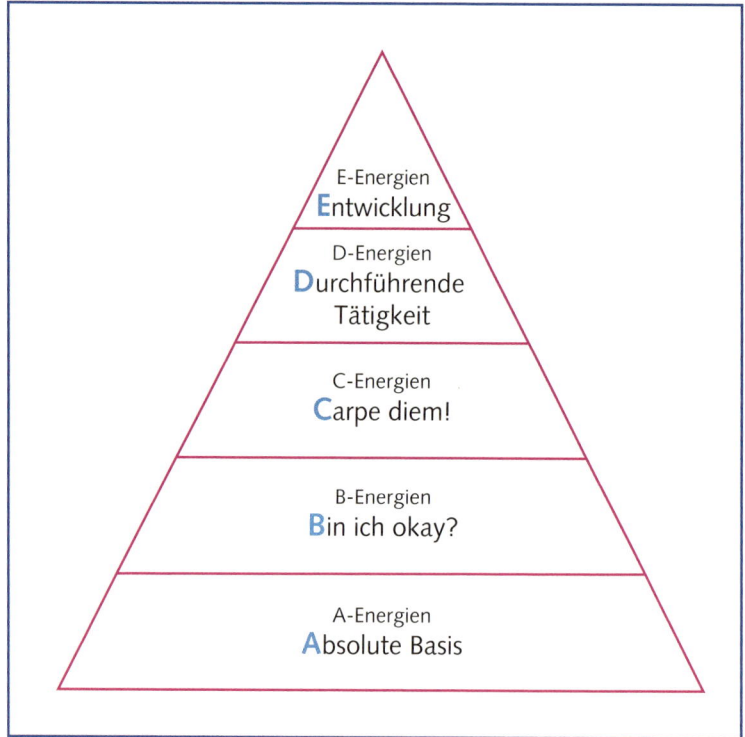

E-Energien
Entwicklung

D-Energien
Durchführende
Tätigkeit

C-Energien
Carpe diem!

B-Energien
Bin ich okay?

A-Energien
Absolute Basis

Die Energiepyramide

Das Leben ist ein Schleifstein. Ob er dich zermalt oder poliert, hängt davon ab, aus welchem Material du gemacht bist.

Stellen Sie sich doch bitte mal die Energie, die Ihnen zur Verfügung steht, bildlich vor: als eine große Pyramide. Diese Pyramide ist in fünf Ebenen unterteilt – das sind die wichtigen Lebensbereiche. Für jeden Lebensbereich benötigen wir unterschiedlich viel Energie. Je weniger wir auf jeder der unteren Ebenen verbrauchen, umso mehr Energie steht uns für die (Leistungs-)Spitze unseres Lebens zur Verfügung. Ein einfaches Denkmodell, zu dem uns die Persönlichkeitstrainerin Vera F. Birkenbihl inspiriert hat.

Bedauerlich, wenn auf den vier unteren A-B-C-D-Ebenen schon (fast) alle Energie eingesetzt und verbraten werden muss. Wer davon betroffen ist, sollte zur Runderneuerung seiner Lebenseinstellung bereit sein und schleunigst damit beginnen.

A-Energien

A wie »Absolute Basis«. Damit ist die körperliche Funktionsfähigkeit gemeint, die Gesundheit unseres Organismus. Der Körper verbraucht ja automatisch reichlich Energie für die Funktionen, die uns am Leben erhalten: für das Herz-Kreislauf-System, für Verdauung, Atmung usw. Bei Krankheit, aber auch bei ungesunder Lebensführung (ungünstige Ernährung, zu wenig Entspannung, Bewegungsmangel etc.) kostet das unseren Körper zusätzlich enorme Energie – die natürlich an anderer Stelle fehlt.

B-Energien

B wie »Bin ich okay?« Also die psychologische Basis meiner Existenz, für Selbstbewusstsein und Selbstwertgefühl. Bin ich unsicher, stelle ich mich immer gleich infrage, wenn mich andere kritisieren? Fühle ich mich oft und leicht angegriffen? Mag ich mich, oder bin ich immer in einer Position, um mich zu rechtfertigen, zu verteidigen oder anzupassen, nur um dem Bild von anderen zu entsprechen? Das kostet natürlich viel Energie – die für andere Bereiche fehlt.

»Ein Mensch sagt, und ist stolz darauf, ich geh in meinen Pflichten auf. Doch bald darauf, nicht mehr so munter, geht er in seinen Pflichten unter.« (Eugen Roth)

C-Energien

C wie »Carpe diem«. Also ein Leben im Hier und Jetzt. Wie gehe ich mit meiner Zeit um? Bin ich fast immer in Zeitnot, lasse ich mich drängen, treiben, hetzen, oder kann ich genießen und mit Hingabe bei meiner Sache sein?

D-Energien

D wie »Durchführende Tätigkeit«. Also mein Job, die Arbeit und die Leistungen (Haushalt, Training, Üben), die ich erbringen muss. Wie sinnvoll ist das, was ich tue, für mich? Macht es mir Spaß, oder muss ich mich oft überwinden und auch an dieser Stelle viel mehr Energie, als nötig wäre, einsetzen?

E-Energien

E wie »Entwicklung«. Die Kür des Leben für persönliches Wachstum. Wenn ich neue Dinge bewegen will, muss mir für diese Leistungsspitze hinreichend Energie zur Verfügung stehen. Das geht nur, wenn die A-, B-, C- oder D-Bereiche noch etwas übrig gelassen haben.

Wofür der Körper Energie braucht

- Den Herzschlag regulieren
- Die Atmung regeln
- Die Gehirnfunktionen steuern
- Die Betriebstemperatur halten
- Die Nahrung verdauen
- Den Blutfluss steuern
- Den Blutzuckerspiegel konstant halten

- Die Organe reinigen
- Die Zellen erneuern
- Das Immunsystem regulieren
- Das Nervensystem steuern
- Die Sinnesorgane funktionsfähig halten
- Die Muskelfunktionen koordinieren

Die Energiebilanz

Wir haben alle mit Bankgeschäften zu tun. Bei jeder Bank und Sparkasse gehört das Prinzip einer ausgeglichenen Bilanz zum kleinen Einmaleins. Klaglos akzeptieren wir da folgende Spielregeln:

»Nicht das Leben an sich, sondern das gute Leben hat einen Wert.« (Aristoteles)

- Wir können nicht mehr ausgeben, als wir auf dem Konto haben.
- Wenn wir Geld abheben wollen, müssen wir auch dafür sorgen, das immer genug Geld reinkommt.
- Wir können unser Konto schon mal überziehen. Aber das wird immer teuer, es werden happige Überziehungszinsen fällig.
- Wenn wir überzogen haben, bleibt diese Tatsache: Irgendwann müssen wir die Bilanz wieder ausgleichen.
- Wenn nicht, gehen wir bankrott.

Genau diese Prinzipien gelten auch für unser Leben und die Lebensenergie. Und zwar genau so. Mehr noch: Wir müssen auch investieren, wenn wir kurz-, mittel- und langfristig profitieren wollen. Wenn wir Energie hinzugewinnen möchten, müssen wir zunächst Energie einsetzen. Z. B., um aus der Alltagsmühle auszubrechen, um Freunde zu treffen, Bücher zu lesen, Musik zu hören oder aktive Entspannung zu suchen. Das alles kostet Kraft, aber diese Kraft hilft dann auch, zu neuen Kräften zu kommen.

In der Ruhe liegt die Kraft

Zur Ruhe kommen. Sich sammeln. Kraft tanken. Sich erholen, erfrischen, regenerieren – das ist keine Zeitverschwendung, wie manche immer noch denken. Nein, das ist absolut notwendiges Management der Kräfte. Was neuen Schwung gibt, ist individuell verschieden: Mal ist es ein Spaziergang in der freien Natur, ein Gebet oder eine Joggingrunde, das Gespräch mit einem Freund, ein Wellnesswochenende; manchmal auch nur ein Nickerchen, ein heißes Bad, eine Tasse Tee, ein Film, der zum Lachen oder richtig schön zum Weinen bringt.

Meditation – eine Reise zu sich selbst

Still sitzen. Augen schließen. Ein Wort wiederholen oder einen Gedanken, einen Ton oder ein Gedicht – immer wieder, um damit den ständigen, chaotischen Ansturm von Gedanken und Gefühlen zu stoppen. Wenn sich andere Gedanken einschleichen (»Warum mache ich das?«, »Da juckt was«, »Mist, ich kann mich nicht entspannen«), einfach zur Wiederholung des Meditationswortes zurückkehren. Meditation geht ganz leicht und ist natürlich. Stille statt Hektik, Konzentration statt Zerstreuung, Passivität statt Hyperaktivität, Loslassen statt Sich-fest-Beißen. Meditation. Ein Zustand, der sich unmittelbar in unserem Innersten ereignet. Jeder erlebt Meditation anders. Manche nennen es Entspannung, andere ganz bei sich sein oder auch high sein. Und für einige ist es sogar Erleuchtung oder »Auflösung und Verschmelzung mit dem allumfassenden Nichts«.

Das Wort »Meditation« leitet sich vom lateinischen »meditari« ab, was zugleich nachdenken, einüben, ermessen, bedenken heißt.

Viele Wege zum Ziel

Viele Wege führen nach innen. Es gibt ein paar Dutzend verschiedene Meditationstechniken. Die bekanntesten sind: Yoga, autogenes Training, Zen, Relaxation Response, CSM – Clinical Standardized Meditation. Und es gibt Hunderte von wissenschaftlichen Untersuchungen über die Auswirkungen. Regelmäßige Meditation:
- Verbessert die emotionale Stabilität, Kreativität, Konzentration
- Stärkt innere Ruhe, Zufriedenheit und Wohlbefinden
- Führt zu einem Rückgang von Stress und damit verbundenen Krankheiten (Herzprobleme, Bluthochdruck, Schlaflosigkeit)
- Steigert die Belastbarkeit
- Erzeugt einen Energieschub

Kleine Anleitung zur Meditation

Meditation ist die Kunst, sich jedem Augenblick mit ruhiger Bewusstheit zu öffnen.

- Die letzte Mahlzeit sollte mindestens eine Stunde zurückliegen. Ein voller Bauch meditiert nicht gern.

- Tragen Sie bequeme, lockere Kleidung, nichts sollte zwicken und Sie ablenken.

- Ziehen Sie sich in einen ruhigen Raum zurück. Lassen Sie sich eine halbe Stunde lang nicht stören.

- Dämpfen Sie das Licht, setzen Sie sich mit dem Rücken zur Lichtquelle (Lampe oder Fenster).

- Setzen Sie sich mit gekreuzten Beinen (»Lotussitz«) auf eine bequeme Unterlage (Teppich, Decke oder Kissen).

- Wählen Sie vor der Übung ein Wort (»Mantra«), das neutral ist (z. B. eine Zahl) oder angenehm wirkt (z. B. Baum, Licht, Stille).

- Atmen Sie zunächst nur langsam und regelmäßig durch die Nase ein und aus, bis Sie sich ruhig und völlig gelöst fühlen.

- Schließen Sie die Augen, und konzentrieren Sie sich bei jedem Atemzug auf Ihr erdachtes Wort.

- Denken Sie Ihr Wort mindestens fünf, maximal 20 Minuten lang still vor sich hin.

- Lassen Sie es ruhig zu, wenn Sie Spannungen im Körper spüren oder andere Gedanken durch den Kopf schießen – das ist normal. Mit Ihrem Meditationswort kehren Sie zur Konzentration zurück.

- Brechen Sie ab, wenn Sie sich total »zusammenreißen« müssen. Klar, auch bei großen Ängsten oder unbekannten Schmerzen.

- Erwarten Sie beim ersten Meditieren noch keine Wunder. Klavierspielen lernt man auch nicht sofort. Erst nach regelmäßigem Üben werden Sie schließlich die positiven Wirkungen – Ruhe, Klarheit, Konzentration und das Gleichgewicht all Ihrer Kräfte – erleben.

Der Einsatz muss lohnen

Dazu erzählt Heinrich Böll eine wunderbare Kurzgeschichte. Die geht so: Ein reicher Tourist, Typ Unternehmensberater, trifft einen Fischer, der gemütlich in der Sonne liegt.

Der Tourist verwickelt ihn in ein Gespräch. Immer eindringlicher versucht der ach so schlaue Tourist dem armen Fischer klarzumachen, was der alles erreichen könnte, wenn er nicht länger auf der faulen Haut liegen würde.

»Warum«, fragt der Tourist, »fährst du nicht noch mal raus, um mehr zu fangen?« »Warum sollte ich?«, fragt der Fischer. »Weil du dann mehr verdienst.« »Warum sollte ich?«, fragt der Fischer. »Weil du dir dann bald ein größeres Boot kaufen kannst, und dann kannst du noch mehr fangen.« »Und dann?«, fragt der Fischer. »Dann kannst du dir einen Motorkutter kaufen und Fischer einstellen.« »Und dann?«, fragt der Fischer. »Dann kannst du ein fischverarbeitendes Unternehmen aufmachen und viel Geld verdienen.« »Und dann?«, fragt der Fischer. »Dann wirst du irgendwann so viel Geld haben, dass du nicht mehr arbeiten brauchst.« »Aha«, strahlt der Fischer, »jetzt verstehe ich. Und was mache ich dann?« »Dann ... dann kannst du einfach am Meer sitzen und in die Weite schauen.« »Genau das«, sagt der Fischer, »mache ich doch schon.«

»Wer den Hafen nicht kennt, in den er segeln will, für den ist kein Wind günstig.« (Seneca, römischer Philosoph; 4 v.Chr.–65 n. Chr.)

Meine Energiebilanz aus einer Woche

Was mir Energie raubt   Zeit

_____   _____
_____   _____
_____   _____

Was mir Energie gibt   Zeit

_____   _____
_____   _____
_____   _____

Die Quellen
der Energie

Unser Körper – eine Wundermaschine

Donnerwetter, wozu der Mensch doch fähig ist. Bemerkenswert, absolut beeindruckend und manchmal völlig verrückt, was manche für Leistungen hinlegen. Unglaublich, wie viel Kraft und Ausdauer, Phantasie und Energie sie entwickeln. Man muss bloß mal im »Guiness Buch der Rekorde« blättern.

Mit der Power seiner Arme hielt der Australier Otto Acron zwei Flugzeuge vom Typ Cessna davon ab, abzuheben – 15 Sekunden lang. Der Amerikaner Anthony Clarke schob einen drei Tonnen schweren Elefanten auf einer Schubkarre. Der Inder Arvind Pandya lief die gut 5000 Kilometer durch Amerika – rückwärts. Dimitrion Yordanidis absolvierte die Marathonstrecke in 7:33 Stunden. Allerdings: Er war schon 98 Jahre alt. Brian Newton brauchte länger (8:26 Stunden). Allerdings: Er schleppte dabei einen 50-Kilogrammsack Kohlen mit. Der Österreicher Johann Hurlinger ging von Wien nach Paris (1400 Kilometer) – auf Händen. Der Brite Gary Windebank wuchtete einen größeren Satz Reifen hoch, 96 Stück – das sind satte 653 Kilogramm.

> »Wenn das Leben keine Vision hat, nach der man sich sehnt, die man verwirklichen möchte, dann gibt es auch kein Motiv, sich anzustrengen.«
> (Erich Fromm)

Ein System mit exakter Feinabstimmung

Je mehr wir uns mit ihm beschäftigen, je mehr wir von ihm wissen, je mehr wir ihn verstehen, umso mehr müssen wir erkennen und anerkennen: Der menschliche Körper ist eines der großen Wunder der Schöpfung. Unglaublich, dieses ausgeklügelte Wechselspiel zwischen Körper, Seele und Geist.

Genial, dieses fein abgestimmte System verschiedener Organe, das aus der unvorstellbaren Summe von 70 Billionen Körperzellen (in Ziffern ausgedrückt: 70 000 000 000 000) besteht, und die da alle verborgen in unserem Inneren perfekt justiert zusammenwirken und funktionieren. Und die natürlich alle Energie brauchen.

Der Betriebsstoffbedarf des Körpers

● *Das Knochengerüst:* Es besteht aus über 200 Einzelteilen, die wie Stahlträger unserem Körper Halt geben – eine höchst belastbare Konstruktion.

● *Die Gelenke und Bänder:* Sie wirken wie Scharniere und Stoßdämpfer und geben dem Körper Beweglichkeit und Flexibilität.

● *Der Muskelapparat:* ein komplexes System ca. 640 verschiedener Muskeln, Fasern und Fibrillen, das täglich bis zu 100 000-mal kontrahiert, Impulse überträgt und Kraft entwickelt.

● *Die Haut:* unsere besonders strapazierfähige Schutzhülle.

● *Die Blutgefäße:* Ein Transportnetz (ca. 1440 Kilometer lang) von dicken Arterien bis zu haarfeinen Kapillaren hält den Kreislauf in Schwung.

● *Das Herz:* Diese 250 bis 325 Gramm leichte Hochleistungspumpe jagt in jeder Minute rund fünf Liter Blut durch unseren Kreislauf.

● *Das Blut, unser Lebenssaft:* Rund um die Uhr werden Nährstoffe zu den Körperzellen transportiert: Vitamine, Spurenelemente, Mineralstoffe, Glukose, Aminosäuren (Eiweißbausteine) und Fettsäuren, Enzyme, Hormone.

● *Die Nervenzellen:* Sie steuern fast alle Vorgänge in unserem Körper.

● *Die Lunge:* das Zentrum körpereigener Sauerstoffversorgung: Es besteht aus ca. 400 Millionen Bläschen (Alveolen), die rund 100 Quadratmeter Gasaustauschoberfläche ausmachen.

● *Der Magen, unser Speicher:* Hier wird die Nahrung chemisch für den Verdauungsprozess aufbereitet, Nährstoffe werden herausgelöst.

● *Der Darm, unsere Fitnesszentrale:* Er gibt die Nährstoffe in die Blut- und Lymphgefäße ab.

● *Die Nieren, Kläranlage des Körpers:* Sie reinigen von Gift- und Schadstoffen, filtern täglich rund 1500 Liter Blut und sorgen für den richtigen Wassergehalt des Lebenssafts.

● *Die Leber:* Sie baut überflüssige und schädliche Substanzen ab und scheidet sie aus, verarbeitet verdaute Fette und Eiweißstoffe, wandelt überschüssige Aminosäuren zu Harnstoff um, reguliert den Hormonspiegel im Blut.

● *Bauchspeicheldrüse:* Sie produziert Insulin, Glukagon und Verdauungssekrete, die für die Spaltung von Kohlenhydraten, Fett und Eiweiß unabdingbare Enzyme enthalten.

● *Das Gehirn, unser Denkcomputer:* Es wiegt nur rund 1,5 Kilogramm, verbraucht aber ein Fünftel der Energie.

Wo die Energie herkommt

Für all diese Funktionen, also um zu gehen und zu laufen, aber auch um zu atmen und zu schlafen – schließlich stehen Atmung, Herzschlag, Verdauung und Nierenfunktion ja niemals still –, braucht unser Organismus Energie. Diesen Energiebedarf nennt man Grundumsatz.
Wie bei einer Maschine gilt jedoch: Je mehr sie arbeitet, desto mehr Energie benötigt und verbraucht sie. Dies ist bei uns nicht anders. Diese von der Tätigkeit abhängige Energie nennt man Leistungsumsatz.

Ihr persönlicher Energiebedarf

Grundumsatz plus Leistungsumsatz – das ist also unser Energiebedarf. Der Grundumsatz ist abhängig von Geschlecht, Alter, Größe, Gewicht; der Leistungsumsatz von Art und Intensität des Tuns. Und so ermitteln Sie Ihren persönlichen Kalorienbedarf:

> *Für 18- bis 30-Jährige: 14,7 x Gewicht + 496 = Grundumsatz*
>
> *Für 31- bis 60-Jährige: 8,7 x Gewicht + 829 = Grundumsatz*

Um den Gesamtbedarf zu errechnen, müssen Sie den Grundumsatz mit Ihrem Leistungsfaktor multiplizieren.
● Für Kopfarbeiter, die meist sitzen, stehen, Auto fahren, wenig Sport treiben, gilt: Grundumsatz mal 1,4
● Für gemäßigt Aktive, die im Büro arbeiten, aber sportlich nicht faul sind, gilt: Grundumsatz mal 1,7
● Für sehr Aktive, die körperlich hart arbeiten und sportlich mehr als viermal pro Woche was tun, gilt: Grundumsatz mal 2,0
Mit dieser Formel können Sie annähernd Ihren Kalorienbedarf errechnen, mit dem Sie Ihr Gewicht konstant halten.
● Weniger Kalorieninput bedeutet: Sie nehmen mittelfristig ab.
● Höherer Kalorieninput heißt: Sie legen Pfunde zu.

Die Energie aus knapp 100 Gramm Kohlenhydraten (vergleichbar mit 40 Gramm Sprit) reicht aus, um eine Stunde lang mit einer Geschwindigkeit von 16 Kilometer pro Stunde Rad zu fahren. Wenn unser Körper aber statt Nahrung Sprit benutzen würde, könnten wir über 900 Kilometer lang mit 4,5 Liter Sprit fahren.

Kalorienverbrauch bei einer Stunde Aktivität

- Schnelles Gehen   260 kcal
- Ruhiges Schwimmen   310 kcal
- Tennis   360 kcal
- Gymnastik   470 kcal
- Rad fahren (21km/Std.)   610 kcal
- Ski fahren   630 kcal
- Jogging (9 km/Std.)   665 kcal

Kurbeln Sie Ihren Kalorienumsatz an

Was wir essen, müssen wir auch verbrennen. Wenn die Bilanz nicht stimmt, gibt es zwei Möglichkeiten zum Ausgleich: weniger essen und/oder mehr bewegen. Wie Sie mehr Bewegung in Ihren Alltag bringen können und damit auch gleichzeitig mehr Energie in Ihr Leben bringen, wird im Kapitel »Mehr Energie durch Bewegung« (ab Seite 138) ausführlich erklärt.

Übrigens wird der Energieverbrauch des Körpers oft überschätzt. Das ist für jene enttäuschend, die glauben, ab und zu ein bisschen Training – das würde schon reichen, um schlank zu werden und zu bleiben. Sonst aber könnte alles bleiben, wie es ist, einschließlich der (schlechten) Ernährungsgewohnheiten.

Reichliche und regelmäßige Bewegung ist ein absolutes Muss für ausgeglichene Energie und Gesundheit.

Energiequelle Ernährung

Der Mensch ist, was er isst. Klar, wir müssen essen und trinken, um zu überleben, denn nur aus den aufgenommenen Speisen und Getränken kann sich unser Körper mit Energie versorgen. Die Speisen – genau genommen die einzelnen Bausteine darin – werden im Körper »verbrannt« und liefern damit die lebensnotwendige Energie. Die Nahrungsverwertung, also die Verdauung, verbraucht andererseits aber auch beträchtliche Energie.

Bei den Energielieferanten unterscheiden wir drei Gruppen:

● Kohlenhydrate liefern schnelle Energie für Muskeln und Gehirn und sind in Zucker oder Stärke enthalten. Zucker liefert nur »leere« Kalorien, stärkehaltige Lebensmittel wie Kartoffeln, Getreide oder Nudeln geben ihre Energie konstant ab, sättigen lange und versorgen den Körper zudem mit Vitaminen und Mineralstoffen, vor allem in der Vollkornversion. Ein Gramm Kohlenhydrate liefert vier Kilokalorien.

● Eiweiße (Proteine) sind die Bausteine des Körpers. Ob Muskel- oder andere Gewebezellen bzw. Enzyme, sie alle werden aus Proteinbestandteilen, den Aminosäuren, gebaut. Nicht alle Aminosäuren können im Stoffwechsel gebildet werden; deshalb gehört täglich eine Portion Fisch, Fleisch oder Käse auf den Tisch. Ergiebige Quellen für hochwertiges Eiweiß sind aber auch Kartoffeln, Gemüse oder Hülsenfrüchte. Optimal versorgt ist, wer Getreide oder Kartoffeln mit Milch und Ei kombiniert. Ein Gramm Eiweiß liefert vier Kilokalorien.

● Fett versorgt den Körper mit kompakter Energie. Überschüssiges Fett landet in den Depots, den Fettzellen. Etwa ein Drittel der notwendigen Kalorienzufuhr (60 bis 80 Gramm pro Tag) kann aus dem Fett kommen. Dazu zählt die Butter auf dem Brot genauso wie das Öl im Salat. Ohne Fett könnten die so genannten fettlöslichen Vitamine nicht resorbiert werden. Außerdem ist Fett ein Geschmacksträger. Ein Gramm Fett liefert neun Kilokalorien.

Die zwei »Sprittanks« in unserem Körper

Anders als ein Motor bezieht unser Körper seinen Sprit also aus zwei völlig verschiedenen Tanks:

● Die Kohlenhydrate liefern schnell abrufbare Energie. Dieser Superkraftstoff ist im so genannten Glykogendepot (in Leber und Muskulatur) allerdings nur begrenzt vorrätig.

● Das Fettdepot ist dagegen ein riesiger Energiespeicher. Beispiel eines 70 Kilogramm schweren Menschen: Im Gewebe sind rund 12 Kilogramm Fett gespeichert. Das entspricht fast 120 000 Kilokalorien.

Der Abbau von Nährstoffen und die Energiegewinnung (Stoffwechsel) sind ein Prozess in mehreren Stufen. Er findet vor allem in den winzigen Kraftwerken der Zellen (Mitochondrien) statt. Der gern bemühte Vergleich mit einem Verbrennungsofen, in dem die Nährstoffe unter Zusatz der eingeatmeten Luft oxidieren (verbrennen), stimmt nicht ganz.

»Man kann nicht gut denken, gut lieben, gut schlafen, wenn man nicht gut gegessen hat.«
(Virginia Woolf)

Denn die entstehende Energie wird nicht nur als Wärme freigesetzt, sondern auch zum Aufbau einer energiereichen Phosphorverbindung verwendet, dem ATP (= Adenosintriphosphat).

Der Ernährungswissenschaftler Professor Michael Hamm sieht dieses Energiespeichermolekül als »Wechselgeld des biochemischen Stoffwechselbetriebs«: Die bei der Oxidation der Nährstoffe frei werdende Energie wird also genutzt, um ATP aufzubauen, während die bei der ATP-Aufspaltung frei werdende Energie dazu dient, Arbeit zu leisten, etwa bei der Muskelkontraktion.

»Wende dein Gesicht immer der Sonne zu, dann fallen die Schatten hinter dich.« (Thailändisches Sprichwort)

Mehr als eine Zapfstelle

Zur Energiegewinnung stehen dem Körper unterschiedlich schnell nutzbare Energiequellen und Systeme zur Verfügung:

● Die energiereichen Phosphatverbindungen ATP und Kreatinphosphat stellen für die Zelle sofort verfügbare Energie bereit, allerdings nur für wenige Sekunden bzw. Muskelkontraktionen.

● Den größten Teil der Energie erhält die Zelle aus der aeroben Oxidation der Nährstoffe, also der Verbrennung mit Sauerstoff.

● Der Fettabbau (Lipolyse) erfolgt durch Aufspaltung in Glyzerin und Fettsäuren, die mit Sauerstoff (= aerob) zur Energiegewinnung oxidiert werden. Körpereigenes Karnitin fördert die Einschleusung der Fettsäuren in die Mitochondrien.

Energiequelle optimistische Lebenseinstellung

Es war einmal ein Dorf, und in diesem Dorf wohnte ein weiser alter Mann. Die Dorfbewohner vertrauten auf ihn und seine Weisheit. Eines Tages kam ein verzweifelter Bauer zum weisen Mann. »Mein Ochse ist gestorben, jetzt habe ich kein Tier mehr zum Pflügen des Feldes. Hätte mir noch was Schlimmeres widerfahren können?«, jammerte der Bauer. »Vielleicht ja, vielleicht auch nicht«, erwiderte der Weise.

Die Antwort befriedigte den Bauern nicht besonders. Und er beklagte sich im Dorf, der alte Mann hätte wohl den Verstand verloren. Mensch, sein Ochse war tot, schlimmer hätte es doch gar nicht kommen können, oder?

Was sehen Sie: ein halb volles oder ein halb leeres Glas? Optimismus ist eine nicht zu unterschätzende Quelle für Power in unserem Leben.

Genaues weiß man nicht

Am nächsten Tag weidete ein junges, kräftiges, herrenloses Pferd in der Nähe. Der Bauer fing es ein und spannte es als Ersatz für den Ochsen vor den Pflug. Nie fiel ihm Pflügen so leicht. Also ging er zum weisen Alten und entschuldigte sich: »Stimmt, meinen Ochsen zu verlieren, war nicht das Schlimmste. Es war sogar ein Segen. Denn sonst hätte ich jetzt das Pferd nicht. Du musst zugeben, das mir nichts Besseres hätte passieren können.« »Vielleicht ja, vielleicht auch nicht«, erwiderte der weise Alte. Und der Bauer dachte, jetzt hat er wirklich den Verstand verloren. Ein paar Tage später ritt der Sohn des Bauern das Pferd, wurde abgeworfen, Beinbruch. Wieder war der Bauer verzweifelt und ging zum weisen Alten. Er jammerte:»Mein Sohn kann nun nicht bei der Ernte helfen, wir drohen zu verhungern. Schlimmer hätte es gar nicht kommen können – das musst du doch zugeben.« »Vielleicht ja, vielleicht auch nicht«, erwiderte der weise Alte.

Erstens kommt es anders ...

Aufgebracht kehrte der Bauer zurück, er war wütend über die Auskunft des Alten. Am nächsten Tag kamen Soldaten ins Dorf und zogen alle wehrfähigen Männer ein. Der Sohn des Bauern war der einzige, der nicht in den Krieg mitziehen musste... Und die Moral von der Ge-

»Ein Optimist ist ein Mensch, der ohne einen Pfennig Geld in der Tasche Austern bestellt – in der Hoffnung, mit der Perle bezahlen zu können.« (Jean Paul)

schicht'? Erstens kommt es anders und zweitens, als man denkt. Wir malen uns schreckliche Sachen aus, wir machen uns vorsorglich neurotische Sorgen, wir investieren so viel Energie in Was-wäre-wenn- und Vielleicht-Situationen – unnötig verpulverte Energie.

In der Gegenwart leben

Einstein sagte: Ich denke nie an die Zukunft, sie kommt früh genug. Die Zukunft ist ebenso wenig gegenwärtig wie die Vergangenheit. Banal, aber wahr: Wir können an der Vergangenheit nichts mehr ändern und an der Zukunft erst, wenn sie Gegenwart geworden ist. Wir leben nun mal in der Gegenwart, und deswegen sollten wir unsere Phantasie und Energie ins Hier und Jetzt stecken. Lernen Sie, Situationen so zu akzeptieren, wie sie sind. Der Fußballphilosoph Otto Rehagel prägte nicht nur die Strategie der »kontrollierten Offensive«, sondern auch die Weisheit: »Das Leben ist kein Wunschkonzert.« Stimmt. Das Leben findet vor allem jetzt statt. Hier. Heute.

»Genau genommen leben sehr wenige Menschen in der Gegenwart; die meisten bereiten sich vor, demnächst zu leben.« (Jonathan Swift)

Kosten Sie den Moment aus

Es gibt kein bessere Vorbereitung auf die Zukunft, als die Gegenwart auszukosten. Hier noch zwei Zitate von klugen Köpfen: »Die Gegenwart allein ist wahr und wirklich: Sie ist die real erfüllte Zeit, und ausschließlich in ihr liegt unser Dasein«, sagte Schopenhauer. »Der Dummkopf beschäftigt sich mit der Vergangenheit, der Narr mit der Zukunft, der Weise aber mit der Gegenwart«, wusste Chamfort.

Wenn der amerikanische Persönlichkeitstrainer Marshall Sylver auf das Thema kommt, muss einer seiner Freunde als schlechtes Beispiel herhalten. Der ist Pfarrer. Immer wenn dieser Pfarrer seine Predigten schreibt, denkt er: »Wie schön wäre das – jetzt Sex mit meiner Frau.« Und immer wenn er mit seiner Frau schläft, denkt er: »Eigentlich müsste ich ja an meiner Predigt schreiben.« Das Resultat: Beides gerät eher unbefriedigend.

Widmen Sie sich immer nur einer Sache

Genießen Sie das, was Sie gerade tun! Widmen Sie sich immer nur einer Sache. Selbst wenn sie ganz simpel ist. Sie werden dabei interessante Erfahrungen und Entdeckungen machen. Wenn Sie mit einem Kind spielen, spielen Sie. Mit Hingabe. (Da können wir übrigens viel von Kindern lernen, Kinder beherrschen diese Kunst: Sie spielen und leben ganz im Hier und Jetzt.) Wenn Sie einen Apfel essen, betrachten Sie diesen genau, und essen Sie ihn mit Bedacht. Wenn Sie Wein trinken, versuchen Sie die Finessen des Weins zu erschmecken. Wenn Sie Zeitung lesen oder ein Buch, lesen Sie mal langsam und laut. Das trainiert die Achtsamkeit – es macht auf scheinbar Nebensächliches aufmerksam. Achtsam heißt: behutsam.

Die Kunst der Achtsamkeit

Achtsamkeit, auf den ersten Blick ein trocken-verstaubtes Gebot, macht das Leben gleich doppelt leicht: Einerseits drängt sie uns auf, Überflüssiges auszusortieren. Andererseits lehrt sie uns, uns auch über Kleinigkeiten zu freuen. Menschen, die häufig kleine Glücksmomente erleben, sind wesentlich glücklicher als Leute, die immer nur auf große Glückstreffer warten. Die sind selten.

» Nur wer das, was er gerade tut, genießen kann, findet Zugang zu seinem inneren Gleichgewicht.« (Professor Hans Eberspächer)

● Widmen Sie sich jeweils nur einer Sache, tun Sie die ganz bewusst. Nehmen Sie sich vor, bewusster zu leben.
● Tun Sie selbst Unangenehmes bewusst. Es kommt darauf an, wie Sie etwas tun.
● Lassen Sie sich nicht ablenken. Tun Sie lieber weniger, aber das dann mit ganzem Herzen.

Innercise – Workout für die Seele

Wenn vieles zugleich gelingen soll, wird meist alles nichts. Amerikanische Herzspezialisten fanden heraus, dass 90 Prozent der Infarktpatienten Hektiker sind, die immer zwei Sachen gleichzeitig machen, mindestens – und trotzdem nie zufrieden sind. Innere Ruhe lässt sich nicht beschließen. Aber trainieren. Alles, was Sie tun müssen: »Carpe punctum« – konzentriere dich mit allen Sinnen auf den Augenblick. Dan Millman, Ex-Trampolinweltmeister und Bestsellerautor (»Der Pfad des friedvollen Kriegers«), kreierte dafür den Begriff »Innercise«. Bei Innercise gilt das Gleiche wie bei Exercise: Überfordern Sie sich nicht.
Selbst tibetischen Mönchen gelingt es erst nach Jahren, sich innerlich ganz leer zu machen. Der Strom der Gedanken lässt sich nun mal nicht punktgenau abschalten. Die Kunst besteht darin, ihn weiter ziehen zu lassen, um sich auf das Wesentliche konzentrieren zu können: den gegenwärtigen Augenblick.

Das Gelassenheitsprinzip

Eine der universellen Erfolgsregeln lautet: Unsere Energie folgt immer unserer Denkrichtung. Was wir erwarten, wird schließlich eintreten. Wenn wir pessimistisch denken, fließt negative Energie. Wenn wir negative Ergebnisse erwarten, bekommen wir sie fast immer und sagen womöglich noch: »Siehste, hab' ich doch gleich gesagt.« Hier schlägt das Phänomen der »sich selbst erfüllenden Prophezeiung« durch. Umgekehrt gilt: Wenn wir optimistisch denken, fließt positive Energie. Bauen Sie Vertrauen auf. In sich. In Situationen. Am besten ist es, wenn Sie es schaffen, in jeder Situation gelassen zu sein. Das sagt sich so leicht. Gelassenheit ist das gute Gefühl, dass genau das passieren wird, was passieren muss. Es gibt keine bessere Lebenseinstellung als die eines Meisters der Gelassenheit, der sagt: Wenn es das Richtige für mich ist, wird es geschehen; wenn nicht, war es nicht das Richtige.

> »Ich habe in meinem Leben eine Menge Probleme gekannt, die meisten davon sind nie eingetreten.«
> (Mark Twain)

Kennzeichen für eine gesunde Lebenseinstellung

Der Amerikaner Leonard Sagan hat die psychologischen Merkmale für eine gesunde Lebenseinstellung so zusammengefasst:

- Sie haben ein hohes Maß an Selbstachtung.
- Sie vertrauen auf Ihre Entscheidungsfähigkeit.
- Sie können sich für das, was Sie tun, begeistern.
- Sie sind fest davon überzeugt, dass Sie Ihr Leben aktiv beeinflussen können.
- Sie haben einen ausgeprägten Gemeinschaftssinn; Sie sind nicht besonders egoistisch.
- Sie kümmern sich um Ihre Gesundheit (bewusste Ernährung, Bewegung und Entspannung).
- Sie sind an Bildung und lebenslangem Lernen interessiert.
- Sie sind optimistisch und aufgeschlossen.
- Sie sind beziehungsfähig.
- Sie genießen Gesellschaft und können genauso gut mit sich allein sein.

Energiequelle richtiges Atmen

Wir atmen im Ruhezustand 13- bis 15-mal pro Minute, jedesmal rund einen halben Liter Luft. Unser Atem ist der unmittelbare Zugang zu unserer Lebensenergie. Wir atmen nicht allein mit der Lunge, sondern auch mit Mund, Nase, Rachen, Brust- und Bauchmuskeln und dem Zwerchfell. Einerseits atmen wir unbewusst und automatisch, andererseits können wir unsere Atmung aber auch bewusst steuern. Bewusstes Atmen heißt: den Fluss dieser Energie zuzulassen und eventuelle Störungen zu beseitigen.

Wir können den Atem gut führen, lenken – wenn wir uns dabei vom Atem selbst leiten lassen. Hört sich zunächst paradox an, oder? Doch bewusstes Atmen ist ein lohnender Weg. Denn wir erhalten am Ende mehr Energie, als wir selbst dafür aufwenden.

»Wer nur halb atmet, lebt nur halb.« (Weisheit der Yogis)

Das Versorgungs- und Entsorgungssystem

Wie wichtig unsere Atmung als Basis für ein vitales Leben ist, drückt sich in der Umgangssprache und in vielen Redewendungen aus: Das hält mich in Atem, mir stockt der Atem, nun hol' erst mal tief Luft, da bleibt mir glatt die Luft weg, ich mache meinem Herzen Luft, das ist atemberaubend, ich brauche eine Atempause, da muss man einen langen Atem haben, jetzt kann ich endlich aufatmen. Richtig atmen kann unsere Stimmung und den Energiefluss schnell verbessern. Atmen – das ist ja immerhin das Wichtigste, was wir in unserem Leben tun. Unser Atem versorgt den Körper bis in die letzten Zellen mit Sauerstoff und entsorgt das bei der Verbrennung entstandene Kohlendioxid.

Wie ein schlecht gelüftetes Zimmer

Kaum jemand atmet (noch) richtig. Richtig wäre die Bauchatmung. Sie ist uns angeboren. Doch im Lauf der Jahre (Haltungsfehler, Bewegungsmangel, Nachlässigkeit) mutieren viele zu hastigen Flachatmern, sie atmen bloß mit der Brust. So wird lediglich verbrauchte Luft in den Atemwegen hin- und hergeschoben, nur noch der obere und mittlere Teil der Lunge genutzt. Das untere Drittel verkümmert, der Blutkreislauf wird ungenügend versorgt. Wir werden anfälliger für Krankheiten, regenerieren langsam, außerdem drückt Sauerstoffmangel auf Stimmung und Denkfähigkeit.

Man könnte den Zustand mit einem schlecht gelüfteten Zimmer vergleichen. Können Sie dort Ihr volles Potenzial ausschöpfen? Wohl kaum. Stickige Luft hemmt. Wenn sie was forciert, dann allenfalls körperliche und geistige Schlaffheit.

Bewusst und kontrolliert atmen

Lernen Sie also, Ihren Atem zu kontrollieren, ihn bewusst wahrzunehmen, ihm nachzuspüren. Nur durch die Bauchatmung wird unser Organismus durch die Lunge bestens belüftet. Tiefe Atemzüge tragen dazu bei, das Netzwerk der Kapillaren zu vergrößern. Diese Kleinstblutgefäße spielen eine wichtige Rolle für eine bessere Sauerstoffversorgung des Körpers. Wenn Sie nur mit der Brust atmen, müssen Sie doppelt so viele Atemzüge machen, um dieselbe Menge Sauerstoff zu bekommen wie mit einem tiefen Atemzug aus dem Bauch heraus. Bauchatmung sorgt dafür, das genug Sauerstoff in die Lunge, von dort in die Blutbahn eingeschleust und das Abfallprodukt Kohlendioxid komplett wieder heraustransportiert wird. Wie funktioniert die Bauchatmung? Sie lässt sich leicht lernen. Folgen wir den Empfehlungen des Wiener Arztes Dr. Erwin Gross (»Heilatmung für jeden«).

> »Erfahrbarer Atem ist keine Atemtechnik, sondern ein Weg, uns selbst kennen zu lernen. Wir lassen den Atem von selbst kommen, erfahren seine Gesetzmäßigkeiten und vertiefen damit die Wahrnehmung für körperliche und psychische Prozesse.«
> (Veronika Langguth, Atemtherapeutin)

Bauchatmung im Liegen

Legen Sie sich mit dem Rücken auf den Boden. Unter den Nacken ein kleines Kissen legen – dadurch werden Wirbelsäule und Brustkorb optimal entspannt. Atmen Sie nun kräftig durch die Nase aus. Dann einen Augenblick warten, bis Ihr Körper selbst das Signal zum Einatmen gibt. Nun nicht heftig, aber zügig einatmen. Legen Sie währenddessen am besten ein Telefonbuch auf den Bauch, und stellen Sie bewusst das Heben und Senken des Oberbauchs fest (durch die Bewegung des Zwerchfells). Der Brustkorb soll sich jedoch eher wenig bewegen. Auf dem Höhepunkt des Einatmens sofort wieder ausatmen. Machen Sie in dieser Weise 20 Atemzüge. Diese Übung täglich zwei- bis dreimal wiederholen. Ein kleine Investition, die sich auszahlt.

Bauchatmung im Stehen

Mit dem Rücken dicht an eine Tür oder Wand stellen, die Beine leicht grätschen. Die Arme hängen locker herab. Nun den Kopf senken und durch die Nase kräftig ausatmen.

Nach einer kurzen Pause zügig, aber nicht übertrieben einatmen, wobei der Kopf rückwärts geführt und die Wirbelsäule gestreckt wird. Das Kinn soll sich aber nicht in die Höhe recken – die Halsmuskeln müssen entspannt bleiben. Auf der Höhe der Einatmung sofort wieder ausatmen und dabei Kopf sowie Wirbelsäule nach vorn kommen lassen. Die Übung kann später auch ohne Wand absolviert werden. Anfangs geht es ja nur um Kontrolle der richtigen Technik, die irgendwann in Fleisch und Blut übergeht.

Bauchatmung im Gehen

Jüngere Menschen verfügen noch über eine gut funktionierende Atemautomatik. Ihre Atmung passt sich dem Sauerstoffbedarf noch unwillkürlich an. Anders bei den meisten Erwachsenen. Sie werden immer kurzatmiger. Atmung und Bewegung verlieren den richtigen Rhythmus. Versuchen Sie bei einem Spaziergang im Grünen mal Folgendes: innerhalb von drei Schritten bewusst ausatmen; während der nächsten drei Schritte einatmen. Wer genügend Luft hat, kann nach dem Ausatmen ein oder zwei Schritte mit der Atmung aussetzen – lassen Sie den Körper antworten.

Richtiges Atmen ist eine enorme Kraftquelle für den ganzen Körper. Wer einen langen Atem hat, der wird auch leichter mit Stress und Hektik fertig.

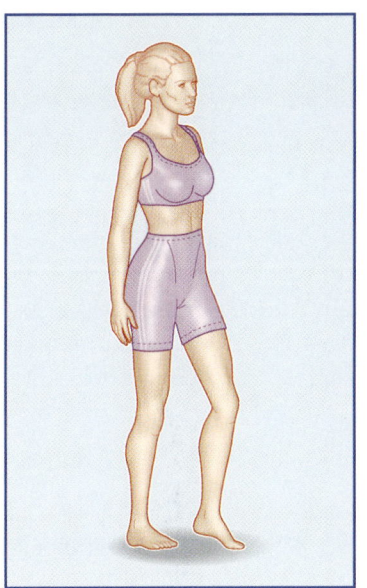
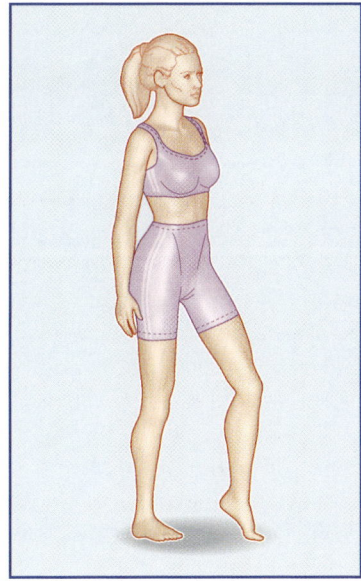

Gehmeditation: Augen geradeaus, Nacken entspannt, Wirbelsäule senkrecht, Unterleib straff. Fußballen auf die Erde setzen, den Fuß abrollen. Im Gehrhythmus atmen, z. B. drei Schritte lang ein-, drei Schritte lang ausatmen.

Energiequelle gesunder Schlaf

Unser Schlaf ist eine ganz besonders wichtige Quelle für Erholung und neue Energie. Im Schlaf schaltet der Organismus auf Sparflamme, unsere Batterien werden neu aufgeladen. Schlaf ist die natürliche Basis für körperliche und geistige Leistungsfähigkeit. Der Philosoph Schopenhauer fand einen passenden Vergleich: »Schlaf ist für den Menschen das, was das Aufziehen für die Uhr ist.«

Fühlen wir uns nicht gerädert, leer, frustriert, energielos – wenn gesunder Schlaf leider bloß ein Traum bleibt?

Hierzulande klagt jeder Zweite, dass sein Schlaf zu wenig erholsam sei. Jeder Dritte fühlt sich tagsüber hundemüde. Jeder Vierte hat Probleme mit dem Einschlafen oder wacht öfter auf. Jeder Zehnte leidet an extremen Schlafstörungen und gehört in ärztliche Obhut.

Im Traum kam dem Arbeiter Albert Schneider die Idee für einen Toilettenpapierbefeuchter. Am nächsten Morgen zeichnete er seinen Traum auf, ließ das Ding patentieren – und wurde mehrfacher Millionär.

Bei gestörtem Schlummer

»Schlaf ist mit jeder Facette des Lebens verwoben, mit unserer Gesundheit, Wohlgefühl, Stimmungen, unserem ganzen Verhalten«, weiß Peter Hauri, Direktor der Mayo Clinic für Schlafforschung, USA. »Schlaf beeinflusst unsere Energie und Gefühle, Partnerschaft, den Job und unser Glück.« Zu wenig Schlaf kann sich so auswirken:

● Unwohlsein, Gereiztheit, depressive Verstimmung
● Muskelschmerzen
● Konzentrations- und Leistungsschwäche

Die nächtliche Regeneration

Während also einige Organe im Schlaf deutlich verlangsamt arbeiten (das Herz, die Atmung, die Verdauung), werden andere sehr aktiv. Im Schlaf regeneriert sich ihre Funktionsfähigkeit. Die Zellen der Haut teilen sich nachts doppelt so schnell wie tagsüber. Gewebe wird repariert und erneuert. Die Muskulatur ist im Schlaf völlig entspannt, der Körper besser durchblutet – so können Schlacken und Giftstoffe besser entsorgt werden. Unser Gehirn kann sich neu organisieren. Die über den Tag aufgenommenen Informationen werden verarbeitet. Das Immunsystem wird aufgeladen, Wunden geheilt, Infektionen bekämpft. Das passiert vor allem in den Tiefschlaf- oder Delta-Phasen. Es ist erwiesen, dass Schlaf unsere Gesundheit schützt. Eine neunjährige Studie mit

5000 Erwachsenen zeigte, dass die Versuchspersonen, die sieben bis acht Stunden pro Nacht schliefen, am seltensten von Herzkrankheiten, Krebserkrankungen oder Schlaganfällen betroffen waren.
Die Kurzschläfer (sechs Stunden oder weniger) und die Langschläfer (neun Stunden oder mehr) starben mit 30 Prozent höherer Wahrscheinlichkeit früher als die gesunden Schläfer.

Die richtige Schlafdauer

Napoleon schlief bloß vier Stunden. Albert Einstein war ein genialer Langschläfer, er ratzte oft zwölf Stunden. Leonardo da Vinci genügte alle vier Stunden ein Nickerchen. Was also ist normal? Fest steht nur: Jeder braucht ein Schlafminimum. Wissenschaftler sprechen von »Wahlschlaf« und »Kernschlaf« (dem Mindestschlaf). Der Kernschlaf dauert bei Erwachsenen vier bis sechs Stunden und ist größtenteils Tiefschlaf. Wahlschlaf ist der morgendliche REM-Schlaf (»Rapid Eye Movement«, das bedeutet: schnelle Augenbewegungen). In dieser Phase träumen wir sehr lebhaft.
Die Schlafdauer hängt vom Lebensalter ab. Babys schlafen noch bis zu 18 Stunden. Kleinkinder wollen zwar nicht ins Bett, schlafen dann aber doch zehn bis zwölf Stunden, größere Kinder um die zehn Stunden. Für Erwachsene ist alles zwischen sechs und neun Stunden normal. Mit höherem Alter nimmt das Schlafbedürfnis ab.

Eine »Norm« fürs »richtige« Maß gibt es nicht. Nur Witzbolde wissen exakt, wie viel Schlaf sie brauchen: zehn Minuten länger.

Ist eine schlaflose Nacht schlimm?

Nein. Keine Sorge, wenn Sie mal eine Nacht schlecht oder gar nicht schlafen (vor Aufregung, vor einer Prüfung, vor einem wichtigen Termin). Das ist schlafökonomisch kein Unglück. Eine durchwachte Nacht steckt unser Organismus schon mal weg. Wenn der Termin wirklich so wichtig ist, wird Ihnen ein körpereigener Adrenalinpush über die Situation hinweghelfen.
Schlaf ist ein Spiegel unseres Wohlbefindens. Wenn es uns gut geht, schlafen wir meist auch gut. Wenn wir Probleme haben, haben wir oft auch Schlafprobleme. Keine Panik, wenn Sie mal eine Wachphase mitten in der Nacht haben, wenn nicht mal Schäfchenzählen (ab 400 rückwärts) wirkt. Setzen Sie eine Frist: Wenn ich in 20 Minuten nicht schlafe, dann … Dann stehen Sie wieder auf. Gehen Sie in ein anderes Zimmer, machen Sie sich's gemütlich. Nutzen Sie die Muße für Dinge, zu

denen Sie sonst nie kommen. Briefe schreiben, Checkliste für die nächsten Tage, Bilder sortieren – was Sie wollen.

Träumen Sie. Schmieden Sie Pläne. Aber verpassen Sie Ihren »toten Punkt« nicht.

Träume sind weitaus mehr als nur scheinbar recht sinnloses Nervengewitter.

Ein Boxenstopp namens Nickerchen

In Mittelmeerländern ist die Siesta ein völlig selbstverständlicher Teil des Tages. Bei uns ist der Mittagsschlaf noch bei vielen verpönt (»einfältig, rückständig«). Schlafforscher bestätigen: Ein Nickerchen steigert die Leistungsfähigkeit enorm.

Unser Biorhythmus gibt es vor: Etwa sieben Stunden nach dem Aufstehen erleben wir ein deutliches Leistungstief. Wer sich dann eine Siesta gönnt (die sich im Arbeitsalltag einrichten lässt), erwacht in der Regel frisch, ausgeruht, leistungsfähig. Ein Nickerchen (15 bis 20 Minuten) baut besser Energie auf als der stärkste Kaffee.

Wer unter Schlafstörungen leidet, sollte auf den Mittagsschlaf verzichten. Warum? Der Schlafdruck, der sich im Lauf des Tages aufbaut, wird durch ein Nickerchen wieder deutlich geringer.

Den Abend ausklingen lassen

Wir können Schlaf nicht erzwingen. Aber wir können viel tun, um Kopf und Körper in den Zustand der Schlafbereitschaft zu bringen. Gerade noch hektische Betriebsamkeit, Reizüberflutung, Ärger. Und dann gleich schlafen wollen? Das geht nicht. Anspannung lässt sich nicht wie ein Fernsehapparat abschalten, der Wunsch nach Schlaf nicht einfach anschalten. Lieber langsam umschalten, z. B. mit:

- Einem Abendspaziergang
- Aufräumen der Wohnung
- Hören entspannender Musikstücke
- Ein paar Atemübungen am geöffneten Fenster
- Ein paar Seiten leichter Lektüre
- Ein paar Zeilen schreiben (Tagebuch, Plan für den nächsten Tag)
- Einer warmen Dusche

Wirkungsvolle Schlummertipps

Einen festen Rhythmus finden

Für den Körper ist es ideal, wenn Sie möglichst immer zur gleichen Zeit ins Bett gehen – und zur gleichen Zeit wieder aufstehen. Mit regelmäßigem Rhythmus finden Sie leichter in den Schlaf, weil sich der Körper an Schlaf-wach-Zyklen gewöhnt. Verpassen Sie Ihr »Schlaffenster« nicht – das nächste öffnet sich erst 90 Minuten später. Und am Wochenende? Bis in die Puppen schlafen? Für Schlafforscher eine Sünde – weil die biologische Uhr unnötig aus dem Takt kommt.

Entwickeln Sie ein Schlafritual

Ein Einschlafritual fördert Ruhe und Gelassenheit. Vor dem Zubettgehen z. B. Haare bürsten, Körper eincremen oder Kleidung für den nächsten Tag zurechtlegen. Beruhigend für Magennerven und das vegetative Nervensystem: ein Glas warme Milch (mit Honig).

Ein gemütliches Schlafzimmer

Bitte Behaglichkeit, raus mit hässlichen Wäscheständern, Abtörnmobiliar. Optimale Raumtemperatur zum Einschlafen: 14 bis 16 °C. Im Zweifelsfall lieber etwas kälter als wärmer. Vor dem Zubettgehen gründlich lüften. Spezielle Duftstoffe (Vanille, Apfel) können für den Schlaf förderlich sein. Ihr Schlafzimmer sollte ein zeitloser Raum sein. Stellen Sie den Wecker so hin, dass die Ziffern nicht erkennbar sind. Sonst schauen Sie garantiert nach, wie lange Sie noch schlafen können.

Halten Sie Probleme aus dem Schlafzimmer raus

Klingelt es da in Ihren Ohren? Unsere Eltern oder Großeltern predigten für später: Kinder, geht nie unversöhnt zu Bett. Gar nicht so blöd, diese Maxime. Das Schlafzimmer sollte kein Schlachtfeld sein, aus dem sich morgens ein/e Sieger/in und Besiegte/r erheben. Auch kein Arbeitsplatz. Der Gedanke ans Schlafzimmer sollte pure Vorfreude auslösen.

Ein freundlicher Wecker

Auch wenn Sie schwer aufwachen: Verzichten Sie doch auf diese schrillen Monster, die morgens den Puls gleich von 50 auf 180 treiben. Es gibt Fabrikate, die einen erträglicher in den Tag summen.

Das Null-Bock-Gefühl bei Jugendlichen lässt sich auf Nachtschwärmereien und Schlaflosigkeit zurückführen, fanden Forscher heraus. Kids sollten achteinhalb Stunden pro Tag schlafen, wobei zwei bis drei Stunden vor Mitternacht liegen müssten.

Wie Sie sich betten ...

Ein gutes Bett – auch eine gute Voraussetzung für eine gute Nacht:
- Matratze: möglichst hart und »körperunterstützend«. Nach rund zehn Jahren sind Matratzen durchgelegen – auswechseln!
- Unterfederung: flexibler Lattenrost
- Bettdecke: möglichst leicht
- Bettzeug: natürliches, schweißaufsaugendes Material

Nicht den Magen überlasten

Wenn der Magen spätabends noch zu voll ist, muss der Körper zum Verdauen erneut die Betriebstemperatur erhöhen. Die Schlafbereitschaft ist jedoch an eine abfallende Temperatur gekoppelt. Späte Portionen Fleisch sorgen nachts für wilde Träume.

> »Halte dir jeden Tag 30 Minuten für deine Sorgen frei, und in dieser Zeit mache ein Nickerchen.«
> (Abraham Lincoln)

Produzieren Sie den Schlafstoff Serotonin

Übrigens: Auch ein leerer Bauch – z. B. bei strenger Diät – wirkt sich sehr nachteilig fürs Einschlafen aus. Kohlenhydratreiche Mahlzeiten haben beruhigende Wirkung.

Grund: der Botenstoff Serotonin, unser wichtigster Schlafstoff im Hirnstamm. Mangel an Serotonin führt zu Schlafmangel. Serotonin wird aus der Aminosäure Tryptophan gebildet. Die kommt in vielen kohlenhydrathaltigen Nahrungsmitteln reichlich vor.

Nutzen Sie Lebensmittel als Schlafmittel

Bausteine für ein Abendessen, das sehr reich an Tryptophan ist:
- Vollkornbutternudeln
- Spaghetti mit Tomaten, Butter und Parmesan
- Vollreisrisotto mit Zwiebeln, Pilzen, Erbsen, Artischocken
- Vollkornbrot
- Grüner Salat
- Hüttenkäse
- Hähnchenbeine
- Magerer Rinderschinken
- Nüsse
- Avocados
- Bananen
- Birnen

Schlafmittel aus der Natur

Anders als chemische Schlafmittel, die wie eine Art Betäubung wirken, machen Schlafmittel auf pflanzlicher Basis nicht abhängig, und sie haben keine unerwünschten Nebenwirkungen.

Diese pflanzlichen Substanzen (als Tee, Extrakt oder Öl zu kaufen) haben sich wegen ihrer beruhigenden Wirkung bewährt:

- Baldrian
- Hopfen
- Johanniskraut
- Kamille
- Kava-Kava-Wurzelstock
- Lavendel
- Lindenblüten
- Melisse
- Passionsblume
- Vanille

Schlafstörer Genussgifte

Ein Glas Bier oder Wein als Schlummertrunk gehen in Ordnung. Mehr kann den Schlaf erheblich beeinträchtigen. Stimmt, mit Alkohol schlafen wir schneller ein. Doch während des Schlafs belastet er das Nervensystem und den gesamten Organismus – er ist stark mit Abbauarbeit beschäftigt. REM-Schlaf wird unterdrückt. Folge: frühes Erwachen. Außerdem erzeugt Alkohol oft Alpträume. Kaffee, schwarzer und grüner Tee und Colagetränke enthalten den Wachmacher Koffein und sollten vier bis fünf Stunden vor dem Zubettgehen gemieden werden. Bei manchen wirkt Koffein paradoxerweise einschläfernd.

Rauschdrogen (Marihuana etc.) wirken beruhigend, schlaffördernd. Doch es kann zu nächtlichen Panikreaktionen kommen. Entzug führt fast immer zu peinigender Schlaflosigkeit.

Schlafen und Ausruhen haben nichts mit Faulheit zu tun. Im Gegenteil: Sie nutzen diese Zeit intelligent und produktiv.

Sport macht angenehm müde

Sportmuffel schlafen schlechter. Körperliche Anstrengung stärkt das Schlafbedürfnis. Wer regelmäßig Sport treibt, schläft schneller ein, tiefer, besser durch und erholsamer. Wer (regelmäßig) dreimal pro Woche 30 Minuten joggt, schwimmt oder Rad fährt, macht diese Erfahrung. Diese Wirkung stellt sich erst nach der neunten Trainingswoche ein. Nach 18 Wochen ist der Erfolg richtig spürbar. Allerdings: Nicht mehr spätabends powern, wenn der Körper gemäß biologischer Uhr hormonell aufs Zubettgehen einstellt ist. Dann könnte das Einschlafen schwerfallen. Optimale Zeit fürs Training: bis 19 Uhr. Dann ist auch der Trainingserfolg am besten.

Was Sie über Schlaftabletten wissen sollten

- Eine dramatische Zahl: Aus Angst vor einem Schlafdefizit nehmen mehr als eine Million Bundesbürger jeden Abend ein Schlafmittel (Quelle: Wissenschaftliches Institut der AOK).

- Leider gibt es keine Wunderpille ohne Nebenwirkungen. Chemische Mittel nehmen dem Schlaf seine Tiefe und verkürzen die für unser Wohlbefinden so wichtigen Traumphasen. Viele wissen auch nicht, wie schnell man von Schlaftabletten abhängig werden kann. Wegen des Gewöhnungseffekts verlangt der Organismus immer höhere Dosen, um eine Reaktion zu bekommen – ein Teufelskreis.

- Außerdem: Schlafmittel fördern keineswegs die Schlafqualität. Der Erholungswert von künstlich erzwungenem Schlaf ist deutlich geringer. Am nächsten Tag fühlt man sich oft benommen.

- Schlafmittel sind nur bei akuten Schlafproblemen vertretbar – nach ärztlicher Absprache.

- Auch verschreibungsfreie Medikamente nie länger als über einen Zeitraum von ein bis zwei Wochen nehmen. Warum? Die eigentlichen Ursachen der Schlaflosigkeit bleiben verschleiert, und die passive Haltung des Patienten wird unnötig gefördert.

- Vor der Therapie mit Schlafmitteln erst einmal verschiedene nicht medikamentöse Verfahren ausprobieren.

Entspannung in der Badewanne

Wasser ist ein ausgezeichnetes Schlafmittel. Vor dem Schlafengehen hilft oftmals ein Bad. Das Wasser sollte Körpertemperatur (37 bis 38 °C) haben. Substanzen wie Kamille, Lavendel, Baldrian, Heublumen, Melisse erhöhen die entspannende Wirkung. Kalte Armbäder (10 bis 30 Sekunden) beruhigen den Kreislauf.

Wohltuende Müdigkeit bringt auch ein Saunabesuch. Aber nicht zu spät, am besten am frühen Abend. Sauna regt den Kreislauf zunächst an. Die tiefe Entspannung folgt ein bis zwei Stunden später.

»Schlafmittel sind wie ein allabendlicher Selbstmord.« (Ina Seidel)

Sex

Last but not least: Lust. Miteinander schlafen wirkt sich günstig auf den Schlaf aus. Das bestätigen Schlafforscher. Erklärung: Hormonelle Abläufe, die während der sexuellen Aktivität ausgelöst werden, verbessern auch die Schlafbereitschaft.

Bioenergetik – Energie erkennen und lenken

»Keine Worte sind so klar wie die Sprache des Körperausdrucks, wenn man erst einmal gelernt hat, sie zu verstehen.« Es war Alexander Lowen, Psychologe und Begründer der Bioenergetik, der eine traditionelle Sichtweise auf den Kopf stellte: Nicht der Geist kontrolliert den Körper, sondern der Körper managt die mentale Haltung.

Die Muskeln brennen, Atemlosigkeit und Zittern haben uns nach körperlicher oder mentaler Anstrengung im Griff. Was tun? Manch einer schreit es raus. Andere legen sich auf die Massagebank. Wieder andere entspannen (Yoga & Co.). So weit, so gut, schließlich gibt es die unterschiedlichsten Typen. Aber die wenigsten nutzen diese Möglichkeit. Sie lassen sich stattdessen vom Stress fressen. Verkrampfen. Stehen unter Strom – und bleiben trotzdem ohne Energie.

Stark durch Körperkompetenz

Unser Körper ist mit einer sehr persönlichen, sehr tiefen Weisheit ausgestattet. Sie zu erfühlen, sich ihr anzuvertrauen und sie als Ratgeber zu verstehen, kann ungeahnte Kräfte, Vitalität und Lebensfreude wecken. Mehr noch: Körperkompetenz bringt uns unseren ursprünglichen Bedürfnissen näher, schärft den Blick für das, was wir wirklich wollen und wünschen. Körperkompetenz hilft, das Maß zu finden, das optimale Leistung mit persönlichem Wohlbefinden verbindet. »Sobald sich der Mensch seines Körpers bewusst wird, mit seinem Körper bewusst arbeitet, ihn aktiv erlebt – gewinnt er ein neues Verhältnis zu sich selbst und findet Wege zu Ausgeglichenheit, Wohlbefinden, Vitalität und Schaffenskraft«, weiß Ulrich Sollmann. Er ist ein erfahrener Psychotherapeut, Coach und Trainer für Bioenergetik.

Was Bioenergetik ist

Das Erstaunliche: Durch bioenergetische Stressbewältigung kann man seine Energie erhöhen und die Leistung deutlich verbessern – um bis zu 30 Prozent. Leben (= Bio) ist, so Alexander Lowen, ein energetischer Prozess, ein Wechselspiel aus Erregung, Anspannung, Aufladung, Entladung und Entspannung.

»Bei einer befriedigenden sexuellen Entspannung wird die überschüssige Erregung des Körpers entladen, wodurch es zu einer erheblichen Verminderung seiner Gesamtspannung kommt. Das macht uns ausgeglichen, gelockert, oft schläfrig. Es ist äußerst angenehm und beglückend.«
(Alexander Lowen; »Bioenergetik«)

Amerikaner spre-
chen gern von
Higher Energy,
wenn sie Gott
meinen. Es muss
nicht der alte
Mann da oben
mit weißem Bart
sein – es können
spirituelle Gedan-
ken, Inspiration,
Meditation sein.

Wir entfliehen dem Schmerz und streben nach Lust. Befinden wir uns also in einer Situation, die schmerzt, entziehen wir uns. Die Muskeln verspannen, die Atmung wird flach. Dauert ein solcher (traumatisierender) Zustand länger an, wird die Verspannung chronisch und unbewusst. Wir kämpfen uns mit einer Muskelverpanzerung durchs Leben, ohne den Sinn zu erkennen. Hier setzt die Bioenergetik an.

Die Arbeit mit dem Körper

Spezielle, auf den Typ abgestimmte Übungen wecken autonome Reaktionen, z. B. Zittern und Vibrieren. Bewegungen, bei denen wir im ersten Moment vielleicht erschrecken, weil wir Angst haben, Kontrolle abzugeben. Dabei sind es natürliche Mechanismen, die Energien freisetzen, die Blockaden auflösen, in denen sich unsere innere Einstellung manifestiert hat. Die Körperarbeit basiert auf den neuesten Erkenntnissen von Hirnphysiologie und Psychobiologie. Und jeder – ob Sportler, Manager oder Familienmensch, profitiert davon. Beispiel: die Machertypen im Profifußball. Sie müssten eigentlich fit sein. Doch viele Spieler haben ein eingeschnürtes Zwerchfell, flache und kurze Atmung, extrem feste Muskulatur, können nicht spontan entspannen. Ihr psychisches und physisches Spannungsniveau ist bis zu 24 Stunden nach einem Spiel extrem hoch. Die Folge: Verspannungsschmerz, Schlafprobleme, Versagensangst, schwaches Selbstbewusstsein.

*Viele Leistungs-
sportler, z. B. Fuß-
baller, stehen stän-
dig unter Strom,
können nur sehr
schwer abschalten
und neue Energie
tanken.*

Bioenergetikübungen für jeden Typ

Hören Sie mehr auf die Weisheit Ihres Körpers. Lassen Sie sich auf die folgenden Übungen ein, die Ihnen vielleicht komisch vorkommen. Seien Sie aufmerksam für Ihre Reaktionen. Es wird Ihnen gut tun. Probieren Sie es aus. Vertrauen Sie auf Ihre Körperkompetenz. Sie werden erstaunt sein, was Ihr Körper alles zu sagen hat – und Sie werden sich viel wohler fühlen in Ihrer Haut. Mischen Sie das Spiel neu: von persönlichen Stärken und Schwächen, von Talenten und Blockaden. Denken Sie daran: Nicht der Geist kontrolliert den Körper, sondern der Körper managt die mentale Haltung.

> »Wachsen ist ein natürlicher Prozess; wir können ihn nicht erzwingen. Er unterliegt den gleichen Gesetzen wie alles Leben.« (Alexander Lowen)

Typ 1 – der Macher

Er strotzt vor Tatkraft und Überlegenheit. Er legt bei allem einen schnelleren Gang ein. Das Leben ist eine Sache von Willenskraft, ist sein Standpunkt, und er sprüht vor Findigkeit, Produktivität und Initiative. Kontrolle steht bei ihm an erster Stelle, Abhängigkeiten sind ihm ein Graus. Er setzt sich durch – kann sich aber schwer fallen lassen.

● *Typische Blockaden:* Verspannungen im Hals-, Nacken-, Schulterbereich; Energie steckt im Brustbereich fest; Zwerchfell und Gesäßmuskulatur sind fest.

● *Stresstipp:* Machen Sie Pausen! Atmen Sie tief durch, und versuchen Sie, auch mal nach innen zu spüren.

Übungen für den Macher

● *Beckenheben:* Auf einer Matratze oder Isomatte liegend die Beine anwinkeln, die Füße dabei hüftbreit aufstellen. Das Becken wie in Zeitlupe ganz langsam heben und wieder senken (insgesamt für ca. 5 Minuten). Die Übung wiederholen und etwa 10 Atemzüge lang ganz oben bleiben.

● *Fallübung:* Vor eine Matratze stellen, Füße hüftbreit auseinander. Fersen heben, Knie beugen und Becken leicht nach vorn bringen. Mit einem Stuhl die Balance halten, dabei nicht aufstützen. Wenn Sie nicht mehr können: nach vorn fallen lassen und kurz liegen bleiben. Die Übung wiederholen.

Für den Macher:
links das Becken-
heben, rechts die
Fallübung.

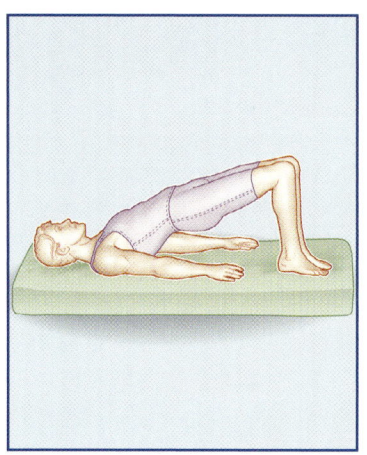
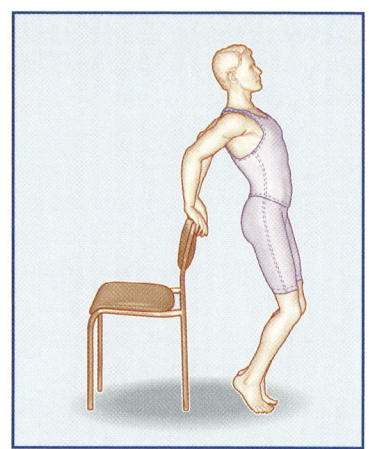

Typ 2 – der Analytiker

Dieser Mensch reagiert eher überempfindlich, distanziert, misstrauisch und manchmal arrogant. Er meidet gefühlsbetonte Beziehungen und lebt in seiner eigenen inneren Welt. Dort fühlt er sich sicher. Nimmt man ihn nicht ernst genug, wird er latent aggressiv.

● *Typische Blockaden:* Augen, Schädelbasismuskulatur; Energie wird festgehalten, die sich plötzlich und unvorhergesehen entlädt.

● *Stresstipp:* Arbeiten Sie langsamer, vorsichtiger. Versuchen Sie den Kopf zu entlasten, wenn mal wieder Ärger aufsteigt.

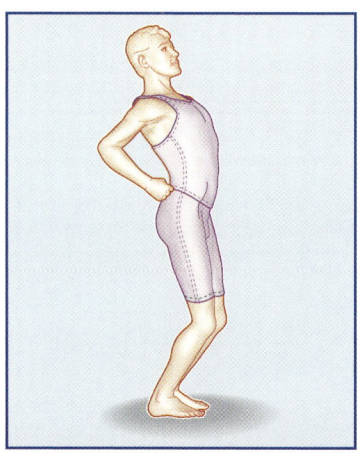

Für den Analytiker:
links der Bogen,
rechts der Elefant.

Übungen für den Analytiker

● *Bogen:* Hinstellen, die Füße parallel in Hüftbreite auseinander, die Knie leicht gebeugt. Die Fäuste auf das hintere Becken legen, dieses sanft nach vorn drücken, bis Sie in Bogenhaltung stehen. Die Augen sind geöffnet, der Kopf ist aufrecht. Atmen Sie tief und entspannt.

● *Elefant:* Aus dem Bogen langsam nach vorn beugen. Oberkörper, Arme und Kopf locker hängen lassen, die Fingerspitzen berühren die Erde. Füße am Boden lassen, Knie leicht nach hinten biegen, ohne sie ganz durchzudrücken. Die Spannung einige Atemzüge lang halten. Rollen Sie sich Wirbel für Wirbel hoch, bis Sie wieder stehen.

Typ 3 – der Erfolgsmensch

Er weiß, was zu tun ist und wo. Er macht eine gute Figur und verliert nie den Kopf. Frei sein heißt für ihn, seinen Weg zu gehen und Realitätserfordernisse vorzuschieben, um sich nicht mit Gefühlen zu befassen.

● *Typische Blockaden:* Nacken- und Beckenverspannungen, diffuse Kopfsymptome. Energie ist stark kontrolliert, zu angespannt, energisch.

● *Stresstipp:* Machen Sie bewusst Fehler. Reden Sie z. B. 5 Minuten lang wirres Zeug. Lassen Sie sich gehen.

Ein Baum wächst nur dann in die Höhe, wenn seine Wurzeln tiefer in die Erde wachsen. Auch der Mensch kann nur wachsen, wenn er seine Wurzeln stärkt, die ihn mit seiner Vergangenheit verbinden.

Übungen für den Erfolgsmenschen

● *Schmetterling:* Mit angewinkelten Beinen auf den Rücken legen. Füße aufsetzen, Augen schließen, Kiefer entspannen. Beine wie Schmetterlingsflügel ganz langsam zur Seite öffnen – einige Millimeter pro Minute. Genauso langsam schließen. Vergessen Sie die Zeit!

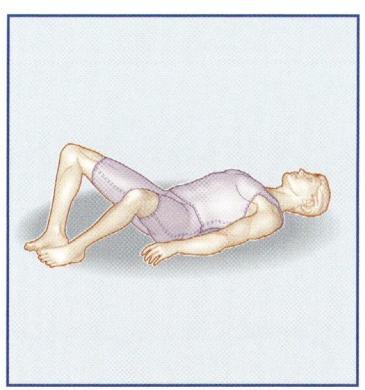 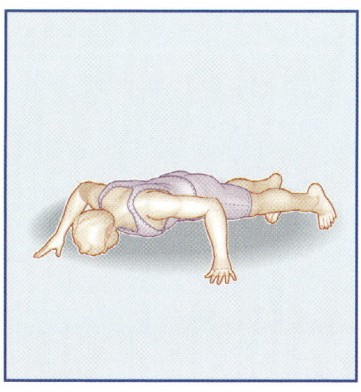

Für den Erfolgs-menschen: links der Schmetterling, rechts »Alles oder nichts«.

● *Alles oder nichts:* Auf den Bauch legen, auf die Hände neben den Schultern und die Zehen stützen. Den ganzen Körper parallel zum Boden wie beim Liegestütz ca. 20 Zentimeter anheben und so lange wie möglich halten. Lassen Sie sich dann fallen, und spüren Sie nach.

Der Mensch lernt, indem er die Vergangenheit studiert. Und die Vergangenheit eines Menschen ist sein Körper.

Typ 4 – der Kommunikative

Dieser Typ befürchtet, nicht auf eigenen Beinen stehen zu können und engagiert sich daher in Beziehungen. Er fühlt sich für Kommunikation zuständig und entwickelt ein Talent, Energiequellen ausfindig zu machen, er nutzt seine Kreativität und Sinnlichkeit. Trotzdem lebt in ihm die Überzeugung: Immer wenn ich jemanden brauche, ist keiner da.
● *Typische Blockaden:* Nacken-, Kiefer-, Halsverspannungen, flache Atmung, wenig Energie.
● *Stresstipp:* Reden Sie weniger, hören Sie auf, bevor Sie vollkommen erschöpft sind.

Übungen für den Kommunikativen

● *Energiekicken:* Auf einer Matratze liegend schnell mit den Beinen auf und ab schlagen, bis Sie erschöpft sind. Anschließend die Arme dazunehmen. Schütteln Sie gleichzeitig den Kopf – so, als wenn Sie Nein sagen würden. Wiederholen Sie die Übung 2- bis 3-mal.
● *Reaching:* Mit angewinkelten Beinen auf eine Matratze legen. Die Arme mit geöffneten Fingern hoch in die Luft strecken. Stellen Sie sich vor, Sie greifen nach einer ersehnten Person. Halten Sie die Arme hoch, bis Sie erschöpft sind, lassen Sie sie dann langsam sinken.

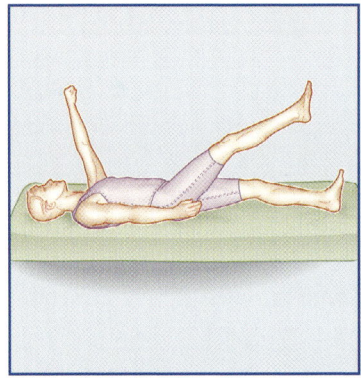 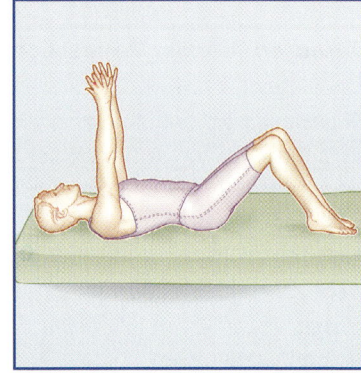

Für den Kommunikativen: links das Energiekicken, rechts das Reaching.

 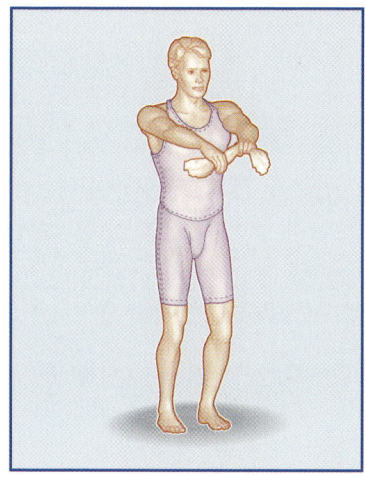

Für den Verlässlichen: links das Schlagen, rechts das Handtuchwringen.

Typ 5 – der Verlässliche

Sozial anerkannt und wegen seiner vielen Dienste geschätzt, lässt er niemanden in sein brodelndes Inneres schauen. Er ist verlässlich, macht immer mehr, als er eigentlich soll. Und dämmt jedes negative Gefühl ein. Er bleibt der Fels in der Brandung.

● *Typische Blockaden:* Die Energie steckt im Rumpf fest, Schulter- und Beckenbereich sind verspannt, deutliche Probleme mit der Streckmuskulatur.

● *Stresstipp:* Machen Sie Stretchingpausen, dehnen Sie den Oberkörper intensiv. Atmen Sie tief durch. Lernen Sie vor allen Dingen, auch mal Nein zu sagen!

Übungen für den Verlässlichen

● *Schlagen:* Vor einer Matratze knien, Arme über den Kopf. Mit den Fäusten kräftig und schnell ohne Unterbrechung auf die Unterlage schlagen. Richtig austoben; dabei dürfen Sie ruhig fluchen oder »Nein!« rufen. Wiederholen Sie diese Übung, dabei dann laut »Ich will!« sagen.

● *Handtuchwringen:* Hinstellen, Füße hüftbreit auseinander, Knie leicht gebeugt. Mit ausgestreckten Armen ein Handtuch ganz fest auswringen. Schnauben Sie ruhig oder sagen »Ich zeig's dir!« Locker lassen und wiederholen.

»Wer sich ärgert, büßt für die Sünden anderer Menschen.« (Konrad Adenauer)

Die
Energieräuber

Was an den Kräften zehrt

Die Energieräuber sind allgegenwärtig. Sie tauchen in vielen verschiedenen Formen auf. Mal sind sie tückisch, mal plump, manche kennen wir längst, können uns aber schlecht vor ihnen schützen. Wir haben ein paar Dutzend Leute gefragt, mit welchen Energieräubern sie sich immer wieder herumschlagen. Eine ganze Latte. Jeder kannte und nannte spontan mindestens fünf von diesen:

Bequemlichkeit, Stress, »ich selbst«, Trägheit, Taubheit, Krankheit, mies gelaunte Kollegen, sinnlose Arbeit, Ignoranz, Überforderung, Disharmonie, Angst vor Veränderung, Alkohol am Abend, Druck, mangelnde Disziplin, zu wenig Konzentration, Unsicherheit, Unwissenheit, Unzufriedenheit, undankbare Menschen, Nervensägen, Selbstzweifel, eigene Kleinmütigkeit, viel Chaos im Hirn und im Timer, Angst, Monotonie, Misserfolg, Miesmacher, Maßlosigkeit, Wut, Zeitmangel, Unstimmigkeiten, Niederlagen, Hektik, Enttäuschungen, finanzielle Sorgen, zu wenig Schlaf, chronische Müdigkeit, schlechte Essgewohnheiten, negative Umgebung, negative Gedanken, mangelnde Selbstdisziplin, Lärm, Bewegungsmangel, Fressattacken, Frust, Pessimismus, Mobbing, fehlendes Verständnis, Inkonsequenz, Missverständnisse, Reizüberflutung, der innere Schweinehund, schlechte Planung, Streit, schlechtes Wetter, Stillstand …

Das Burnout-Syndrom

Sie ist lang, die Liste der möglichen Energievampire, die immer wieder über uns herfallen, die uns leersaugen, die uns jede Menge Lebenskraft rauben. Wenn wir nicht wissen, wie wir sie vermeiden oder aus unserem Leben vertreiben können, wenn wir es hinnehmen oder zulassen, dass uns mehrere zur gleichen Zeit bedrängen – dann wird es richtig gefährlich. Dann kann ein Energiekollaps drohen. Es beginnt mit dem vagen Gefühl, dass etwas nicht in Ordnung ist. Und es endet damit, dass wir wissen: Nichts ist mehr in Ordnung. Nichts geht mehr. Nichts

Geist und Körper gehören zusammen – sie beeinflussen sich gegenseitig. Alles, was gedanklich passiert, hat eine Reaktion im Körper. Jeder unterscheidbare Bewusstseinszustand wird an minimalen Veränderungen der körperlichen Ausdrucksweise sichtbar.

interessiert uns mehr. Wir wollen nichts mehr hören und sehen. Wir haben alles so satt: die Arbeit, andere Leute, das ganze Leben. Wir fühlen uns nutzlos, traurig, depressiv, innerlich leer. Wir fühlen uns als Versager, können uns nicht mehr konzentrieren, der Schädel brummt, und manchmal brechen wir bei der kleinsten Kleinigkeit in Tränen aus. Kurz: Wir sind fix und fertig.

»Burnout« – diesen Begriff prägte in den 1970er Jahren der amerikanische Psychoanalytiker Herbert J. Freundenberger. Lange wurde das Burnout-Syndrom nur auf berufliches Ausgebranntsein beschränkt. Innere Erschöpfung muss aber nicht allein der Preis für Totaleinsatz im Job sein. Burnout, so Freundenberger, ist ein genereller Energieverschleiß, »eine Erschöpfung aufgrund von Überforderungen, die von innen oder außen – durch Familie, Arbeit, Freunde, Liebhaber, Wertesysteme oder die Gesellschaft – kommen kann.«

Die amerikanischen Psychologen Pines, Aronson und Kafry haben einen Fragebogen (siehe Kasten) entwickelt, mit dem sich der persönliche Burnout-Status errechnen lässt – ein erster, grober Überblick.

Die Kehrseite großen Engagements

Es kann jeden treffen: die Hausfrau ebenso wie den Manager, den Rentner, die Sekretärin, den Politiker, den großen Maxen oder den kleinen Angestellten. Denn es ist nicht nur die Menge an Arbeit, Überforderung und Stress, die uns ausbrennen lassen. Es ist auch unsere innere Einstellung: unrealistische Erwartungen, gegenüber anderen und besonders auch uns selbst – all dies kann uns fix und fertig machen. Burnout – nein, das passiert nicht plötzlich. Im Gegenteil. Wer ausgebrannt ist, war mal Feuer und Flamme. Untersuchungen haben gezeigt, dass es meist engagierte Leute sind, die in der völligen Burnout-Erschöpfung enden: die idealistische Krankenschwester, der Sozialarbeiter, der junge Selbstständige, die besorgte Mama, leistungsbereite Menschen also, die ein extrem hohes Verantwortungs- und Pflichtbewusstsein haben.

Die typischen Burnout-Merkmale

Sie wollen immer perfekt sein. Sie verzeihen sich keine Fehler. Sie muten sich viel zu, allzu viel. Sie strengen sich ständig an. Sie reiben sich mit Sachen auf, die Sie kaum oder gar nicht ändern können. Und das, was zu ändern wäre, nehmen Sie einfach so hin. Sie sind ängstlich, das Selbstwertgefühl ist gering ausgeprägt, aber die Erwartungen – die sind eben sehr, sehr hoch gesteckt.

Test – Bin ich vom Burnout bedroht?

Tragen Sie die Punkte nach dieser Skala ein:

Niemals: 1 • Selten: 2 • Manchmal: 3 • Häufiger: 4
Oft: 5 • Meistens: 6 • Immer: 7

Mein Gefühl   **Punkte**

- Ich erlebe Überdruss
- Ich bin ausgelaugt
- Ich spüre meinen Überdruss körperlich
- Ich leide unter emotionalem Überdruss
- Ich fühle mich erledigt
- Ich fühle mich überfordert
- Ich fühle mich unzufrieden und traurig
- Ich fühle mich ausgemergelt
- Ich fühle mich in meiner Situation gefangen
- Ich bin ohne Elan
- Ich bin besorgt
- Ich bin wütend oder enttäuscht über andere
- Ich fühle mich hilflos
- Ich fühle mich abgewiesen
- Ich bin ängstlich

Gesamtsumme (A)

Mein Gefühl   **Punkte**

- Ich hatte heute einen guten Tag
- Ich fühle mich glücklich
- Ich bin optimistisch
- Ich bin voller Energie

Gesamtsumme (B)

Die Testauswertung

So errechnen Sie Ihren Burnout-Level:

1. Die Gesamtsumme (B) von 32 abziehen: 32 – B = ...(C)
2. Zählen Sie (A) und (C) zusammen: A + C = ...(D)
3. Teilen Sie (D) durch 21, also D : 21 = ...

Und das bedeutet Ihr Burnout-Level:

● Bei einer Punktzahl zwischen 1 und 2: Ihr Energiezustand ist gegenwärtig in Ordnung.

● Bei einer Punktzahl zwischen 3 und 4: Sie laufen Gefahr, vom Burnout eingeholt zu werden.

● Bei einer Punktzahl über 5: Sie benötigen dringend Unterstützung. Vielleicht vom Partner (er könnte allerdings auch einer der Auslöser Ihres Problems sein). Besser von einem Arzt oder Therapeuten.

Verheizen Sie Ihr Leben nicht. Denken Sie daran: In der Ruhe liegt die Kraft.

Mach' mal Pause

Würden Sie, wenn Sie eilig durch eine Wüste wandern, unterwegs alle Angebote, etwas zu trinken, ausschlagen – nur weil Sie dadurch Zeit sparen könnten? Wohl kaum, oder? Denn das wäre nicht clever, das wäre blöd.

Komisch, aber viele clevere, aufgeklärte Menschen, die den ganzen Tag in Aktion sind, halten an genau dieser ziemlich paradoxen Überzeugung fest: Pausemachen kostet bloß Zeit.

Quatsch. Gerade wenn wir besonders beansprucht sind, wäre es so wichtig, mal innezuhalten. Logisch, bei hoher Beanspruchung ist der Energieverlust am größten; jetzt wäre Regeneration besonders nötig.

Die acht häufigsten Energieräuber

● Nervensägen, giftige Beziehungen mit Menschen

● Ärger

● Angst

● Bewegungsmangel

● Elektrosmog

● Falsche Ernährung, Genussgifte

● Chaotische Organisation (Unordnung, Unerledigtes, Unsicherheit, Überforderung, Fehlen klarer Ziele)

● Stress

Wie gehen Sie mit sich um?

Termindruck? Zu hohe Anforderungen, zu viele Verpflichtungen? Monotonie? Machen Sie jetzt noch mal selbstkritisch eine Bestandsaufnahme Ihrer momentanen Situation:

- Auf welche Weise trage ich selbst zum Burnout bei?

- Welche Umfeldfaktoren sind dabei beteiligt?

- Welche lassen sich beeinflussen? Welche nicht?

- Wann überschreite ich die Grenzen meiner Belastbarkeit?

- Weiß ich wirklich, was ich will (Ziele, Prioritäten)?

- Wie kann ich mehr Abwechslung in mein Leben bringen?

- Wie gehe ich mit Fehlern um? Neige ich zu Perfektionismus?

- Wie oft lade ich mir zu viele Verpflichtungen auf?

- Wie kann ich mehr Spaß und Entspannung haben?

»Glück bedeutet nicht nur, das zu bekommen, was wir wollen, sondern auch, das zu wollen, was wir bekommen.« (Reinhard K. Sprenger; »Die Entscheidung liegt bei Dir!«)

Entspannen in Sekunden

- Einatmen. Po so fest wie möglich anspannen. Spannung für fünf Sekunden halten. Beim Ausatmen Spannung lösen, entspannen. Pause.
- Einatmen. Fäuste ballen. Arme mit aller Kraft anspannen, halten. Beim Ausatmen Spannung lösen. Entspannen. Pause.
- Einatmen. Zähne aufeinander beißen. Zunge kräftig an den Gaumen drücken. Spannung halten. Ausatmen. Spannung lösen. Pause.
- Auf das Ausatmen konzentrieren. Atempause zwischen Ein- und Ausatmen beobachten.
- Holen Sie sich zurück durch Recken und Strecken.

Check – Meine Energieräuber

Bitte beantworten Sie diese drei Fragen spontan für sich:

Was sind meine fünf größten Energieräuber?

1. _____

2. _____

3. _____

4. _____

5. _____

Was fehlt mir, wonach sehne ich mich?

_____

_____

_____

Was bin ich bereit zu tun, um mehr Lebensenergie zu erhalten?

_____

_____

_____

Muskeln zeigen den Spannungszustand an

Jeder Impuls, jede Veränderung unserer Lebensumstände, jedes Gefühl erzeugt in unserem Körper Spannung, die sich in unserer Muskulatur zeigt. Die Muskeln wiederum werden von unserem Nervensystem willentlich, aber auch unbewusst beeinflusst und gesteuert. Bei Angst verspannen z. B. die Schultermuskeln. Das wissen wir. Aber wir merken nicht, dass auch die Stirn spannt. Nichts stört den Fluss unserer Lebensenergie stärker als Muskelverspannungen. Leider beherrschen sie und nervliche Anspannung zunehmend unser Leben.

Der Test auf Seite 72 ist genial einfach und einfach genial. Mit Hilfe dieses Tests werden Energiestörungen aufgespürt. Dieser Muskeltest ist wie ein verlängerter Arm unserer inneren Weisheit. Denn: Der Körper sagt immer die Wahrheit. Es gibt keine Instanz, die so gut weiß, was mir fehlt – wie mein eigener Körper.

Die Kinesiologie lässt sich als Lehre von der Bewegung deuten. Sie ist eine ganzheitliche Heil- und Behandlungsmethode.

Energieblockaden aufspüren – ganz leicht

Die Kinesiologie (die Lehre von der Bewegung) hat entdeckt, dass jeder Muskel stark und schwach sein kann. Ein starker Muskel hält Druck stand, ein schwacher Muskel gibt schon bei leichtem Druck nach. Das hat nichts damit zu tun, wie gut wir trainiert sind. Beim kinesiologischen Muskeltest geht es beileibe nicht ums Kräftemessen, sondern es wird getestet, wie schnell und wie stark ein Muskel auf leichten Druck reagiert. Die Kinesiologie macht sich das Phänomen zunutze, dass körperlicher und emotionaler Stress zu Energieblockaden führen, die sich wiederum in einem schwachen Muskel offenbaren. Beim Muskeltest zeigt sich daher unweigerlich:

● Wenn uns Unangenehmes an die Nieren geht
● Wenn uns Angst, Überforderung aus der Balance bringen
● Wenn uns Leere, Einsamkeit auf den Magen schlagen

Testen Sie Ihre Energie

Körperlicher und emotionaler Stress zeigen sich, wie gesagt, in einem schwachen Muskel. Machen Sie sich doch dieses Phänomen zunutze. Testen Sie Ihre Stressfaktoren, Ungleichgewichte und Blockaden aus. Bevor Sie den Muskeltest einsetzen, sollten Sie etwas üben, um ein deutliches Gespür für einen starken bzw. schwachen Deltamuskel (das ist der dreieckige Muskelstrang, der sich vom Schlüsselbein zum Oberarm zieht) zu entwickeln.

Denken Sie mal intensiv an eine angenehme Situation (z. B. einen Geschäftserfolg, eine heiße Nacht, Kinderlachen), während der Partner bei Ihnen den Muskeltest macht. Sie müssten stark reagieren. Und danach denken Sie an eine höchst unangenehme Situation (Zahnarzt, Finanzamt, Streit). Jetzt müsste der Muskel schwach reagieren.

So funktioniert der Muskeltest

Beim Muskeltest können wir den Körper über den Deltamuskel direkt fragen, ob Stressfaktoren, Gefühle und Ungleichgewichte den Energiefluss in uns behindern.

● Tester und Testperson stehen sich entspannt gegenüber. Die Testperson streckt den linken Arm waagrecht zur Seite. Dabei ist der Ellenbogen durchgedrückt, die Handfläche zeigt zum Boden.

● Der Tester stellt sich so, dass er bequem seine linke Hand auf die rechte Schulter der Testperson legen kann – zum Stabilisieren. Mit der rechten Hand hält er ihren ausgestreckten Arm gleich hinter dem Handgelenk.

● Der Tester erklärt der Testperson, dass er »Halten« sagen und unmittelbar danach leicht den ausgestreckten Arm nach unten drücken wird. Die Testperson wird, sobald sie den Druck spürt, nach oben gegenhalten.

● Der Tester schaut der Testperson nicht ins Gesicht, um den Ausgang des Tests nicht zu beeinflussen.

● Der Tester sagt »Halten« und drückt ein bis zwei Sekunden lang auf den Unterarm der Testperson. Nicht ruckartig drücken.

● Die Testperson versucht, den Arm in der ausgestreckten Position zu halten.

● Sobald der Tester festgestellt hat, dass der Muskel stark reagiert (»sperrt«), hört er auf zu drücken. Längerer Druck strengt nur unnötigt an.

● Wenn die Testperson auf den Druck mit einem schwachen Muskel reagiert, gibt der Arm nach. Dies kann sich in einem Zittern zeigen – er wackelt –, oder er geht ganz leicht nach unten.

Achten Sie darauf, dass es beim Muskeltest nicht zu einem Kräftemessen zwischen Tester und Testperson kommt.

Unser Körper lügt nicht

Weil diese enge Wechselwirkung zwischen unserer Lebensenergie und Reaktionen unseres Körpers besteht, kann der Muskeltest in vielen Lebenslagen bei der Orientierung helfen. Unser Körper weiß, was ihn stärkt. Wir müssen ihn nur fragen – und antworten lassen. Seine Signale sind zuverlässig, wenn wir die richtigen Fragen stellen:

● Welche Nahrungsmittel tun gut oder schaden?
● Was (Situationen, Gegenstände, Tätigkeiten, Emotionen) gibt oder schluckt Energie?
● Wer (Personen, soziale Beziehungen) stärkt oder schwächt?

Energieräuber Nervensägen & Co.

Puh, wir kennen diese Typen (leider) zur Genüge: den tyrannischen Schnorrer, den pampigen Verkäufer, den verbeamteten Sturkopf, den aggressiven Versicherungsvertreter oder den Klinkenputzer, der uns drängen will, völlig uninteressante Zeitschriften zu abonnieren. Solche Leute machen uns das Leben schwer. Sie kosten nicht nur Zeit und Nerven. Sie erzwingen dreist unsere Aufmerksamkeit und rauben uns dadurch reichlich Energie.

Doch damit nicht genug. Die Welt scheint voller Energieschmarotzer zu sein, die uns nerven, langweilen, einschüchtern, erschöpfen und Lebensfreude kosten: Streithammel, Schwätzer, Schleimer, Schandmäuler und Schwarzseher, Rechthaber, Ignoranten, Intriganten, Besserwisser und Giftspritzen. Sie alle ziehen uns runter, und manchmal macht der Umgang mit ihnen sogar krank.

> »Es ist unmöglich, jemandem ein Ärgernis zu geben, wenn er es nicht nehmen will.«
> (Friedrich von Schlegel)

Vorsicht – Ansteckungsgefahr

Tatsächlich kennt die Sozialpsychologie den Begriff »emotionale Ansteckung«. Ebenso wie fröhliche Menschen andere mit ihrer Fröhlichkeit infizieren können, schaffen das umgekehrt auch Negativlinge mit bösen Worten. Die treffen wie vergiftete Pfeile ins Selbstwertgefühl und können im Nu unsere Stimmung versauen. Wenn wir nicht aufpassen, wenn wir uns nicht wehren, laden sie uns prompt mit ihrer negativen Energie auf.

Der Umgang mit Energieschmarotzern

● Distanzieren Sie sich (»Nicht mit mir«). Zeigen Sie einer Nervensäge ganz deutlich, wie aggressiv, unfreundlich, unmöglich ihr Verhalten auf andere Menschen wirkt.

● Lassen Sie den anderen ins Leere laufen. Umarmen Sie ihn mit Freundlichkeit. Das wird den anderen verblüffen, verunsichern.

● Suchen Sie die Konfrontation (»Ich will absolut nichts mit Ihrem bösen Spielchen zu tun haben«, »Das war jetzt eine blöde Bemerkung. Bitte sprechen Sie in einem anderen Ton mit mir«).

● Gehen Sie zum Gegenangriff über. Zeigen Sie laut und unmissverständlich, dass Sie diese Frechheit nicht dulden.

● Brechen Sie – wenn möglich – den Kontakt mit einer giftigen Beziehung ab. Ignorieren Sie Menschen, die Sie immer wieder runterziehen, trennen Sie sich von ihnen. Vergessen Sie sie.

Wenn Sie sich über eine Person ärgern:
• **Konfrontieren Sie den/die Betroffene/n mit Ihren Gefühlen nur unter vier Augen.**
• **Überlegen Sie vorher, was Sie sagen.**
• **Reden Sie ruhig und klar.**

Energieräuber Ärger

Ärger ist Stimmungsselbstmord, schreibt Günter F. Gross treffend. Ärger stiehlt Zeit und Motivation, Arbeitskraft und Lebensfreude. Ärger macht blind, aggressiv, hässlich. Ärger ist wie eine Dosis Salzsäure. Ärger lähmt, Ärger schlägt auf den Magen, Ärger kostet ganz unverhältnismäßig viel Energie. Machen Sie sich bitte jetzt mal klar, worüber Sie sich regelmäßig ärgern. Hier zur Einstimmung eine Auswahl populärer Ärgernisse:

● Wenn er/sie überall Sachen rumliegen lässt.
● Wenn er/sie die Zahnpastatube offen lässt.
● Wenn er/sie beim Essen schlürft.
● Wenn er nur mit den Kindern spielt, weil Gäste da sind.
● Wenn vor mir ein Ampelschleicher oder Linksfahrer trödelt.
● Wenn sie sich zu sehr aufdonnert.

Ändern statt ärgern

Ärger ist die Diskrepanz zwischen Erwartung und Realität.

Wir haben gewisse Erwartungen und oft genaue Vorstellungen, wie was, wann und wo passieren soll. Wenn die nicht erfüllt werden – dann ärgern wir uns. Manchmal ist Ärger unvermeidlich. Machen Sie sich klar: Niemand kann Everybody's Darling sein. Andere Menschen haben andere Programme, weil sie anders erzogen wurden oder gar aus einem anderen Kulturkreis kommen, in dem andere Spielregeln gelten. Ändern Sie also Ihren Blickwinkel: Betrachten Sie Menschen, die Sie ärgern, nicht länger als Feinde, sondern als Trainer, die Ihre Kommunikationsfähigkeit trainieren.

Wenn Sie das können, beherrschen Sie eine hohe Kunst. Nimm's doch leicht – das ist leicht gesagt. Doch der Umgang mit Ärger will gelernt sein. Beherzigen Sie diese Vier-Stufen-Strategie:

- Den Ärger wahrnehmen, die Wurzel des Ärgers aufspüren.
- Den Ärger in Worte fassen.
- Den Ärger dort ausdrücken, wo er hingehört.
- Das Ärgerprogramm umprogrammieren.

Wie der Körper reagiert

Wer Ärger in sich hineinfrisst, verdrängt oder die Wandlung zur Wut zulässt, setzt einen verhängnisvollen physiologischen Ablauf in Gang: Die Nieren schütten Renin aus. Dieses Hormon wird in Leber und Lunge zu Angiotensin umgebaut. Diese Substanz bewirkt, dass sich die Blutgefäße verengen. Das Herz schlägt schneller, der Blutdruck steigt, Puls- und Atemfrequenz werden beschleunigt, die Muskeln spannen sich an, das Denkvermögen wird beeinträchtigt.

Stress! Für unsere Vorfahren war diese Ballung von Energie eine lebensrettende Vorbereitung für Kampf oder Flucht. Wir zivilisierten Menschen können leider das Übermaß Energie nicht so schnell abbauen (wie einst der Homo sapiens). Das führt zum Dauerstau und zu psychosomatischen Erkrankungen.

Wenn Sie sich über eine Sache ärgern: Überlegen Sie, welchen Anteil Schuld Sie selbst haben – und organisieren Sie sich künftig besser.

Check – Ihre Ärgerfallen

Worüber ärgere ich mich regelmäßig?

_____

_____

_____

_____

Die Antiärgerstrategie

Wenn Sie sich ärgern – dann aber richtig. Der Umgang mit Ärger will gelernt sein. In unserer Harmoniegesellschaft und Arbeitswelt können Sie mit offener Aggression kaum punkten. Gehen Sie in sich, bevor Sie explodieren. Nutzen Sie Ärger zur intensiven Selbsterkenntnis. Fragen Sie sich zunächst:

● Wo ärgere ich mich am häufigsten: im Büro, in der Familie, in Gesellschaft, in der Freizeit, über mich selbst?

● Wie äußert sich Ärger: Explodiere ich, stecke ich den Ärger weg, verdränge ich, leide ich latent?

● Wie wirkt Ärger: Werde ich fahrig, traurig, aggressiv, wütend?

Versuchen Sie es doch mal so: Wenn Sie sich ärgern, aber nichts ändern können – fahren Sie nicht gleich aus der Haut, spulen Sie nicht Ihr gewohntes Ärgerprogramm ab. Sondern: Verändern Sie einfach Ihren Blickwinkel.

Zehn Tipps – wenn Sie sich weniger ärgern wollen

1. Lassen Sie sich nicht alles gefallen. Wehren Sie sich rechtzeitig.

2. Legen Sie sich eine tolerante Der-andere-hat-eben-ein-anderes-Programm-Einstellung zu.

3. Beschränken Sie den Kontakt mit Zeitdieben und Stimmungskillern auf das Nötigste.

4. Halsen Sie sich nicht zu viel auf. Wenn Sie überlastet sind, werden Sie reizbarer. Wenn Sie reizbar sind, ärgern Sie sich leichter.

5. Organisieren Sie sich besser, schaffen Sie insgesamt mehr Ordnung.

6. Lassen Sie, wann immer es geht, kleinkarierte Ärgernisse einfach ins Leere laufen.

7. Schieben Sie Unangenehmes nicht auf, denn es drückt täglich mehr und raubt Energie ohne jeden Gewinn.

8. Verschieben Sie Ihren Ärger auf später, sagen wir 19 Uhr 30 (bis dahin ist der Ärger dann meist verpufft oder wenigstens entschärft).

9. Lachen Sie. Laut. Im Stillen. Das befreit.

10. Ärgern Sie sich nicht über Kleinigkeiten. Definieren Sie dabei großzügig: Alles, was Sie nicht umbringt, sind Kleinigkeiten.

Konstruktive Antiärgerfragen

● Lässt sich das ärgerliche Ereignis ungeschehen machen?

● Will ich diesen Tag meinen Gefühlen opfern?

● Muss ich mich jetzt mit diesem Ärgernis beschäftigen? Oder geht das auch später?

● Hätte es nicht noch schlimmer kommen können?

● Welche Folgen und Auswirkungen hat das, was da so ärgert, denn tatsächlich?

● Was kann ich tun, um das Ärgernis zu einem Erfolg zu machen?

● Wie kann ich künftigen Ärger dieser Art zu vermeiden versuchen?

Wie Sie den Ärger lenken können

Versuchen Sie, positiv über Menschen zu denken, über die Sie sich oft ärgern und mit denen der Kontakt unvermeidlich ist. Lernen Sie, was Sie ärgert: weil etwas oder jemand nicht so ist, wie Sie das wünschen; weil Sie neidisch sind; weil Sie sich ohnmächtig oder minderwertig fühlen? Gewinnen Sie eine neue Einstellung: Ist es die Sache wirklich wert? Wie wichtig wird das Ärgernis in einem Jahr für mein Leben sein? Wie Sie aktuell mit Ärger umgehen sollten:

● Brüllen Sie nicht sofort los. Toben, Türen knallen mag vielleicht einen Moment befreien, bringt aber gar nichts. Aber nichts tun, passiv bleiben, abwarten und Tee trinken – bringt auch nichts.

● Atmen Sie tief durch. Legen Sie langsam die Hände ineinander, denken Sie an etwas Schönes.

● Suchen Sie das Gespräch mit einem vertrauten Dritten.

● Suchen Sie körperliche Aktivität.

● Suchen Sie die Aussprache mit dem/der Betroffenen.

Wenn Sie sich z. B. über Ihren Partner ärgern, werden Sie nicht aggressiv, sondern reagieren Sie nonchalant. Etwa so: »Schatz, du hast mich da gerade auf interessante Art getestet.« Wenn Sie ein Rechtsüberholer nervt, wünschen Sie ihm einen schönen Tag und ein langes Leben.

Energieräuber Angst

Angst hat viele Gesichter. Angst ist etwas anderes als Furcht. Furcht ist nämlich konkret und direkt zu benennen. Angst dagegen liegt außerhalb unserer Kontrolle.

Das Wort »Angst« kommt vom mittelhochdeutschen »angest«, was Enge, Beklemmung heißt. Klar, wer sich beengt fühlt, wem die Handlungsfreiheit flöten geht, der bleibt unter seinen Möglichkeiten. Angst bindet oder blockiert einen Teil unserer Energie.

»Wenn man nur in der Vergangenheit lebt, bekommt man Depressionen; wenn man nur in der Zukunft lebt, bekommt man Angst.« (Marshall Sylver; »Passion, Profit & Power«)

Auf die Dosis kommt es an

Ein bisschen Angst gehört zum Leben und hat einen Sinn. Angst schärft die Aufmerksamkeit und kann konstruktiv sein: »Pass' auf! Vorsicht, überschätze dich nicht.«
Von dieser Angst ist hier nicht die Rede. Wir meinen diese: Wenn die Knie weich werden oder sogar zittrig. Wenn es uns den Hals zuschnürt. Wenn der kalte Angstschweiß kommt und das Herz rast – Angstattacke, Handlungshemmung. Irrationale Ängste als neurotisches Grundgefühl stören und lähmen nicht nur physiologische Prozesse, sondern auch hormonelle. Die Leistungsfähigkeit, die ganze Lebensqualität wird stark beeinträchtigt.

Wie Angst auf das Energiesystem wirkt

Bei Angst wird der normale Energiefluss im Körper unterbrochen. Dr. Roger Callahan, ein kinesiologisch arbeitender Psychologe, entdeckte, dass in den meisten Fällen die gleichen Meridiane gestört sind:

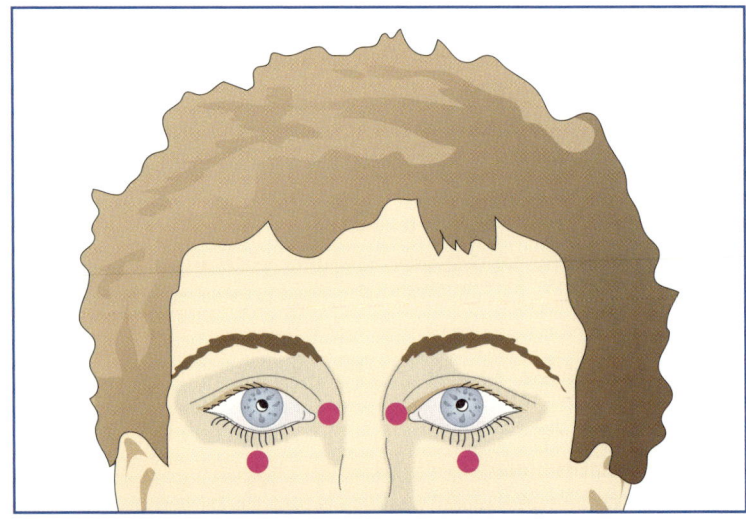

Zwei Punktepaare, die bei Angstzuständen behandelt werden können, liegen unter den Augen (»Magen 1«) und in den inneren Augenwinkeln (»Blase 1«).

Sieben Tipps für Ängstliche

● Geben Sie zu, dass Sie Angst haben. Diese Akzeptanz ist der erste notwendige Schritt, wenn Sie Angst bewältigen wollen.

● Vermeiden Sie – wenn es geht – künftige Angstsituationen dieser Art, oder tasten Sie sich langsam an die Situation heran.

● Korrigieren Sie Ihre Ansprüche. Überforderung blockiert.

● Lösen Sie die Ängste systematisch auf, vom Einfachen zum Schweren. Spielen Sie vergleichbare Situationen durch, und zwar auf etwas geringerem Niveau.

● Lachen Sie über Fehltritte. Humor hilft über Versagensängste hinweg.

● Rüsten Sie moralisch auf: Praktizieren Sie mentales Training und Visualisierung. Lernen Sie, durch Atem- und Entspannungsübungen Ängste abzubauen.

● Wechseln Sie den Blickwinkel – beantworten Sie sich die Frage: »Was ist positiv an dieser Angst?«

Das Gegenteil von Angst ist Mut. Mut bedeutet jedoch nicht die Abwesenheit von Angst. Mut zu haben zeigt vielmehr, dass wir mit der Angst umgehen können.

Magen-, Blasen- und Nierenmeridian, relativ häufig auch der Milz-Pankreas-Meridian. Durch rhythmisches Klopfen bestimmter Akupunkturpunkte lassen sich diese Energieblockaden lösen. Dr. Callahan entwickelte dafür ein leicht durchzuführendes Selbsthilfeprogramm.

● Schließen Sie die Augen, und machen Sie es sich bequem. Beginnen Sie folgende vier Punktpaare zu klopfen: Magen 1 (in der Mitte unter den Augen), Blase 1 (am inneren Augenwinkel), Niere 27 (unterhalb des Schlüsselbeins neben dem Brustbein) und Milz-Pankreas 21 (an der Außenseite der Brust zwischen sechster und siebter Rippe).

● Klopfen Sie jedes Paar etwa 30 Sekunden lang leicht mit zwei oder drei Fingern. Denken Sie jetzt konkret an die Angst, die Sie beschäftigt. Vielleicht stellen Sie fest, dass ein Punktpaar besonders wirksam ist. Klopfen Sie dies etwas länger.

● Nehmen Sie Veränderungen in Ihren Gedanken und Gefühlen wahr. Verlängern Sie bei Bedarf das Klopfen, bis Sie sich leichter fühlen und Ihre Energie nicht mehr durch die Angst geschwächt wird.

Energieräuber Bewegungsmangel

Manchmal ist eine Stunde gar nichts. Dann läuft es wie von selbst. Nichts tut weh. Alles tut gut. Obwohl die Vernunft genau vom Gegenteil überzeugt war: Mensch, bist du kaputt. Manchmal laufe ich gerade in solchen Momenten los. Klar, die ersten Meter, die ersten Minuten sind dann besonders mühsam. Aber wenn's läuft, dann läuft's.

Verblüfft und verständnislos sehen dich unsportive Kopfarbeiter an, wenn man ihnen erzählt: Gerade wenn man kaputt ist, körperlich und seelisch vom sitzenden Arbeitstag abgespannt, kann ein langer, leichter Lauf die Mattigkeit vertreiben und für neue Spannkraft sorgen. Man läuft, man duscht, man lässt sich für eine halbe Stunde zurückfallen – und danach fühlt man sich frisch und fit für große Taten.

Hinweis: Wir vertiefen das Thema im Kapitel »Mehr Energie durch Bewegung« ab Seite 138.

Bleiben Sie in Schwung

Stehen Sie auf, wenn Sie gerade sitzen und z. B. in einem Problem feststecken. Gehen Sie ein paar Schritte hin und her. Noch besser: Machen Sie einen Spaziergang. Atmen Sie tief durch. Sie werden erleben, wie schon das bisschen Bewegung Ihren inneren Energiefluss in Gang bringt. Wir sind nun mal für Bewegung geschaffen. Wir missbrauchen unseren dynamischen Bewegungsapparat, wenn wir uns allzu sehr schonen und faul sind. Nur durch Bewegung kann das Herz-Kreislauf-System optimal und reibungslos funktionieren. Unsere Muskulatur, unser Knochenapparat, unser Stoffwechsel – alles ist auf Bewegung eingestellt und ausgerichtet. Bewegungsmangel geht wider unsere Natur. Wir geraten aus unserer natürlichen Balance.

Energieräuber falsche Ernährung

Essen verbraucht zunächst einmal Energie – für die Verdauung. Was wir essen, ist oft wertlos für die Energiebilanz. Viele Kalorien, die wir zuführen, sind leere Kalorien: Sie verbrauchen reichlich Energie, liefern aber keine. Fehlende Ausdauer und geistige Frische, Müdigkeit und mangelnde Konzentrationsfähigkeit sind oft also die Folge von falscher Ernährung. Was wir essen und wie viel, ist entscheidend für unser Wohlbefinden und Energieniveau. Nicht jeder mag alle Nahrungsmittel. Welche dem Stoffwechsel gut tun und welche den Organismus eher schwächen, kann individuell sehr verschieden sein. In Zweifelsfällen sollten Sie ruhig den Muskeltest bemühen. Nehmen Sie also das fragliche Lebensmittel in den Mund, oder drücken Sie es an die Thymusdrüse, und machen Sie jetzt den Muskeltest.

Der Feind heißt Fett

Beim Denken verbrennt Zucker im Gehirn, aber kein Fett. Fett lagert sich ab, lähmt den Gedankenfluss. Fett ist also für jeden Kopfarbeiter ein Feind. Hierzulande futtern die Menschen pro Tag durchschnittlich 142 Gramm Fett. Richtig wären weniger als die Hälfte (60 Gramm). Unbestritten ist, dass Obst, Gemüse und Salat, Frischkornmüsli, Rohmilch- und Sauermilchprodukte (Joghurt) wertvolle Energielieferanten sind. Genussmittel wie raffinierter Zucker, Weißmehlprodukte, Schokolade, Alkohol, Kaffee, teilweise auch Milch und vor allem das berühmte Marmeladenbrötchen zum Frühstück sind Energieräuber: Sie kosten den Organismus mehr Energie (Verdauung), als sie liefern.

Junkfood macht müde

Müdigkeit ist die biochemische Antwort, wenn wir uns ungesund und unnatürlich ernähren. Unsere Ernährung ist ungesund und unnatürlich, wenn sie zu einem Großteil aus schnelllöslichen Kohlenhydraten besteht: also jede Menge Süßigkeiten (Zucker), Grau- oder Weißbrot, Pizzas, Alkohol, süße Softdrinks, Fertiggerichte, Mehlspeisen, Kekse, Torten – Sie wissen schon. Im Nu werden die Glukosemoleküle befreit und ins Blut geschleust. Gleichzeitig pumpt die Bauchspeicheldrüse große Mengen Insulin ins Blut. Das Hormon soll dafür sorgen, die energiereiche Glukose in alle Körperzellen einzubauen: entweder für die sofortige Energieproduktion oder als Kohlenhydratreserve (Glykogen).

Das Diktat des Blutzuckerspiegels

Nein, die Gehirn- und Nervenzellen und auch die anderen Körperzellen werden nicht müde wegen eines Glukosemangels. Die wirkliche Ursache: Der Blutzuckerspiegel sackt ab.

Amerikaner erfanden für das Phänomen Blutunterzucker (Hypoglykämie) den schönen Slogan »Sugar Blues«. Die unschönen Symptome haben die meisten schon am eigenen Leib gespürt.

Darauf reagiert der Organismus, und zwar intelligent. Ab sofort geizt er nämlich mit Energie, der Stoffwechsel schaltet auf Sparflamme. Warum? Er will die letzten Glukosereserven sparen. Und wie äußert sich das? Wir werden träge, schläfrig, antriebsarm, es fehlen plötzlich Konzentration und geistige Frische. Instinktiv verlangen wir nach Süßem oder Alkohol, um das Blut – und damit Gehirn und Nerven – schnell mit Glukose zu versorgen. Typische Müdemacher sind:

- Helles Brot, polierter Reis (verfeinerte Kohlenhydrate)
- Zucker, Süßigkeiten, süße Getränke
- Kaffee – ganz besonders mit Zucker
- Alkohol und Nikotin
- Zu viel Salz

Kampf im Körper

Essen Sie vor allem natürliche Lebensmittel. Sonst kämpft der Körper verbittert – wie gegen Eindringlinge. Wie z. B. bei einer Schnittwunde: Da kommen Tausende weißer Blutkörperchen im Kampf gegen Bakterien ums Leben. Tote, weiße Blutkörperchen senden einen Botenstoff aus, der uns müde macht. Darum hüten wir bei einer Lungenentzündung freiwillig das Bett – vor lauter Müdigkeit und Schwäche.

Süße Sünden und Genussgifte

Zucker

Zucker macht dick, zehrt an den Zähnen, entzieht dem Körper wichtige Vitamine (B1) und Mineralstoffe. Zucker macht schlapp. Es gab mal Zeiten, da genoss Zucker besonders bei Sportlern den Ruf als rascher Energiespender (»…bringt verbrauchte Energie sofort zurück«). Das Märchen hat keine Zugkraft mehr. Die leeren Kalorien des Zuckers lassen den Blutzuckerspiegel zwar kurzzeitig ansteigen – für gewisse Zeit ist tatsächlich mehr Energie da. Die wird bei körperlicher Anstrengung auch verbrannt. Danach aber stürzt die Energieversorgung völlig ab. Traubenzucker (Dextrose) wird zum Lutschen angeboten. Angeblich eine Energiebombe, weil er direkt ins Blut gelangt, also vom Körper nicht mehr umgewandelt werden muss. Amerikanische Sportärzte wiesen nach: Das süße Doping wird zum Eigentor. Nach dem Kurzzeithoch fällt die Leistung jäh ab.

Zucker ist ein tückischer Energieräuber. Er lässt den Blutzuckerspiegel schnell ansteigen. Doch der Kick hält nicht lange vor. Die Bauchspeicheldrüse schlägt Insulinalarm. Der Blutzucker sinkt rapide. Die Folge: Erschöpfung.

»Sugar Blues« durch Süßigkeiten

Der Konsum von raffiniertem Zucker setzt einen paradoxen Teufelskreis in Gang: Der Zuckerschock bewirkt eine überhöhte Insulinausschüttung. Der Blutzucker sinkt daraufhin wieder ab. Typische Anzeichen:

- Abnorme Müdigkeit
- Schweißausbrüche, Schwindelgefühle, Schwächeanfälle
- Herzklopfen, Muskelverkrampfungen
- Kopfschmerzen
- Schlafstörungen
- Heißhunger
- Konzentrationsschwäche, Antriebslosigkeit
- Depressive Gefühle, Gereiztheit, Ungeduld, Vergesslichkeit

Kaffee

Ohne Zweifel kann Koffein das zentrale Nervensystem stark anregen. Es stimuliert das Gehirn, erhöht die Adrenalin- bzw. Epinephrinproduktion und die Herzfrequenz. Kleinere Mengen vertragen wir im Allgemeinen gut; mehr als 250 bis 300 Milligramm Koffein pro Tag (etwa drei bis vier Tassen) können jedoch zu zahlreichen Gesundheitsstörungen führen. Die Substanz erhöht nämlich den Cholesterinspiegel im Blut, ist ein Vitamin-B-Räuber, irritiert Magen und Blase, erschöpft die Nebennierenrinden. In großen Mengen ruft Koffein Herzflattern, Kopfschmerzen, Schlaflosigkeit, ja sogar Angstzustände hervor.

Nikotin

Durch das Genussgift Nikotin ziehen sich die Muskeln der Arterien zusammen, verursachen eine maximale Gefäßverengung. Wichtige Substrate können dadurch nur noch unzureichend transportiert werden. Das Gehirn erhält ein Drittel weniger Sauerstoff. Die Konzentration lässt nach. Das Herz eines Rauchers schlägt weniger dynamisch. Wer 20 Zigaretten täglich raucht, belastet sein Herz so ähnlich, als hätte er 35 Kilogramm Übergewicht. Das Herz schlägt trotzdem. Aber vielleicht nicht so lange. Rein statistisch sterben Raucher deutlich früher als Nichtraucher. Allein in den USA gibt es jährlich 40 000 Todesopfer im Alter zwischen 30 und 49, die auf das Konto der Kippen gehen.

Jeder zweite Raucher würde lieber heute als morgen aufhören zu qualmen. Die Sucht ist allzu oft stärker. Methoden, die am meisten Erfolg versprechen: mentales Nichtrauchertraining oder Akupunktur.

Energieräuber Elektrosmog

Wir können sie nicht sehen, nicht riechen, nicht hören. Aber auch wenn wir sie nicht wahrnehmen können – die elektromagnetischen Felder sind allgegenwärtig. Wissenschaftler schätzen, dass die EMF-Strahlung, der wir heute ausgesetzt sind, 100 Millionen Mal so hoch ist wie die damals von Oma und Opa.

Wie viele elektrische Geräte haben Sie im Gebrauch? Bestimmt jede Menge: Fernseher, Video, Stereoanlage, Computer, Fax, Föhn, Handy, – alles Standardausrüstung. Und was ist mit dem Halogendimmer, der elektrischen Zahnbürste, der Kaffeemaschine, der Mikrowelle, dem Babyphon, dem Lötkolben, der Bohrmaschine und, und, und?

QLink: Das kleine Ding soll elektromagnetische Strahlung abfangen.

Belastungen der unbekannten Art

Wir haben alle die Stimme der Stewardess im Ohr, die uns ersucht, Mobiltelefone und Laptops auszuschalten. Die stören das Navigationssystem des Flugzeugs.

Haben Sie sich schon mal gefragt, was Elektrosmog in Ihrem persönlichen Navigationssystem verursacht? Ein umstrittenes Phänomen. Die Elektrosensibilität ist noch kaum erforscht. Fest steht nur: Die elektromagnetischen Felder tragen zur täglichen Stressbelastung bei, sie stören unser Gleichgewicht, sie beeinträchtigen mehr oder weniger stark unser Wohlbefinden.

Manche kriegen Kopfschmerzen, andere Schwindelgefühle, leiden unter Erschöpfung oder gar Depressionen – und viele spüren einfach nur, dass Konzentration und Energielevel sinken.

Ein Wunderding namens QLink

Ein amerikanisches Forscherteam hat eine kleine, unscheinbare Geheimwaffe entwickelt, die das körpereigene Energiesystem stimulieren und unser Immunsystem gegen elektromagnetische Strahlen aktivieren und unterstützen soll: QLink. Das Ding sieht aus wie ein zum schmucken Anhänger aufgemotzter Chip. Er wird in Höhe des Herzes getragen. Sogar Gesundheitsgurus wie Anthony Robbins (»Grenzenlose Energie«) oder der Arzt und Autor Andrew Weill sind überzeugt, dass QLink die Stress verursachenden elektromagnetischen Felder neutralisieren kann.

Stärkung des eigenen Energiefelds

Wie ist das möglich? Der kleine QLink besteht aus einer Resonanzzelle (so klein wie die Batterie einer Armbanduhr); die reflektiert die individuellen Frequenzen wie ein Spiegel und leitet sie weiter an einen integrierten, vergoldeten Schaltkreis. Dort werden sie durch eine Kupferspule verstärkt – es entsteht ein sphärisches, dreidimensionales Feld aus natürlicher Energie.

Dieses Energiefeld ist nun – ähnlich wie eine Stimmgabel – auf die positiven Schwingungen des körpereigenen Energiefelds eingestellt und verstärkt sie. Der Körper wird, wissenschaftlich ausgedrückt, in einen Zustand »sympathetischer Resonanz« versetzt.

Schwer zu verstehen. Aber es funktioniert – schwärmen jedenfalls die allermeisten QLink-Träger.

> **»Die Seele jeder Ordnung ist ein großer Papierkorb.«**
> **(Kurt Tucholsky)**

Energieräuber chaotische Organisation

Wir kennen diese Strategie von kleinen Kindern. Die machen es manchmal so. Sie schließen einfach die Augen und glauben: Ich sehe nichts, also können mich die anderen auch nicht sehen, also kann mir auch nichts passieren.

So laufen die Sachen später leider nicht mehr. Eine Terminarbeit oder die Steuererklärung hinaus- und hinausschieben, sich um ein klärendes Gespräch drücken, eine feste Vereinbarung nicht einhalten?

Vertagen – eine Milchmädchenrechnung

Unerledigtes ballt, häuft, türmt sich, erzeugt Probleme, ungute Gefühle, Sorgen, Unsicherheit und Stress. Das zieht Energie ab. Vielleicht schiebt man dann, statt zu handeln, Dinge noch weiter auf – was noch mehr Probleme, Sorgen und Stress erzeugt. Fest steht: Solche Manöver kosten ungeheuer viel Energie, sinnlose Vergeudung. Viel mehr Energie, als wenn die Sache gleich geregelt würde.

Der Preis für Unerledigtes ist hoch, ebenso für Unvermögen, Unpünktlichkeit, Unordnung. Meist sind zudem zusätzlich saftige »Überziehungszinsen« fällig. Lassen Sie es am besten gar nicht erst so weit kommen, beherzigen Sie lieber folgende Ratschläge:

● Erledigen Sie wichtige Angelegenheiten sofort.

● Sofort kann auch bedeuten, dass Sie einen ersten Schritt machen: ein Anruf, ein Fax, ein Brief, eine E-Mail – eine Reaktion.

● Kommen Sie innerhalb von 72 Stunden ins Handeln – sonst wird es aller Erfahrung nach nie etwas.

● Bringen Sie mehr Ordnung in Ihr Leben. Das bringt insgesamt auch mehr Übersicht.

»Lernen Sie, Nein zu sagen, das wird Sie weiter bringen als Latein.« (Charles Spurgeon)

Nein sagen – eine Kunst

Können Sie einfach keinem einen Gefallen abschlagen? Lassen Sie sich immer wieder zu Sachen überreden und für Zusatzaufgaben einspannen, die Sie eigentlich gar nicht machen wollten? Glauben Sie, diese Hilfsbereitschaft zahlt sich bestimmt irgendwann aus?

Oh, no! Sie brennen vielleicht aus. Gewiss, notorische Jasager sind beliebt – als Nickesel. Wer sich alles aufhalsen lässt, wer zulässt, das immer alles an ihm hängen bleibt, kommt dadurch aber leider auch im Job nicht weiter.

Im Gegenteil. Denn wer sich nicht wehrt, wer alles mit sich machen lässt, wird letztlich nicht ernst genommen. Hedwig Kellner weiß:»Ja sagen ist der Karrierekiller schlechthin.« Sie muss es wissen, sie arbeitet als Managementtrainerin für die bekannte Unternehmensberatung Kienbaum. Mangelndes Selbstvertrauen, fehlendes Durchsetzungsvermögen nennen Vorgesetzte allzu große Willfährigkeit.

Wie Sie überzeugend ablehnen

● Nein – sagen Sie es freundlich, aber bestimmt. Auch Ihre Körpersprache und Mimik sollten Entschlossenheit ausdrücken.

● Nein – sagen Sie klar und unmissverständlich NEIN! Lassen Sie bloß keinen Jein-Eindruck zu (»Eigentlich würde ich ja ..., aber ...«)

● Nein – geben Sie keine Erklärungen ab. NEIN heißt Nein.

● Nein – Sie müssen sich für Ihr Nein nicht rechtfertigen. Ihrem Partner oder Chef sollten Sie Ihr NEIN allerdings begründen.

● Nein – lassen Sie sich nicht einschüchtern oder umstimmen (z. B. durch Schmeicheln, Drohungen oder Kritik).

● Nein – keine Angst davor, dass andere von Ihnen enttäuscht sind. Auch die Phase geht vorbei.

Kleines Nein-Training

Ja, lehnen Sie Gefälligkeit ab, wenn Sie sich ausgenutzt fühlen. Ja, schlagen Sie Bitten ab, wenn Ihr Bauch dazu rät. Ja, spielen Sie Nein-Situationen durch, beginnen Sie mit kleinen Absagen. Denn Respekt genießen nur jene, die eine eigene Meinung vertreten, die ein Nein durchhalten und kurzzeitig dafür auch mal Verärgerung in Kauf nehmen. Aber die vergeht.

Befreien Sie sich von Ballast

Je mehr Sie sich aufladen (Arbeit, Besitz, Verpflichtungen), umso mehr potienzielle Ärger- und Fehlerquellen tun sich auf. Zu viel des Guten kann zu einer bösen Bürde werden. Das gilt auch für den Umgang mit manchen Menschen. Fragen Sie sich ruhig einmal: Welche Personen versauen mir regelmäßig meine gute Laune? Was macht mich gedanklich verrückt?

»Mit weniger auszukommen als andere, macht keinen besseren Menschen, aber einen unabhängigeren.« (Wolfgang Schmidbauer, Psychotherapeut)

Weniger ist mehr

Machen Sie sich nicht selbst zum Sklaven überflüssiger Ansprüche. Entmüllen und vereinfachen Sie Ihr Leben. Bevor Sie etwas kaufen, fragen Sie sich: Brauche ich das wirklich? Wie lange will ich es wohl? Wird es übermorgen noch wichtig sein?

- Finden Sie zu einem vernünftigen Management Ihrer Kräfte.
- Muss ich das denn wirklich machen?
- Was habe ich davon? Was bringt es mir persönlich?
- Wem bringt es Vorteile?
- Bringt es mich meinen Zielen näher?
- Würde ich es machen, wenn ich nur noch fünf Stunden täglich arbeiten dürfte?

Energieräuber Stress

Rasendes Herzklopfen und Schweißausbrüche, Kopfschmerzen und zitternde Hände. Wir sind verspannt, der Nacken schmerzt, manchmal wütet sogar die Migräne. Wir sind erregt, ungeduldig, verzweifelt und/oder zornig, enttäuscht, bitter, traurig und/oder kraftlos. Wir hadern und zweifeln (»Werde ich es schaffen?« »Was soll ich bloß tun?« »Ich bin ein Versager!«). Wir handeln hastig, planlos oder sind wie gelähmt, wir neigen dann zu Aggression oder Resignation, wir greifen zur Zigarette oder zu Alkohol, wir heulen laut auf oder geben klein bei – der Druck zeigt sich bei jedem etwas anders, wenn er unter Strom steht, also Stress erlebt.

Die Angst vor dem Versagen

Stress ist »ein Ereignis oder eine Situation, die wir als einschränkend oder bedrohlich für unser Wohlbefinden wahrnehmen«, sagt Stressforscher Professor Reinhard Tausch. Stress ist die Angst, es nicht zu schaffen. Das erzeugt negative Gefühle. Stress blockiert. Stress macht müde und ruiniert auf Dauer die Gesundheit.

Wir spüren eine unangenehme körperliche Spannung. Wir fühlen uns überfordert, unsere Energie schwindet. Wir fühlen uns ausgeliefert. Allerdings: Wir fühlen uns schon dann weniger ausgeliefert, wenn wir die Vorgänge und Zusammenhänge bei der Stressentwicklung verstehen. Dann können wir auch besser mit Stress umgehen.

»Stress ist ein unvermeidbarer Begleiter unseres Lebens. Wichtig ist die angemessene Reaktion auf Stress.« (Professor Paul J. Rosch, Antistresspapst)

Stress – ein natürliches Gefühl

Nüchtern betrachtet ist Stress die körperliche Antwort auf Außenreize. Wenn der Puls rast und der Atem stockt – das sind Stressreaktionen, die wir auch erleben, wenn wir uns verlieben. Stress kann also auch etwas Wunderbares sein. Liebe oder Hass, Freude oder Schock, Lust oder Verlust, ob ein scheußliches oder ein schönes Ereignis – immer sind unsere Körperreaktionen in Stresssituationen ähnlich. Ein Leben ohne Stress wäre übrigens gähnend langweilig. Stress mobilisiert uns, aktiv zu werden.

Der Energiefluss wird gehemmt

Stress stört das empfindliche Gleichgewicht im System Mensch. Wenn wir unter Stress stehen, fließt die Energie nicht mehr so frei, wie sie sollte. Der Körper gerät aus der Balance, wenn Stressfaktoren wie Angst, schlechte Ernährung, falsche Körperhaltung, negative Gefühle auf ihn einwirken. Das würde sich sofort beim Muskeltest zeigen. Die Energie ist blockiert.

Stellen Sie sich vor, Sie würden einen Gartenschlauch zudrücken. Dann entsteht vor dieser Stelle Überdruck, dahinter Unterdruck – so ähnlich wird der Energiefluss auch durch Stress beeinträchtigt.

Die typischen Stressfaktoren

- Konflikte am Arbeitsplatz (mit Kollegen, Vorgesetzten)
- Konkurrenzdruck
- Überlastung oder Unterforderung
- Schlechtes Arbeitsklima
- Sinnkrisen
- Sexuelle Schwierigkeiten
- Krankheit oder krank machender Lebensstil
- Trennung, Scheidung, Einsamkeit

Stress kostet Anpassungsenergie

Früher war das einfach. Da nahte ein gefährlicher Säbelzahntiger, die Nebennieren des Steinzeitmenschen feuerten aus Furcht vor dem Feind blitzschnell hohe Mengen von Stresshormonen (Adrenalin) in den Blutkreislauf, um blitzschnell alle Körperreserven zu mobilisieren. Da gab es nur: Angriff oder Flucht. Der Steinzeitmensch rannte oder kämpfte um sein Leben. Durch muskuläre Höchstleistung verbrannte er sofort das viele Adrenalin.

Und heute? Die Säbelzahntiger kommen in anderer Gestalt: Stau, Mobbing, Behördenstreit, Telefon, Aggressivität im Alltag oder Angst vor Arbeitslosigkeit, Familienkrach und Persönlichkeitskrisen.

Alarmstimmung für den Körper

Das Stresshormon Adrenalin mobilisiert im Körper noch immer ungeheure Kräfte. Wir sind im Nu von Null auf Hundert, es herrscht Alarmstimmung im Organismus. Alles, was für Angriff oder Flucht nicht dringend gebraucht wird, wird von der Blutzufuhr bis auf ein Minimum abgeschnitten. Jetzt beanspruchen die Muskeln das maximal mögliche Herzminutenvolumen. Folge: Die den Muskel versorgenden Gefäße werden erweitert, die Bronchien weitgestellt, die Lungengefäße dehnen sich, alle Zeichen stehen auf Sturm. Sogar die Pupillen vergrößern sich, für ein möglichst weites Gesichtsfeld, den großen Überblick. Was passiert heute nach einer Adrenalinausschüttung? Kämpfen wir? Rennen wir weg? Nein, wir müssen die Situation meist aussitzen. Mit fata-

»Ärger macht handlungsunfähig und ist eine Form von Selbstbeschädigung. Man führt einen inneren Dialog und hadert mit dem Schicksal. Wenn es zu keiner Klärung kommt, wird ein negatives Depot angelegt.« (Dr. Alfred Pritz, Psychoanalytiker)

len Folgen. Unverarbeitetes Adrenalin zirkuliert weiterhin im Blutgefäßsystem. Wir geben uns keine Chance, uns davon zu befreien – der Stressreiz wird nicht mehr beantwortet. Nun wird es gefährlich. Das unverarbeitete Adrenalin füllt unsere hauchdünnen, glatten Endothelzellen, die unsere Arterienwand auskleiden, prallvoll mit Wasser. Dadurch stimmt der Randschluss nicht mehr. Die Zellen müssen an den Rändern nachgeben. Es bilden sich Poren. Die zuvor glatte Oberfläche wird stumpf, die Gefäßwand verletzbar, denn in diesen feinen Poren lagert sich sofort unverbranntes Nahrungsfett ab. Und Blutfett, einmal abgelagert, lässt sich nur schwer wieder ablösen.

Jede unbeantwortete Stresshormonausschüttung schlägt eine weitere Kerbe ins Blutgefäß. Wer mit Stress nicht angemessen umgeht, findet sich irgendwann auf der Intensivstation wieder.

Wir sind nicht gestresst, wir werden nicht gestresst – wir stressen uns selbst.

Der richtige Umgang mit Stress

Stress muss nicht zwingend etwas Negatives sein. Stress kann auch durchaus eine positive Energiequelle sein. Stress ist immer ein subjektiver Faktor, der im eigenen Kopf entsteht. Es gibt positiven (Eustress) und negativen Stress (Disstress). Während uns Eustress als positiver Push motivieren und kitzeln kann, macht sich Disstress als quälende Dauerbelastung bemerkbar: Überforderung und Versagensängste drücken auf die Gesundheit. Wir machen uns Stress fast immer selbst, z. B. auch durch bestimmte Sätze, die wir gewohnheitsmäßig sagen. »Ich muss unbedingt ...«, »Wie furchtbar, dass ...«, »Ich habe Angst davor, dass ...« – solche Floskeln, Ausdruck einer Lebenseinstellung, schwächen unsere Kraft und bedeuten: hausgemachter Stress!

● Betrachten und bewerten Sie künftig schwierige Aufgaben und Situationen als interessante, spannende Herausforderungen.

● Korrigieren Sie Gewohnheiten und Muster, wie Sie auf Stressbelastungen reagieren.

● Lernen und nutzen Sie Entspannungstechniken, bekämpfen Sie Stress auf aktive Weise.

Der erste Schritt

Entscheiden Sie sich einfach gegen den Stress! Sie haben nämlich fast immer die Wahl: Sie können unabänderliche Tatsachen einfach akzeptieren oder unablässig dagegen ankämpfen.

Der zweite Schritt

Bewahren Sie Ruhe. Finden Sie die nötige Distanz und die richtige (positive) Einstellung:

● Zu sich selbst
● Zu anderen
● Zu Umständen und Ereignissen

Der dritte Schritt

Lernen Sie, mit Stress angemessen umzugehen. Aber was ist angemessen? Drehen Sie dem Problem den Rücken zu. Schalten Sie um auf Entspannung. Sofortmaßnahme:

● Sagen Sie zu sich: Halt. Zählen Sie langsam bis zehn.
● Atmen Sie langsam ein und wieder aus. Lassen Sie dabei die Schultern fallen, und entspannen Sie die Hände.
● Atmen Sie noch einmal tief ein, und überzeugen Sie sich, dass Ihre Zähne beim Ausatmen nicht zusammengepresst sind.
● Machen Sie noch ein paar ruhige Atemzüge.
● Kräftig ausatmen, ungefähr eine Minute lang. Jetzt produziert der Körper reichlich Kalzium, eine Art »schnelles Stresssalz«.

»Die Welt ist weder gut noch schlecht. Erst unser Denken macht sie dazu.« (William Shakespeare)

Versuchen Sie, auch in stressigen Situationen, z. B. bei einem Meeting, positive Energie zu verbreiten, lächeln und lachen Sie. Sie werden sehen: Selbst eine angespannte Atmosphäre lockert sich dadurch ein wenig auf.

Blitzrezepte gegen Alltagsstress

● Schauen Sie in die Ferne, lassen Sie den Blick schweifen. Schalten Sie ab. Es ist wie bei einem pfeifenden Wasserkessel: Sie nehmen ihn von der kochenden Platte – und er hört auf zu nerven.

● Bewusst die Schultern fallen und die Nackenmuskulatur locker lassen. Dadurch kann jeder Muskel des Körpers entspannen. Ein Gefühl, als würde totale Erleichterung, die durch den Körper strömt, fassbar.

● Lächeln Sie. Ja, richtig gelesen: Entspannen Sie die Gesichtsmuskulatur durch bewusstes, erzwungenes Lächeln.

● Füße hochlegen. Auf den Rücken legen, Füße auf einen Stuhl. Mehr ist nicht zu tun. Diese Position entlastet den unteren Rückenbereich und wirkt dadurch sehr entspannend.

● Pressen Sie Ihre Schläfen. Durch leichten Druck wird Schmerz gelindert – das Prinzip der Akupressur. Akupressur wirkt indirekt. Durch eine Massage der Nerven in den Schläfen werden u. a. auch die Nackenmuskeln entspannt.

● Schließen Sie die Augen für ein, zwei Minuten. Reisen Sie in Ihrer Phantasie zu einem schönen Plätzchen. Stellen Sie sich Ihren Wunschort sinnlich in allen Einzelheiten vor. Das ist sicher ein machtvolles Mittel zur Entspannung der Krisensituation.

»Einfacher leben bedeutet für uns, herunterzuschalten, Komfort behalten, Komplexität eliminieren und Zeit gewinnen.« (Elaine St. James; »Simplify Your Life«)

Kreatives Nichtstun

Stop! Mal keine Hektik mehr. Gönnen Sie Ihren überreizten Sinnen zwischendurch einen kleinen Urlaub: Tun Sie einfach mal nichts. Man kann dazu simples Faulenzen sagen. Man kann es aber psychologisch auch höher hängen: Lassen Sie die Seele baumeln. Das fällt Ungeübten oft erstaunlich schwer. Meditationsübungen können hier helfen, das Abschalten erst einmal zu lernen.

Geist und Körper beweglich halten

Dabei ist Nichtstun durchaus nicht immer völlig unproduktiv. Es ist verbürgt, dass Rudolf Diesel zwei Wochen lang in die Luft starrte, und plötzlich fiel sie gewissermaßen vom Himmel – seine geniale Idee mit dem Motor, dessen Kraftstoff mit heißer, verdichteter Luft entzündet wird. Eine Jahrtausendidee.

Zu guter Letzt noch drei besonders geeignete Methoden, um Stress nachhaltig ab- und neue Energie aufzubauen: 1. Bewegung; 2. Bewegung; 3. Bewegung.

Check – Meine Stressbelastungen

Was belastet mich? Womit belaste ich mich selbst?

_____
_____
_____
_____
_____

Was ändere ich? Wie verändere ich? Wie möchte ich reagieren?

_____
_____
_____
_____
_____

Was werde ich tun? Was will ich lernen?

_____
_____
_____
_____
_____

Die Blutwerte geben Aufschluss

Energiebilanz aus dem Labor

Blut ist ein ganz besonderer Lebenssaft. Jeder einzelne Tropfen enthält unglaubliche 250 Millionen Blutkörperchen. Blut setzt sich aus den Blutzellen (Erythrozyten, Leukozyten, Thrombozyten) und einem hohen Teil Blutplasma zusammen. Das Plasma enthält unzählige lebensnotwendige Substanzen: Eiweiß, Fett- und Mineralstoffe, Zucker, aber auch Abbau- und Abfallprodukte des Stoffwechsels. Ihr Blutbild gibt viele Hinweise. Es ist Spiegelbild für alle Vorgänge im Körper. Es muss kein Buch mit sieben Siegeln bleiben, es kann Ihre persönliche Bibel für ein erfülltes Leben sein – wenn Sie die richtigen Schlüsse daraus ziehen.

Ihr Blutbild ist ein aussagekräftiges Spiegelbild für alle Vorgänge im Körper.

Leistungsbestimmende Faktoren

Wissen Sie, wie es um Ihren Eiweißspiegel steht? Wissen Sie, ob die wichtigen Vitalstoffe, also bestimmte Mineralien, Vitamine oder Aminosäuren, Ihrem Körper ausreichend zur Verfügung stehen? Das sind nämlich Parameter, also Faktoren, die Leistung und Lebensenergie enorm beeinflussen. Und wussten Sie, dass z. B.:

● Die Höhe Ihres Magnesiumspiegels über Erschöpfung oder unbändigen Tatendrang entscheidet?
● Besonders das Spurenelement Selen für innere Dynamik sorgt?

Wenn Sie beispielsweise überwiegend lustlos sind, wenn Sie anfällig für Krankheiten sind, wie viel oder wie wenig Energie Sie haben – das alles lässt sich an den Blutwerten ablesen.

Was Blutwerte aussagen

Lassen Sie also regelmäßig von Ihrem Arzt einen Bluttest machen. Die Blutwerte sprechen eine deutliche Sprache. Jeder ist wie ein kleines, rotes Lämpchen in einem raffinierten Warnsystem. Blutwerte sind unverzichtbar für die moderne Diagnostik. Abweichende Blutwerte sind deutliche Hinweise auf Krankheitsrisiken. An den Blutwerten lässt sich sofort erkennen, woran es hapert – welche Vitalstoffe dem Körper beispielsweise fehlen. Wenn Sie die auffüllen, können Sie Ihr Leben bereichern. Lassen Sie aber nicht nur krankheitsanzeigende Werte, also Cholesterin, Blutzucker & Co., feststellen, sondern auch die den Gesundheitszustand bestimmenden – Vitamine, Eiweiß, Mineralstoffe, Hormone. Leider zahlen die Krankenkassen in der Regel nur für die Untersuchung der Basisblutwerte. Die Untersuchung der meisten anderen Werte müssen Sie selbst bezahlen. Aber diese Investition kann sehr sinnvoll sein und sich – wenn Sie die richtigen Schlüsse ziehen – vielfach auszahlen: Sie können mehr Lebenslust, Laune und bessere Leistung in Ihr Leben bringen.

Lassen Sie regelmäßig einen Bluttest machen. An den Blutwerten lässt sich erkennen, welche Vitalstoffe Ihnen fehlen.

Die so genannten Normalwerte

Um Abweichungen erkennen zu können, brauchen die Mediziner Vergleichswerte für den Normalzustand, die so genannten Normalwerte. Vorsicht! Häufig lobt der Arzt allzu voreilig: »Bei Ihnen ist alles normal.« Aber was heißt normal?

Normalwerte kommen dadurch zustande, das von einer Million Blutwerten der Mittelwert errechnet wird. Doch von wem stammen diese Blutproben? Klar, von den Kranken.

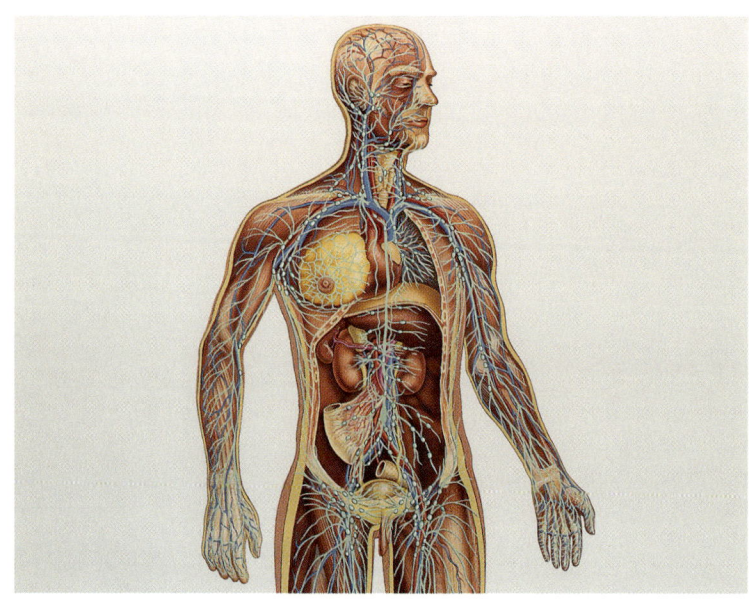

Durch ein ausgeklügeltes System hindurch transportiert das Blut Nährstoffe und Sauerstoff und sorgt gleichzeitig für den Abtransport von Kohlendioxid und Schlacken aus den verschiedenen Körperregionen.

Die Bedeutung des Mittelwerts

Was bei uns als normal gilt, ist also nichts anderes als der Mittelwert des Durchschnittskranken. Attestiert Ihnen der Arzt beim Routinecheck beste Gesundheit, heißt das nur: Verglichen mit einem Kranken geht es Ihnen gut. Nehmen wir z. B. den Cholesterinwert. Bei den Japanern ist ein Mittelwert von 130 mg/dl normal, bei den Buschmenschen in der Kalahari liegt er sogar nur bei 88 mg/dl. Aber wir Mitteleuropäer sind schon stolz auf den relativ hohen Wert von 200 mg/dl. Dabei ist längst bekannt, dass bereits bei einem Cholesterinspiegel ab 150 mg/dl Fettablagerungen in den Gefäßen möglich sind.

Nur wenn wir unter diesem Wert bleiben, ist ein Herzinfarkt so gut wie ausgeschlossen. Deshalb haben wir für Sie andere Normalwerte festgelegt. Die Basiswerte (»Mengenempfehlung«) in der Tabelle (Seite 100ff.) orientieren sich nicht an Durchschnittskranken, sondern an leistungsfähigen Menschen.

Die Wahrheit über Cholesterin

Wenn Ihr Cholesterinwert über 150 mg/dl liegt, muss das noch nicht schlimm sein. Bestimmen Sie deshalb Ihren ganz persönlichen Risikoquotienten:

$$\frac{\text{Gesamtcholesterin}}{\text{HDL (»gutes« Cholesterin)}} = X$$

● Bei einem Quotienten von 4,4 ist Ihr persönliches Risiko, langfristig einen Herzinfarkt bzw. Schlaganfall zu erleiden oder dem allmählichen geistigen Verfall zu erliegen, exakt so hoch wie bei der Durchschnittsbevölkerung.

● Bei einem Quotienten von 3,3 wird es schon besser. Ihr Risiko für Gefäßverkalkung ist dann nur halb so hoch wie beim Durchschnitt der Bevölkerung.

● Bei einem Quotienten von 2,2 ist Ihr Risiko nur ein Viertel des Risikos des Bevölkerungsdurchschnitts. Ihre Gefäße werden deutlich länger jung bleiben.

● Ist der Quotient jedoch 5 und höher, sollten die Alarmglocken schrillen. Herzinfarkt und Schlaganfall sind sehr wahrscheinlich, wenn Sie die Werte nicht schleunigst in den Griff bekommen. Wie? Aerobe Bewegung wird den Quotienten sehr schnell günstig beeinflussen.

Frauen verfügen häufig über einen zu niedrigen Eisenspiegel. Männer haben dagegen oft zu hohe Eisenwerte. Und das ist schädlich. Hier gilt es zu messen. Nach neuesten Erkenntnissen gilt die »blinde« Eisensubstitution als Kunstfehler.

Die positiven Leistungsparameter

Eiweiß – der Leistungsträger

Knochen und Gelenke, Muskulatur und Blut, Enzyme, Hormone und unser Immunsystem – das alles besteht aus Eiweiß. Eiweiß ist also enorm wichtig für unsere Leistungsfähigkeit. Unser Körper kann nicht alle Eiweißbausteine selbst herstellen. Eiweiß ist der wertvollste Nahrungsbestandteil – gewissermaßen der Baustein für Leben, Laune und Leistung. Eiweiß bestimmt, wie wir uns fühlen. Wenn der Eiweißspiegel unseres Körpers zu niedrig ist, läuft der auf halber Kraft.

Im Plasma befinden sich sehr unterschiedliche Proteine mit unterschiedlichen Funktionen. Sie sind Bausteine für wichtige Enzyme und Hormone und Transporteure für nicht wasserlösliche Substanzen im Blut. Bei einem Bluteiweiß von

Die neueste Devise der Zellforscher lautet: Alles, was in unserem Körper geschieht, geschieht durch Eiweiß.

- Unter 6 g/dl fühlen wir uns müde, labil, schlapp, energielos
- Rund 7 g/dl geht es uns ganz gut
- Über 8 g/dl fühlen wir uns wohl, stark, voller Energie

Hämoglobin liefert Zelltreibstoff

Der Wert des roten Blutfarbstoffs Hämoglobin sollte so hoch wie möglich sein. Hämoglobin transportiert den Sauerstoff von der Lunge zu den Organen. Je mehr Sauerstoff in die Zellen flutet, umso besser, leistungsfähiger fühlen wir uns. Denn umso besser arbeiten die Muskeln, das Herz, das Gehirn. Der Blutwert des Hämoglobins ist das Maß der Sauerstofftransportkapazität (bei Sportlern erhöht – erwünschter Effekt des Höhentrainings).

Blutzucker sorgt für rasche Energie

Blutzucker ist nötig zur Bereitstellung schnell verfügbarer Energien, das Gehirn arbeitet ausschließlich auf Zuckerbasis (den der Körper aber selbst herstellen kann). Gesteuert wird der Blutzuckerspiegel durch den Verbrauch, der sich z. B. im Muskel bei der Arbeit auf das 1000fache erhöhen kann, und die Leber, die je nach Bedarf Glukose speichern oder bereitstellen kann. Bei erhöhten Werten über längere Zeit droht allerdings die Gefahr von frühzeitiger Arteriosklerose.

Magnesium sorgt für gute Laune

Magnesium, das Salz der inneren Ruhe, ist das Multitalent unter den Mineralstoffen. Es aktiviert über 300 Enzyme, hilft beim Energiestoffwechsel und beim Zusammenspiel von Muskeln und Nerven, es stellt die Gefäße weit und organisiert die Sauerstoffversorgung der Zellen. Der Magnesiumspiegel verhält sich proportional zur Anzahl der Energiekraftwerke des Menschen. Je mehr Magnesium im Blut, desto größere Leistungen können Sie bringen.

»Magnesium ist der Vier-Sterne-General beim Fettabbau.« (Klaus Oberbeil, Autor medizinischer Ratgeber)

Noradrenalin beflügelt

Während Adrenalin als negatives Stresshormon bekannt ist, das uns permanent anstachelt und in hoher Konzentration Angst und Unruhe auslöst, ist Noradrenalin ein positives Stresshormon. Es sorgt dafür, dass das Herz schneller schlägt, es stimmt euphorisch, optimistisch und glücklich, es beflügelt unser Gehirn. Unter dem Einfluss von Noradrenalin wachsen nämlich den Nervenzellen Ästchen, so genannte Dentriten. Eine »nackte« Gehirnzelle ohne Verzweigungen wäre nichts wert: kein Anschluss zur Außenwelt. Die Dentriten haben nur eine Funktion: den Kontakt zur Nachbarzelle herzustellen. Sie bilden ein Netzwerk von Datenautobahnen. Die Gehirnzellen können dann untereinander schneller und besser mit Informationen jonglieren.

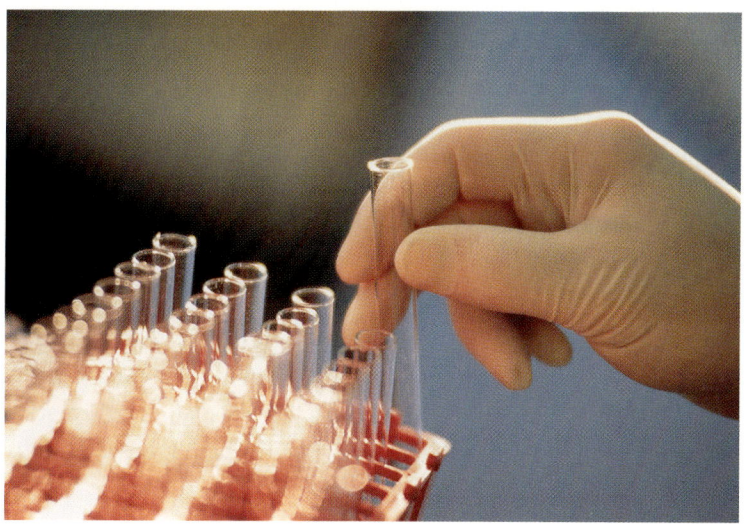

Für das so genannte kleine Blutbild sind nur einige Tropfen Vollblut notwendig. Das große Blutbild erfordert etwas mehr Lebenssaft, ist aber natürlich auch sehr viel aussagekräftiger.

Die idealen Blutwerte

Stoff/Substanz	Mengenempfehlung	Bedeutung/Funktion
Hämoglobin	Männer: 14–18 g/dl Frauen: 12–16 g/dl	Blutarmut bei zu wenig Hämoglobin, vermindert oft bei Eisenmangel, Vitamin-B12- oder Folsäuremangel.
Erythrozyten	Männer: 4,5–5,9 Mio./µl Frauen: 4,0–5,2 Mio./µl	Zeigen die Sauerstofftransportkapazität des Bluts, vermindert oft bei Vegetariern, d. h., sie haben zu wenig Eisen. Körperliches Training und der Aufenthalt in großen Höhen können die Anzahl der Erythrozyten deutlich erhöhen.
Gesamteiweiß	6–8 g/dl	Zeigt die Eiweißversorgung des Körpers, wird für den Aufbau wichtiger Enzyme und Hormone gebraucht, bedeutend für gute Laune und Leistungskraft.
Magnesium	0,66–1,0 mmol/l	Ist für die Sauerstoffversorgung der Zellen zuständig, weitet Blutgefäße, verhindert Migräne, Herzprobleme und Tinnitus und sorgt für erholsamen Schlaf.
Kalzium	2,15–2,75 mmol/l	Steuert die Nerven- und Muskelfunktion, unerlässlich für Blutgerinnung und Knochenaufbau.
Kalium	3,5–5,5 mmol/l	Senkt den Blutdruck und entspannt, stärkt die Muskelfunktion, besonders des Herzes, und steigert die Konzentration.

Die idealen Blutwerte

Stoff/Substanz	Mengenempfehlung	Bedeutung/Funktion
Eisen	Männer: 80–180 µg/dl Frauen: 60–160 µg/dl	Beteiligt an der Blutbildung, Zellatmung und Energieproduktion in den Zellen; wichtig für körperliche und geistige Leistungskraft.
Zink	1,2–1,7 mg/l	Stärkt das Immunsystem und die körperliche Fitness; baut Hormone und Körpereiweiß auf; wichtig für gesunde Haut und die Neubildung von Haaren, Finger- und Fußnägeln.
Lithium	0,002–0,2 mg/l	Hält das Nervensystem stabil; wichtiger Botenstoff im Gehirn.
Kupfer	Männer: 0,9–1,4 mg/l Frauen: 1,0–1,5 mg/l	Ist an der Zellatmung und dem Aufbau des Bluts beteiligt; aktiviert ein wichtiges Enzym, das die Lebensdauer jeder Zelle bestimmt.
Phosphor (Phosphat)	0,8–1,5 mmol/l	Wichtig für Produktion und Speicherung der Zellenenergie, für körperliche und geistige Fitness; baut mit Kalzium die Knochensubstanz auf.
Silizium	0,05–0,2 mg/l	Ist Bestandteil des Bindegewebes, von Zähnen, Knochen, Gelenkknorpeln, Fuß- und Fingernägeln.
Mangan	0,02–0,2 mg/l	Ist Bestandteil von antioxidativen Enzymen; Schutz vor Alterung.
Chrom	0,02–0,2 mg/l	Erhöht die Fettverbrennung.

Die idealen Blutwerte

Stoff/Substanz	Mengenempfehlung	Bedeutung/Funktion
Vitamin E	Ca. 30 mg/ml	Schützt vor Krebserkrankungen, Arteriosklerose und Alzheimer.
Selen	150–170 mg/l	Schützt als Antioxidans die Zelle u. a. vor Krebserkrankungen; wichtig für die innere Dynamik.
Folsäure	25 ng/ml	Wichtig für die Bildung von Gewebe und Blut; schützt vor Arteriosklerose.
Schilddrüsen-hormone	T3 (Trijodthyronin): 50–200 ng/dl; T4 (Thyrosin): 5–12 mg/dl; TSH: 0,6–6 mU/l	Regulieren den Energiehaushalt und die Fettverbrennung; sind abhängig vom zugeführten Jod und von Eiweiß.
Testosteron	Männer: 20–29: 19–47 pg/ml 30–39: 18–39 pg/ml 40–49: 16–33 pg/ml 50–59: 13–31 pg/ml 60–69: 11–26 pg/ml Über 70 Jahre: 9–25 pg/ml Frauen: 0,46–3,17 pg/ml	Wichtig für die innere Dynamik und die Potenz.
Methionin	25–33 mg/l	Wichtig für Eiweißaufbau, Fettverbrennung, Hormonbildung und für die Abwehrkräftesteigerung.
Taurin	54–94 mg/l	Verbessert die Fettverbrennung, unterstützt die Leber bei der Entgiftung und beruhigt den Puls.

Die idealen Blutwerte

Stoff/Substanz	Mengenempfehlung	Bedeutung/Funktion
Leuzin	111–149 mg/l	Steigert die körperliche Ausdauer.
Isoleuzin	58–80 mg/l	Wichtig für körperliche Ausdauer und die Bildung der Botenstoffe im Gehirn.
Valin	207–277 mg/l	Essenziell für den Aufbau eines aktiven Immunsystems.
Lysin	139–201 mg/l	Stimuliert die Bildung des Wachstumshormons; aktiviert die Fettverbrennung und die Abwehrkräfte.
Phenylalanin	51–61 mg/l	Wichtig für die Bildung von Hormonen und Botenstoffen im Gehirn, z. B. Noradrenalin, ACTH, Endorphine; sorgt für gute Laune.
Histidin	60–114 mg/l	Baut u. a. den Blutfarbstoff auf, der den Sauerstoff aus der Atemluft überträgt, erneuert die Körperzellen.
Threonin	120–188 mg/l	Reguliert die Öffnung der Blutgefäße, die Durchblutung des Körpers, des Herzes und des Gehirns und ist wichtig für körperliche Fitness.
Tryptophan	37–56 mg/l	Reguliert den Stresseinfluss, wirkt harmonisierend auf die Psyche, ist Ausgangssubstanz für Serotonin und Melatonin.

Energie auf
den Teller

Lebensfreude durch bessere Ernährung

Was für ein wunderbarer Stoff: Vier Freunde, alle um die 40, haben alles – und vor allem haben sie das Leben satt. Puh, sie sind müde, vier Lebensüberdrüssige. Sie beschließen ein gewaltiges Schlemmerseminar. Bei diesem Festgelage wollen sie nur noch eins: sich so richtig schön zu Tode futtern.

»Das große Fressen«: Was für ein hemmungsloser Film. In allen Details erleben wir da, wie vier feine Männer (Marcello Mastroianni, Ugo Tognazzi, Michel Piccoli, Philippe Noiret) tierisch reinhauen; wie sie mit gnadenloser Gefräßigkeit und Gier über Rehschlegel und Ferkel, Geflügel, Steaks, Suppen und Puddings herfallen; wie sie ihre nackte Freundin auf einen Tisch voller Sahnetorten hieven und als sexuellen Appetithappen vernaschen; wie alle im Zustand völliger Übersättigung und Erschöpfung landen und leiden; wie ihre Verdauung sie unüberhörbar quält. Und wie es schließlich einen nach dem anderen dahinrafft.

Ein weit verbreitetes Vorurteil lautet: Was gesund ist, kann nicht schmecken, und was schmeckt, ist ungesund. Aber es ist gar nicht so schwer, auf gesunde Weise zu schlemmen.

Lust und Frust der Essgewohnheiten

Was für ein Skandalfilm und Erfolg Anfang der 1970er Jahre: Das große Fressen ist weiterhin eine gültige Parabel für unsere pervertierten Essgewohnheiten. In unserer Überflussgesellschaft kommt Essen als natürliches Bedürfnis zu kurz, es beherrscht viele als verführerisches, sündiges, lebensgefährliches Laster.

Fest steht: Wir essen zu viel, zu fett, zu süß, zu salzig. Wir trinken zu wenig Wasser und kippen zu viel Alkohol. Wir sind inzwischen fast alle Sitzriesen, aber wir ernähren uns immer noch, als wären wir körperliche Schwerstarbeiter. Wir geben uns den Gelüsten hin, stopfen uns voll. Meist wahllos. Oft unkontrolliert. Wir sind verunsichert und verwirrt: so viele Warnungen oder scheinwissenschaftliche Behauptungen, die auf den Markt kommen. Und immer neue Empfehlungen. Und neue

Studien zum Thema »gesunde Ernährung«, die sich teilweise widersprechen oder bald als falsch erweisen. Gesundheitsbewussten kann da der Bissen im Hals stecken bleiben. Der Begriff »Diät« fand inzwischen sogar Eingang in das »Neue Lexikon des Aberglaubens«.

Das Angebot erschlägt

Gesunde Ernährung? Komisch, viele unterscheiden bereits zwischen gesunder Ernährung und Essen.

Gesunde Ernährung? Schon das Wort schlägt manch einem auf den Magen – das hört sich nach Nährstofftabellen, öder Mampferei und Kalorienzählerei an.

Karotte, Kotelett, Kuchen: Essen soll Spaß machen, denn dann dient es der Gesundheit am meisten. In einer »stern«-Titelgeschichte (»Iss, was dir schmeckt«) rät die Ernährungswissenschaftlerin Renate Frank: »Die Menschen von heute müssen wieder lernen, mit dem immensen Essensangebot natürlich und unbefangen umzugehen. Dabei kommt es nicht darauf an, ›Freunde‹ oder ›Feinde‹ unter den Nahrungsmitteln zu enttarnen: Da kein einziges alle Nährstoffe enthält, die wir zum Leben brauchen, gibt es weder reine Heilsbringer noch grundsätzliche Schurken.«

Gesund ernähren heißt nicht, auf Gutes zu verzichten, sondern durch Besseres zu ersetzen. (Maxime für ernährungsbewusste Feinschmecker)

Mehr auf den Instinkt vertrauen

Klar, wir wissen, dass ernährungsabhängige Krankheiten wie Karies, Gicht und Diabetes mellitus, Übergewicht, Bluthochdruck und Verstopfung zugenommen haben. Sie lassen sich aber schwer bekämpfen, wenn jeder Bissen ein schlechtes Gewissen erzeugt. Das bringt nur zusätzliche Probleme – seelische. Heißhunger auf Süßes?

Naschen Sie ruhig, allerdings kontrolliert – das hebt die Stimmung. Totaler Verzicht hat nämlich einen fatalen Effekt: Die Lust auf Süßes wird gigantisch. Dauerhaft wohl fühlen werden wir uns nur, wenn wir (wieder) auf unseren Körper hören. Somatische Intelligenz – das ist unsere innere Weisheit. Der Körper verlangt instinktiv nach dem, was er braucht – wenn wir diesen Instinkt nicht mit Gelüsten verwechseln, die eher im Kopf entstehen. Bei den ganzen Tag herumspringenden Kindern ist dieses Zentrum noch aktiv; bei den meisten unbewegten Kopfarbeitern ist natürliches Verlangen leider kaputtgesessen. Doch die somatische Intelligenz lässt sich wieder wecken.

Wie? Laufen Sie täglich – und Ihre Körperzellen werden mit dem Vielfachen an Sauerstoff versorgt. Der Körper wird es danken, er wird bald automatisch wieder nach der richtigen Nahrung verlangen.

Die alte Weisheit ist noch aktuell

Manche können diesen 150 Jahre alten Spruch von Ludwig Feuerbach vielleicht schon nicht mehr hören: »Der Mensch ist, was er isst.« Aber besser lässt sich der Zusammenhang zwischen Ernährung und Energie, Körpergefühl und Leistung nicht auf den Punkt bringen. Richtige Ernährung beeinflusst die Klangfarbe unserer Gedanken, unsere Stimmung und Kreativität, unsere Power und innere Dynamik. Wenn wir richtig essen, können wir sogar die Produktion unserer Glückshormone ankurbeln. Ein paar Beispiele:

● Die Aminosäure Phenylalanin kann uns optimistisch stimmen und Flügel verleihen.
● Tryptophan kann Kummer und Sorgen vertreiben.
● Lysin und Argenin stimulieren jugendliche Frische.

Leider haben viele ein gestörtes Verhältnis zu ihrem Körper. Haben Sie sich einmal ernsthaft gefragt, was Sie wirklich brauchen? Was richtige Ernährung bedeutet und wie Sie damit körperliche und geistige Höchstleistung erreichen können?

»Wir schaufeln unser Grab mit den eigenen Zähnen.« (Thomas Mollet, Arzt, 17. Jahrhundert)

Nur Qualität bringt Leistung

Mit der richtigen Ernährung können Sie sich auch Ihr Hormonkostüm maßschneidern. Sie haben also ein mächtiges Instrument in der Hand. Denn durch vernünftige und geschickte Auswahl Ihrer täglichen Nahrung können Sie selbst über Ihr Potenzial entscheiden, wie viel

● Kraft und Ausdauer
● Mentale Stärke
● Kreativität und Leistungsfähigkeit

Sie entwickeln und in Ihr Leben bringen. Nur wer Super tankt, kann auch mit super Resultaten rechnen.

Essen Sie mehr als die Häfte »Lebens«-mittel: frisches Obst, Gemüse, Getreide, Tatar, Carpaccio oder – wie die Japaner – Fisch in roher Form (Sushi). Es gibt nichts, was vitaminreicher ist. Wenn Sie so Ihren Speiseplan schreiben, bleibt die andere Hälfte für Kompromisse: für Tafelspitz, Torte und einen schönen Rotwein.

Nährstoffe in optimaler Kombination

Essen Sie möglichst von allem etwas. Dabei sollten die energiespendenden Sattmacher (Brot, Nudeln, Reis), die wertvolle Mineralstoffe und Vitamine liefern, im Vordergrund stehen. Generell gelten für alle Menschen, die gesund bleiben wollen, ähnliche Ernährungsempfehlungen. Die Energiezufuhr sollte so verteilt sein:

● Kohlenhydrate: 50 bis 60 Prozent
● Fett: 20 bis 30 Prozent
● Eiweiß: 10 bis 20 Prozent

Wenn es dem Körper an Kohlenhydraten mangelt, reagiert er häufig mit Konzentrationsmangel.

Kohlenhydrate – der Brennstoff

Kohlenhydrate sind der Brennstoff für Muskeln und Gehirn, sie sind Nervennahrung und Stimmungsmacher. Jedoch gilt dies nicht gleichermaßen für alle Kohlenhydrate – manche von ihnen können sich, im Übermaß genossen, als Dickmacher erweisen.

Ein wenig Chemie

Unter dem Begriff »Kohlenhydrate« wird eine Vielzahl von Stoffen zusammengefasst, die aus Zuckermolekülen bestehen. Tritt solch ein Molekül einzeln auf, wird es Einfachzucker genannt. Hierzu gehören Trauben- und Fruchtzucker, wie sie in Obst vorkommen.

Haften zwei Zuckermoleküle zusammen, heißt die Verbindung Zweifachzucker. Hierzu gehören Milch- und Malzzucker, Rohr- und Rübenzucker (also unser Haushaltszucker).

Interessant wird es, wenn sich viele Moleküle zu langen Ketten zusammenschließen und Mehrfachzucker oder komplexe Kohlenhydrate bilden. Dazu gehören Stärke (in Vollkornprodukten, Müsli, Kartoffeln, Gemüse) und auch die Ballaststoffe aus Obst, Gemüse, Hülsenfrüchten und Vollkorngetreide.

Check – Ernährungstagebuch

Bitte denken Sie über die letzten drei Tage nach, und notieren Sie die konsumierten Speisen und Getränke täglich (z. B. am Morgen des ersten Tages 2 Tassen Kaffee, 2 Brötchen usw.)

Morgens
- 1. Tag: _____
- 2. Tag: _____
- 3. Tag: _____

Mittags
- 1. Tag: _____
- 2. Tag: _____
- 3. Tag: _____

Zwischendurch
- 1. Tag: _____
- 2. Tag: _____
- 3. Tag: _____

Abends
- 1. Tag: _____
- 2. Tag: _____
- 3. Tag: _____

Getränke
- 1. Tag: _____
- 2. Tag: _____
- 3. Tag: _____

Schnelle Energie und Muskelbenzin

Die kurzkettigen Kohlenhydrate stehen rasch zur Verfügung – und sind rasch verbraucht. Sie schießen ins Blut und lassen den Blutzuckerspiegel ansteigen. Antwort des Körpers: verstärkte Insulinausschüttung. Der Blutzuckerspiegel sinkt im Nu wieder ab und kann dann sogar unter das Anfangsniveau fallen. Folgen der Unterzuckerung: Konzentrationsschwäche, Leistungsabfall, Müdigkeit. Unsere Nahrung sollte zu mehr als der Hälfte aus langkettigen Kohlenhydraten bestehen. Kohlenhydrate sind der Treibstoff, das Muskelbenzin. Sie werden als Glykogen in Muskeln und Leber gespeichert und liefern schnell und ökonomisch die für Muskel- und Gehirntätigkeiten notwendige Energie. Gut gefüllte Speicher garantieren hohe Leistungsfähigkeit.

Ballaststoffe – von wegen unnötiger Ballast

Auch Ballaststoffe (Zellulose, Pektin) gehören zu den Kohlenhydraten. Es sind pflanzliche Nahrungsteile, die vom menschlichen Körper nicht verdaut werden können, die jedoch wichtige Aufgaben bei unserer Verdauung erfüllen und den Stoffwechsel beeinflussen. Zudem machen sie lange satt, da sie den Magen sehr langsam wieder verlassen. Ballaststoffe kommen nur in pflanzlichen Lebensmitteln vor, genau genommen in deren Zellwänden. Da diese bei der Verarbeitung von Getreide entfernt werden, stecken in Vollkornbroten mehr Ballaststoffe als in Weißbroten, in Naturreis gegenüber weißem Reis gar die vierfache Menge. Wir sollten pro Tag ungefähr 30 Gramm Ballaststoffe essen; das entspricht z. B. ca. 400 Gramm Roggenvollkornbrot.

Eiweiß – der Baustoff des Lebens

Ohne Eiweiß (Protein) kein Leben. Unser Körper besteht aus 25 verschiedenen Eiweißbausteinen, den Aminosäuren. Eiweiß ist unverzichtbar für Wachstum, Erneuerung und Entwicklung von Gewebe und Organen, von Muskeln, Nägeln, Haut und Haaren, von Enzymen und Hormonen, zur Stärkung unserer Abwehrkräfte. Eiweiß spielt neben Kohlenhydraten als Energiequelle eine wichtige Rolle – im Besonderen bei den Denkvorgängen im Gehirn.

Wichtigster Eiweißträger ist nicht Fisch, nicht Fleisch. Der beste Eiweißträger in unserem Kulturkreis ist – die Linse. Fisch und Fleisch enthalten 20 Prozent Eiweiß, aber auch allerhand Fett. Die Linse besteht aus 23 Prozent Eiweiß und nur einem Prozent Fett.

Eiweiß – der wertvollste Nährstoff

Nur mit ausreichend Eiweiß können unsere Organe optimal funktionieren. Vom Eiweißspiegel hängt all dies ab:
- Unsere Leistungsfähigkeit
- Unsere Kreativität
- Unser Wohlbefinden und unsere Stimmung

»Größere Eiweißmengen wirken stimulierend, erhöhen die Arbeits- und Lebensfreude« – so erfreulich einfach und unwissenschaftlich endet sogar das 1000-seitige Standardwerk über Biochemie und Physiologie der Ernährung.

Wie viel Eiweiß brauchen wir? Die tägliche Eiweißzufuhr, die Experten empfehlen: pro Kilogramm Körpergewicht 0,8 Gramm Eiweiß – also rund 20 Prozent der täglichen Kalorien. Katalysiert werden diese wertvollen Bausteine des Lebens durch Vitamine, Spurenelemente und Mineralien – wahre Zauberstoffe, die in folgenden Produkten zu finden sind: in frischem Obst und Gemüse, aber auch in rohem Fleisch und Fisch wie Tatar, Carpaccio und Sushi.

Das biologische Wunder der Aminosäuren

Eiweiße erfüllen also vielfältige Aufgaben. Sie sind sehr unterschiedlich aufgebaut. Ähnlich einer Perlenkette – mal schnurgerade aufgefädelt, dann zum Knäuel verdreht – reihen sich viele Bausteine aneinander. Diese Bausteine nennt man Aminosäuren. Wenn wir Eiweiß aufnehmen, zerlegt unser Körper sie zunächst in ihre Einzelbestandteile, um sie dann nach Bedarf zusammenzusetzen. Ein Teil der Aminosäuren kann unser Körper selbst herstellen, andere müssen über Speisen und Getränke zugeführt werden.

Acht essenzielle Aminosäuren kann unser Körper im Erwachsenenalter nicht selbst zusammenbauen. Das sind Valin, Lysin, Leuzin, Isoleuzin, Threonin, Methionin, Phenylalanin, Tryptophan und Tyrosin. Sie müssen mit der Nahrung aufgenommen werden.

Eine Art von Chefhormon

Verhaltensforscher untersuchten einmal eine Affenhorde im Zoo von San Diego. Sie beobachteten besonders den Anführer der Horde. Der bestach nicht durch Aggressivität und Stärke, sondern strahlte Ruhe, Übersicht, Gelassenheit, Autorität aus – kurz: Souveränität. Man untersuchte sein Blut – und fand einen viel höheren Serotoninspiegel als bei allen anderen Affen. Jetzt nahm man den Chefaffen aus dem Gehege. Was passierte innerhalb der Horde? Genau, ein neuer Affe übernahm die Position des alten. Auch sein Blut wurde untersucht. Ergebnis: Innerhalb von drei Tagen hatte sich beim neuen Chefaffen der Serotoninspiegel verdoppelt.

Erstaunt fragten die Forscher: Gibt es ein Chefhormon? Gegenprobe: Die Forscher pumpten einen jungen, schwachen Affen voll mit Serotonin. Die Folge: Der Junge übernahm tatsächlich die Chefrolle in der Horde – so lange, bis die Wirkung des Hormons nachließ. Das war der Beweis: Ja, es gibt also so eine Art Chefhormon.

Die so genannten Glückshormone sind sehr einfach strukturiert. Unser Körper kann sie aus einem einzigen Eiweißbaustein selbst herstellen.

Serotonin – ein Stimmungsmacher

Auch beim Menschen bewirkt Serotonin Ruhe und Übersicht – es hebt die Stimmung und fördert die mentale Fitness. Der Grundbaustein für das begehrte Hormon ist die Aminosäure Tryptophan. Sie hilft, dass unser Gehirn ausreichend mit dem »Glücklichmacherhormon« Serotonin versorgt wird. Die Produktion des Chefhormons lässt sich durch die Ernährung steuern. Besonders wirksam, wenn dem Körper gleichzeitig Kohlenhydrate zur Verfügung stehen – die richtige Kombination der Speisen sichert neben der körperlichen Leistungsfähigkeit (durch die Kohlenhydrate) also auch die Konzentration (durch das Eiweiß). Der Eiweißbaustein ist in unserer täglichen Nahrung vorhanden, hauptsächlich in Fisch und Fleisch.

Die Tryptophanproduktion erhöhen

Haben Sie schon einmal nach dem Essen Ihren Serotoninspiegel gemessen? Sie werden keinen Unterschied bemerken. Obwohl wir täglich Tryptophan in reichlichen Mengen verzehren, kann es selten in Serotonin umgewandelt werden. Denn das Tryptophan konkurriert mit sieben anderen Aminosäuren um die Aufnahme durch das schmale Türchen ins Gehirn.

Wenn Tryptophan als Sieger vom Platz gehen, also die begehrte Wirkung erzielen soll, können Sie zu einem einfachen Trick greifen: ein kleines Stück Schokolade nach dem Essen. Das hebt den Insulinspiegel. Denn die sieben konkurrierenden Aminosäuren verschwinden jetzt im Muskel, und das Tryptophan kann das Transportsystem ins Gehirn für sich allein nutzen.

Pflanzliches Eiweiß sinnvoll kombiniert

Eiweiß ist in vielen Lebensmitteln enthalten. Sicher denken Sie zuerst an Eier, Milch und Steaks, aber Eiweiß steckt auch in Getreide, Hülsenfrüchten, Brot, Reis, Müsli, Nudeln und Kartoffeln. Und obwohl unser Körper pflanzliches Eiweiß schlechter verwerten kann als tierisches, sollte es in unserer Ernährung überwiegen – es enthält kaum Fett und kein Cholesterin.

Durch die Kombination von Eiweißen (tierische mit pflanzlichen, z. B. Steak mit Bohnen, Ei und Kartoffeln) lässt sich die biologische Wertigkeit anheben. Die Naturvölker machen es intuitiv vor: Sie essen Fladenbrot mit Ziegenkäse. Oder Bohnen zur Maistortilla. Oder Hirse zum Huhn.

Eiweißreich und fettarm

	Fett pro Portion in Prozent	Eiweiß pro Portion in Prozent
Fisch		
Forelle	2,0	20,0
Garnele	1,8	18,0
Heilbutt	2,0	20,0
Kabeljau, Seelachs	0,3	17,0
Steinbeißer	4,4	22,0
Rotbarsch	3,6	18,0
Fleisch		
Huhn/Hähnchen	6,0	20,0
Kalbfleisch/Keule	2,0	20,0
Rindfleisch /Keule	8,0	20,0
Tatar	4,0	20,0
Schinken, gekocht	12,0	20,0
Milch		
Buttermilch	0,6	3,3
Joghurt, mager	0,3	4,0
Magermilch	0,3	3,3
Hüttenkäse	2,0	14,4
Pflanzliches Eiweiß		
Bohnen, weiß	2,0	22,0
Linsen	1,0	23,0

Essenzielle Eiweißbausteine sind in tierischen und pflanzlichen Proteinen enthalten. Tierische Proteine kann der Körper leichter verarbeiten. Pflanzliches Eiweiß ist fettärmer.

Weitere Aminosäuren und ihre Bedeutung

- Leuzin: für die muskuläre und körperliche Ausdauer
- Isoleuzin: erhöht die mentale Belastbarkeit und Denkgeschwindigkeit
- Lysin: stimuliert das Wachstumshormon und die Fettverbrennung
- Phenylalanin: Ausgangssubstanz für Glückshormone wie ACTH, Endorphine, Noradrenalin
- Histidin: arbeitet in den Kraftwerken jeder Zelle bei der Energiegewinnung mit
- Threonin: erhöht die Sauerstoffzufuhr in Muskeln, Herz und Hirn
- Taurin: verbessert die Fettverbrennung, entgiftet die Leber (z. B. nach Alkoholgenuss)
- Valin: reguliert das aktive Immunsystem (Abwehrkräfte)

Für Sieger – Phenylalanin

Warum ist der Adler der Herr der Lüfte – und nicht der Sperling? Was macht den Tiger zum Herrscher des Dschungels – und nicht die Kuh? Warum verfügt der Hai, der gefährlichste Räuber der Weltmeere, über unendliche Energie – und nicht der Hering? Gibt es eine Substanz, die zum Siegen prädestiniert?

Ja. Der Stoff heißt Phenylalanin, eine von 25 Aminosäuren. Beim Tiger, beim Adler, beim Hai flutet, wenn sie ihre Beute erlegt und verzehrt haben, ein daraus gebildeter Eiweißbaustein direkt und hoch konzentriert in die Blutbahn. In fünf blitzschnellen Stoffwechselschritten wird das Hormon Noradrenalin gebildet. Auch beim Menschen.

Phenylalanin und Tryptophan sind hirnaktive Eiweißbausteine – also besonders wichtig für Kopfarbeiter.

Den Eiweißspiegel anheben

Einen tiefen Eiweißspiegel schnell wieder anzuheben, ist gar nicht so einfach. Aber es ist jede Mühe wert. Nochmal der Vergleich mit einem Auto: Wenn der Benzintank leer ist, braucht es einige Liter, bis die Nadel der Tankanzeige wieder ein bisschen ausschlägt. Auch beim Menschen dauert es, bis das Eiweiß wieder den Muskel strafft, den Knochen aufbaut, das Immunsystem reguliert, Hämoglobin ansteigen lässt und Sauerstoff in den ganzen Körper transportiert. Von tief-normal (ca. 6,2 mg/dl) bis hoch-normal (ca. 8,6 mg/dl) trennen uns bis zu 18 Monate regelmäßiger Eiweißzufuhr.

Eiweißkonzentrate – die schnelle Hilfe

Wenn Ihr Eiweißspiegel zu niedrig ist, können Sie ihn am schnellsten mit einem Proteinkonzentrat aus der Apotheke auffüllen. Wie bei allem im Leben: Die richtige Dosis macht's. Trinken Sie reichlich, sonst überfordern Sie Ihre Nieren. Und lassen Sie Ihre Blutwerte regelmäßig ärztlich untersuchen.

Wenn Sie beginnen, Eiweiß in reiner Form – ohne Fett – vermehrt aufzunehmen, werden diese begehrten Bausteine sofort in körpereigene Substanzen umgewandelt. Der Lohn: ein enormer Anstieg an Lebensfreude, Energie und innerer Dynamik.

Woran Sie Qualität erkennen

Ein gutes Eiweißkonzentrat besteht aus 30 Prozent tierischem und 70 Prozent pflanzlichem Eiweiß. Die Zusammensetzung und die biologische Wertigkeit (sollte über 100 sein) erkennen Sie auf dem Etikett. Außerdem sollten in dem Konzentrat alle lebenswichtigen Aminosäuren (siehe Kasten Seite 114) enthalten sein.

Damit die Eiweißbausteine im Blut aber auch richtig aktiv werden können, brauchen wir jede Menge Hilfsstoffe: Vitamine, Spurenelemente und Mineralstoffe.

Biostoffe – die Heinzelmännchen des Lebens

Mit der Natur ist es wie mit einer umsichtigen Hausfrau: Erst wenn alle Zutaten auf dem Tisch liegen, beginnt sie zu kochen. Auch der Körper bildet erst Energie, wenn er über alle Rohstoffe verfügt. Wenn sie nicht komplett sind, passiert nicht viel – und das geht zu Lasten von unserer Lebensenergie, Kreativität und Lebensfreude.

Unser Motor braucht einen Katalysator: Biostoffe. Wenn beispielsweise nicht genug Magnesium, das Salz der inneren Ruhe, Vitamin C oder das Mineral Selen zur Verfügung stehen, fühlen wir uns unsicher, krank, oder wir klagen über Kopfschmerzen. Warum? Es fehlen diese kleinen Fitmacher, die unseren komplizierten Stoffwechsel steuern. Beispielsweise Vitamine: Sie können »tote« Mineralien (wie Mangan oder Kupfer) in quicklebendige Bausteine des Lebens verwandeln.

Beträufeln Sie, wie die Menschen am Mittelmeer, Ihren Fisch mit Zitronensaft. Ihr Magen produziert dann mehr Säure, das Eiweiß wird besser verwertet. Außerdem schmeckt der Fisch besser.

Vitalstoffe im Überblick

Mineralstoff	Funktionen im Körper	Enthalten in	Mangelsymptome	Tagesbedarf
Natrium	Reguliert den Wasserhaushalt in und außerhalb der Körperzellen und den Rhythmus des Herzes, überträgt Nervenimpulse und Muskelkontraktionen, stabilisiert den Kreislauf, aktiviert Enzyme. Achtung: Hypertoniker dürfen nicht überdosieren!	Kochsalz, geräucherten und gepökelten Fleisch-, Wurst- und Fischwaren, Brot, Käse, Mineralwasser	Schwäche, nervöse Störungen, Teilnahmslosigkeit, Blutdruckabfall, Muskelkrämpfe	Ca. 120 mg
Kalzium	Bildet und erhält kräftige Zähne und Knochen, transportiert Nervenimpulse, unterstützt Muskelkontraktionen.	Milch, Milchprodukten, grünem Blattgemüse, Hülsenfrüchten, Nüssen, Zitrusfrüchten, Lachs, Sardinen	Muskelschwäche und Krämpfe, Knochenabbau, Nervosität, Veränderungen an Haut, Haaren oder Zähnen	0,8–1,2 g
Kalium	Reguliert den Wasserhaushalt, stimuliert die Nervenimpulse, die Muskelarbeit, den Herzrhythmus und die Eiweißproduktion, senkt den Blutdruck.	Vollkorngetreide, Brot, grünem Blattgemüse, Bohnen, Fleisch, Milch, Bananen, Orangen	Schwere- und Schwächegefühl in der Muskulatur, Störung der Herzfunktionen, Verstopfung, plötzlicher Blutdruckabfall, Kreislaufkollaps, Hautkrankheiten	2,0–2,5 g

Vitalstoffe im Überblick

Mineralstoff	Funktionen im Körper	Enthalten in	Mangelsymptome	Tagesbedarf
Magnesium	Baut Zähne und Knochen auf, leitet Nervenimpulse weiter, wichtig für Blutgerinnung und das Immunsystem, versorgt die Zellen mit Sauerstoff.	Sojabohnen, Nüssen, Fisch, Milch, Vollkorngetreide, Brot, grünem Gemüse	Muskelbeschwerden, Schwindel, Benommenheit, Unruhe, Herz-Kreislauf-Beschwerden, Gewichtsabnahme	300–600 mg
Phosphor	Baut Knochen und Zähne auf, reguliert die Muskelkontraktion, wichtig für die Energiegewinnung in den Zellen, die Blutgerinnung und Gehirntätigkeit, leitet Nervenimpulse weiter.	Fisch, Fleisch, Eiern, Vollkorngetreide, Nüssen, Hefe, Käse	Muskelschwäche, Knochenbeschwerden, Nervenschwäche	1,0–1,5 g
Schwefel	Bildet Bindegewebe, Haut und Fingernägel, reguliert den Blutzuckerspiegel und entgiftet den Körper.	Eigelb, Fleisch, Milch, Fisch, Käse, Nüssen, Gemüse	Rissige, trockene Haut, brüchige Nägel, Haarausfall, Nervosität	Nicht bekannt
Chlorid	Verteilt die Flüssigkeiten in und außerhalb der Zellen, bildet Magensäure, transportiert Hormone.	Allen kochsalzhaltigen Lebensmitteln wie Wurst- und Fischwaren, Brot, Käse	Schlechte Verdauung, Muskelschwäche	2–3 g

Vitalstoffe im Überblick

Spurenelement	Funktionen im Körper	Enthalten in	Mangelsymptome	Tagesbedarf
Eisen	Bildet Blut- und Muskelfarbstoffe, die Sauerstoff transportieren, produziert stoffwechselanregende Enzyme, wichtig für die Energiegewinnung bei Ausdauerleistung.	Fleisch, Leber, Fisch, Eigelb, grünem Gemüse, Vollkorngetreide, Nüssen, Brot, Bohnen, Sojaprodukten, Aprikosen	Appetitlosigkeit, schuppige Haut, Haarausfall, verzögerte Wundheilung	15–20 mg
Fluor	Hemmt Karies verursachende Mundbakterien, baut Knochen, Bänder und Bindegewebe auf.	Fisch, Fleisch, Milchprodukten, Tee, Kaffee, Trink- und Mineralwasser, Sojabohnen	Infektanfälligkeit, Sehschwäche, Herzstörungen	50–200 μg (millionstel g)
Zink	Stärkt das Immunsystem, produziert Insulin, steuert Wundheilung, Wachstum, Geschlechtshormone und enzymatische Abläufe, wichtig für Haut und Haare.	Fleisch, Fisch, Meeresfrüchten, Bohnen, Vollkorngetreide, Eiern, Nüssen	Blutarmut, schnelle Erschöpfung, Müdigkeit, Appetitmangel	10–25 mg; bei Blutverlust bis zu 50 mg
Selen	Schützt Zellen und Fette vor Oxidation, hält das Körpergewebe elastisch, entgiftet den Organismus.	Fisch, Fleisch, Vollkorngetreide, Milchprodukten, Sojabohnen	Karies, Knochenentkalkung	50–400 μg

Vitalstoffe im Überblick

Spurenelement	Funktionen im Körper	Enthalten in	Mangelsymptome	Tagesbedarf
Kupfer	Bildet die Farbpigmente in Haut und Haaren, produziert rote Blutkörperchen, reguliert enzymatische Stoffwechselabläufe und das Immunsystem.	Leber, Fisch, Schaltieren, Blattgemüse, Erbsen, Nüssen, Pilzen, Vollkorngetreide	Blutmangel, geschwächte Abwehr, Hautausschlag	4–10 mg
Jod	Bildet Schilddrüsenhormone, die für Wachstum und Energieproduktion in den Zellen verantwortlich sind, wandelt die Nahrung in Energie um.	Seefischen, Gemüse, jodiertem Speisesalz	Kropf, Wachstumsstörung, Übergewicht, Konzentrationsschwäche, Müdigkeit	150 µg
Mangan	Stimuliert antioxidative Enzyme, verwertet Fett besser, bildet Knorpel, entgiftet, hält Zellen jung.	Ananas, Nüssen, Hülsenfrüchten, Vollkorngetreide, Gemüse, Bierhefe, Kakao	Knochenschwäche, Nervenschwäche, häufige Infektionen	2–10 mg
Chrom	Reguliert den Blutzuckerspiegel, erhöht die Fettverbrennung und Kohlenhydratverwertung.	Schwarzem Tee, Kakao, Honig, Nüssen, Vollkorngetreide, Käse, Fleisch, Pilzen	Erhöhte Cholesterinwerte, Mattigkeit, Nervosität	50–200 µg

Vitalstoffe im Überblick

Vitamin	Funktionen im Körper	Enthalten in	Mangelsymptome	Tagesbedarf
Vitamin A *(Retinol)*	Erneuert Zellen, wehrt Bakterien und Viren ab, schützt die Haut vor Umweltbelastungen und Sonnenschäden, erhält die Sehkraft.	Leber, Möhren, Spinat, Grünkohl, Kürbis, Tomaten, Aprikosen, Paprika, Eigelb, Butter	Nachtblindheit, brüchige Fingernägel, trockene Haare, Hautausschlag, Appetitmangel, häufige Infektionen	1500–10 000 I. E.
Vitamin D *(Kalziferol)*	Hält die Knochen stabil, beruhigt die Nerven, stärkt das Immunsystem, die Muskeln und die Zähne.	Eigelb, Leber, Seefisch, Milchprodukten, Avocados, Pilzen	Rachitis bei Kindern, Knochenerweichung, Zahnausfall, Muskelschwäche, vergrößerte Gelenke, Aufregung, nervöse Störungen	50–100 µg
Vitamin E *(Tokopherol)*	Schützt vor freien Radikalen, hält die Zellen jung, glättet die Gefäßwände, erhöht die Muskelkraft und die Ausdauer.	Kaltgepressten Pflanzenölen, Samen, Nüssen, Kernen, Vollkorngetreide, Eigelb, grünem Blattgemüse	Müdigkeit, Leistungsschwäche, welke Haut, Altersflecken, Unfruchtbarkeit, nervöse Reizbarkeit	500–1000 µg
Vitamin K	Wichtig für die Blutgerinnung, Wundheilung und den Knochenstoffwechsel.	Grünem Blattgemüse, Kohl, Haferflocken, Eigelb, Käse, Tomaten, Leber, Milchprodukten	Blutende, schlecht heilende Wunden, Nasenbluten, Müdigkeit, Darmstörungen, Menstruationsbeschwerden	Frauen 60–65 µg; Männer 70–80 µg; Schwangere und Stillende etwas mehr

Vitalstoffe im Überblick

Vitamin	Funktionen im Körper	Enthalten in	Mangelsymptome	Tagesbedarf
Vitamin C (Askorbinsäure)	Wehrt Krankheiten ab, steigert die Eisenverwertung, stabilisiert die Psyche, kräftigt Zähne und Zahnfleisch, hilft beim Schlankwerden und -bleiben, glättet Falten, schützt gegen vorzeitiges Altern, hält die Nerven gesund, wichtig für die Zellatmung.	Zitrusfrüchten, frischem Obst, Salat, Gemüse, Kartoffeln, Sojabohnen	Erkältungen, anfälliges Zahnfleisch, Krampfadern, Hämorrhoidalleiden, Müdigkeit, Konzentrationsmangel, Schlafstörungen, Nervenschwäche	1–3 g
Vitamin B1 (Thiamin)	Gewinnt Energie aus Kohlenhydraten, kräftigt das Nervensystem und die Herzfunktion, hält geistig frisch.	Schweinefleisch, Vollkorngetreide, Nüssen, Samen, Gemüse, Kartoffeln, Leber, Hülsenfrüchten, Bierhefe	Konzentrationsmangel, Muskelkrämpfe, Müdigkeit, Reizbarkeit, Appetitmangel, depressive Verstimmungen, Herzrhythmusstörungen	10–100 mg
Vitamin B2 (Riboflavin)	Baut Muskeln beim Sport auf, produziert Stresshormone (Adrenalin), kurbelt den Fett- und Eiweißstoffwechsel an, regelt den Energiehaushalt, wichtig für die Zellatmung und eine gesunde Haut.	Leber, Huhn, Eiern, Milch, Nüssen, Samen, Seefisch, Vollkorngetreide, Salat	Nur bei Unterernährung oder milchfreier Kost: brennende Augen, Risse an Mundwinkeln und Lippen, schuppige Haut, Konzentrationsmangel	10–100 mg

Vitalstoffe im Überblick

Vitamin	Funktionen im Körper	Enthalten in	Mangelsymptome	Tagesbedarf
Vitamin B3 (Niazin)	Kräftigt das Nervensystem, stellt Energie bereit, baut Fett und Eiweiß auf bzw. ab, wichtig für den Gehirnstoffwechsel und die Sauerstoffkapazität des Bluts.	Magerem Fleisch, Fisch, Geflügel, Gemüse, Weizenkeimen, Bierhefe, Nüssen	Müdigkeit, Muskel- und Nervenschwäche, Reizbarkeit, Appetitlosigkeit, schlechte Haut, Durchfall	Frauen 15 mg; Schwangere 17 mg; Stillende 20 mg; Männer 18 mg
Vitamin B5 (Pantothensäure)	Baut Koenzym A auf und Fett ab, verhindert Entzündungen, produziert Antistresshormone, wichtig für den Energiehaushalt, gesunde Haut und Haare.	Innereien, Hülsenfrüchten, Vollkorn, Eigelb, Grüngemüse, Weizenkleie, Milchprodukten, Gelée royale	Hautschäden, schlechte Wundheilung, Haarausfall, vorzeitig ergraute Haare, Taubheit und Krämpfe in den Gliedmaßen, Konzentrations- und Lernschwäche, Reizbarkeit	1–6 mg
Vitamin B6 (Pyridoxin)	Baut Aminosäuren auf, bildet Blut und Magensäure, reguliert das Immunsystem, den Wasserhaushalt und den Blutzuckerspiegel, hilft bei der Nervenarbeit, hält Natrium und Kalium in Balance.	Muskelfleisch, Leber, Vollkorn, Weizenkeimen, Bierhefe, Fisch, Avocados, Bananen, Hülsenfrüchten	Schlechte Haut, depressive Verstimmung, Gereiztheit, Haarausfall, Kreislaufstörungen, rissige Mundwinkel, Konzentrationsschwäche, Muskelschwäche	20–200 mg

Vitalstoffe im Überblick

Vitamine	Funktionen im Körper	Enthalten in	Mangelsymptome	Tagesbedarf
Folsäure	Stärkt Nerven und Leber, sorgt für Dynamik, Zufriedenheit, gute Laune und Appetit, wichtig für die Zellerneuerung, Wachstum und die Magen-Darm-Tätigkeit, bildet Blut.	Leber, Nieren, magerem Fleisch, dunkelgrünem Blattgemüse, Erdbeeren, Käse, Bierhefe, Kartoffeln, Sojabohnen, Milch	Geistige Müdigkeit, Unruhe, Angst, Schlafstörungen, mangelnde Lebensfreude, Gedächtnisschwäche, Wachstumsstörungen, Blutarmut	1–5 mg
Vitamin B12 (Kobalamin)	Bildet Blut, stärkt die Nerven, verbessert die Eisenverwertung, baut Knochen auf, unterstützt Wachstum, Energiestoffwechsel und Muskelarbeit.	Fleisch, Leber, Nieren, Fisch, Eiern, Milch, Käse, Hefe	Blutarmut, Schleimhautschäden, Müdigkeit, Depression, Nervosität, Sehprobleme	15–150 µg
Biotin	Wichtig für gesunde Haut, Haare, Fingernägel und Schleimhäute, gibt den Nerven Energie, sorgt für eine gesunde Darmflora, reguliert den Blutzuckerspiegel.	Orangen, Leber, Eigelb, Tomaten, Sojamehl, Sojabohnen, Bierhefe, Nüssen	Fettige oder trockene Haut, stumpfe Haare, brüchige Nägel, Abgespanntheit, Muskelschmerzen	30–300 µg
Cholin	Erhält Hirn- und Nervenzellen, reguliert den Fettstoffwechsel und den Cholesterinspiegel, unterstützt die Leber, entspannt, hält jung.	Eigelb, Leber, Vollkorn, Gemüse, Bierhefe, Lezithin	Vergesslichkeit, Konzentrationsschwäche, Ein- und Durchschlafstörungen, Angstzustände, Kreislaufbeschwerden	50–100 mg

Die Schutzwirkung von Biostoffen

Die Biostoffe haben noch ganz andere Funktionen: Sie entgiften unseren Körper und fangen zerstörungswütige freie Radikale ab. Das sind energiegeladene Teilchen, die durch Umweltgifte, Smog, Ozon, Zigarettenqualm, Sauerstoffmangel entstehen und unsere Zellen systematisch angreifen. Sie verursachen Krebserkrankungen, »Rheuma«, Alzheimer, beschleunigen Arteriosklerose und Faltenbildung der Haut. Ihnen sind wir, ohne es zu merken, tagein, tagaus ausgesetzt.

Die gute Nachricht: Durch die richtige Ernährung mit den wichtigsten Biostoffen können wir nicht nur gefährliche Giftstoffe und freie Radikale entwaffnen. Wir erleben auch schon bald einen Vitalschub, der sich durch körperliche Fitness und geistige Frische bemerkbar macht.

*»Sprich nicht davon, wie man essen soll, sondern iss, wie man soll!«
(Epiktet)*

Wann Nahrungsergänzung nötig ist

Unsere Böden (Kunstdüngung, saurer Regen) sind häufig erschöpft. Wenn wir beispielsweise die tägliche Dosis Magnesium auf natürliche Weise aufnehmen wollten, müssten wir elf Bananen, drei Pfund Kartoffeln und ein Kilogramm Käse essen. Wenn wir genug Vitamin E haben wollen, müssten wir 62 Tassen Spinat essen. Den täglichen Kalziumbedarf könnten wir mit vier Gläsern Milch, einer Dose Lachs mit Gräten, 180 Gramm Tofu und zwei Tellern schwarzer Bohnensuppe decken. Wer will das aber?

Manchmal ist es schwierig, alle notwendigen Vitalstoffe über die Nahrung aufzunehmen – oder können Sie ein Kilogramm Käse verdrücken? Der Bluttest sagt Ihnen, wann eine Ergänzung durch entsprechende Präparate sinnvoll ist.

Was Nahrungsergänzungsmittel sind

Hinter dem Begriff verbergen sich unterschiedliche Substanzen:

- Vitamine (z. B. die fettlöslichen Vitamine A, D, E, K)
- Mineralstoffe (z. B. Kalzium, Magnesium)
- Enzyme (z. B. Koenzym Q10)
- Aminosäuren (z. B. Karnitin)

Ob und wie Sie mit Nahrungsergänzungsmitteln eine bessere Versorgung Ihres Körpers erreichen können, zeigt der Bluttest. Was Sie zusätzlich einnehmen, sollten Sie am besten mit Ihrem Arzt abstimmen.

Multi heißt nicht Allround

Enthalten Multipräparate alles, was ich brauche? Nein. Magnesium und Kalzium sind meist relativ gering dosiert. Wenn Sie ein Multivitaminpräparat kaufen, achten Sie auf eine große Bandbreite des Präparats: Es sollte A, D, K und alle B-Vitamine (B1, B2, B6 und B12, Niazin und Folsäure) enthalten, außerdem die Spurenelemente Kupfer, Eisen, Mangan, Zink.

Übrigens: Nehmen Sie ein Präparat, das Eisen enthält, zu einer anderen Mahlzeit als ein Kalziumpräparat, denn beide Mineralien konkurrieren bei der Aufnahme im Körper.

Wenn Sie Energieriegel kaufen, sollten Sie auf die Zusammensetzung achten. Oftmals steckt zu viel Fett drin.

Fett – Fitmacher und Fettmacher

Zunächst einmal: Fett ist nichts Schlechtes. Fett ist sogar wichtig. Es verleiht vielen Speisen den guten Geschmack. Es transportiert wertvolle Vitamine und die unentbehrlichen (essenziellen) Fettsäuren, die für den Aufbau von Nerven und Gehirnzellen bedeutend sind. Prinzipiell ist Fett eine geniale Erfindung der Evolution. Denn die Fettmoleküle (Triglyzeride) sind geballte Kraft, eine konzentrierte, nahezu unerschöpfliche Energiequelle.

Ein Gramm Fett liefert neun Kilokalorien – mehr also doppelt so viel wie Kohlenhydrate und Eiweiß. Früher konnten jene, die viel Speck angesetzt hatten, Notzeiten besser überleben. Früher. Heute, wo es bei uns billige Nahrung satt gibt, ist der segensreiche Speicher unter der Haut zum Fluch für Millionen geworden.

Worin besonders viel »böses« Fett steckt

- Cremespeisen
- Dicke, fettige Saucen
- Dressings
- Fettes Fleisch (Hackfleisch)
- Frittiertes (Pommes frites)
- Gänseschmalz
- Kuchen, Süßigkeiten
- Mayonnaise

Das richtige Fett

Fett ist nicht gleich Fett. Vom chemischen Aufbau her sind alle Fette gleich. Sie bestehen aus Glyzerin und drei Fettsäuren. Doch diese Fettsäuren können sehr unterschiedlich sein. Die gesättigten Fettsäuren stecken in tierischen Produkten. Unser Körper kann sie selbst bilden – ungesättigte Fettsäuren nicht. Die müssen mit der Nahrung geliefert werden. Es kommt also auf die Auswahl an.

Die für uns hochwertigen ungesättigten Fettsäuren sind in der Regel in weichen und flüssigen Fetten meist pflanzlicher Herkunft (Gemüse, Nüsse, Samen, Oliven) enthalten.

- Lein-, Soja-, Distel-, Maiskeim- und Sonnenblumenöl liefern lebenswichtige Bausteine für Hormone und Abwehrstoffe.
- Raps- und Olivenöl wirken günstig auf den Cholesterinspiegel.

Wir sollten also möglichst oft Gerichte essen, die mit Pflanzenölen zubereitet sind.

Einfache Grundregel für gesundes Essen: Pflanzliche Fette sind tierischen Fetten vorzuziehen.

Die Speicherkapazität der Fettzellen

Zu viel Fett macht fett. Wir sind von Feinden umzingelt. Es können beim Erwachsenen bis zu 500 Milliarden sein – Fettzellen (Adipozyten), deren Natur es ist, Fett zu speichern. Möglichst Nahrungsfette, die verdaut und mehrfach umgebaut über den Blutstrom ihren Weg finden. Sie sind auf Speicherung für schlechte Zeiten programmiert, sie füllen sich mit den Triglyzeriden auf, blähen sich auf und wachsen zu den größten Zellen des Körpers. Alles ist in Ordnung, wenn wir nur so viel essen, wie wir verbrauchen. Dann schwillt die Zelle an und schrumpft wieder. Wer mehr futtert, als er verbraucht, setzt einen verhängnisvollen Kreislauf in Gang: Die Fettzellen vergrößern sich allmählich. Wenn der Fettgehalt des Körpers rund 30 Kilogramm beträgt, beginnt der Organismus, neue Zellen zu produzieren – um den Über-Überschuss speichern zu können.

Kleister für Gefäße und Gehirn

Aus den überschüssigen Energiereserven baut unser Organismus Körperfett auf, das Schutzfunktionen erfüllt, aber auch Ursache für Zivilisationskrankheiten ist. Fett wird auf den Rippen gespeichert, in der Leber, sogar im Gehirn. Klar, das stört den Infotransport zwischen den Gehirnzellen; Denkprozesse und Konzentration leiden. Von der Verfettung besonders betroffen ist das ein paar tausend Kilometer lange Netz unserer Gefäße, also die Blutbahnen. Menschliche Leistungsfähigkeit lässt sich vor allem an der optimalen Durchblutung und Sauerstoffdurchflutung aller Organe festmachen. Aber wie wollen wir Höchstleistung bringen, wie voller Energie und Kreativität sein, wenn die Gefäßwände verkleistert sind oder zu verstopfen drohen – mit Fett.

>»Die Fetten leben kürzer. Aber sie essen länger.« (Stanislaw Jerzy Lec)

Übergewicht – Teufelskreis für die Seele

Wenn der Leib zum Feind der Seele wird: »Übergewicht war das Gift in meinem Leben. Ich kenne alle Wechsel der Stimmungen, all die Depressionen, die durch Übergewicht verursacht werden. Ich weiß, wie es ist, wenn man in den Spiegel schaut und versucht, all die überflüssigen Zentimeter wegzuklemmen. Und was es für ein Gefühl ist, sich so für seine Figur zu schämen, dass man morgens gar nicht aufstehen will.« Eine prominente Übergewichtige, Sarah, Herzogin von York, denkt mit Grausen an diese Zeiten zurück. Manche nannten sie despektierlich Duchess of Pork – die Schweinchenherzogin. Den Tiefpunkt ihrer Leidensgeschichte hatte sie erreicht, bekannte Fergie in einem Weight-Watchers-Vortrag, »als die englische Presse behauptete, laut Umfragen würden 82 Prozent der Männer lieber mit einer Ziege als mit mir schlafen. Es war schrecklich, und je mehr ich so was las, desto mehr war ich überzeugt: Ich bin eine Katastrophe. Da gab es für mich nur eines: essen, essen, essen.«

Fit mit weniger Fett

Hierzulande gelten 40 Prozent der Bevölkerung als übergewichtig, jeder Fünfte sogar als fettleibig. Übergewicht überschattet das Lebensglück von Millionen, kann zur Karrierebremse und zum privaten Martyrium werden – auch wenn es viele nicht zugeben oder wahrhaben wollen. Typisch dabei sind körperliche Beschwerden wie Erschöpfungszustände, Schweratmigkeit, chronische Müdigkeit und Leistungsschwäche. Psychisch leiden viele Übergewichtige unter Konzentrationsschwäche, Lustlosigkeit und depressiven Verstimmungen.

Also Ballast abwerfen, fettärmer leben. Weniger Fett in unserem Essen bedeutet letztlich weniger Fett auf den Rippen – und in den Gefäßen. Gewicht verlieren, dafür Lebensfreude, Vitalität und Energie gewinnen. Der Lohn lohnt sich:

- Eine schlankere Figur
- Ein geringes Krankheitsrisiko
- Ein längeres Leben
- Mehr Energie

> »Wenn Sie gesund sein wollen, müssen Sie essen. Nicht Nahrung macht Sie dick, sondern Fett macht Sie fett.«
> (Susan Powter; »Ohne Diät geht's auch«)

Vorsicht – versteckte Fette

Überall lauern Fettnäpfchen. Die typischen, tückischen Dickmacher – das sind die versteckten Fette in Wurst, Käse, Sahne, Süßigkeiten und Snacks. Scheinbar zarte Wiener Würstchen (70 Gramm) bestehen aus 20 Gramm Fett; eine einzige Praline hat fünf Gramm Fett.

Links im Kasten unten finden Sie pflanzliche Fette, rechts die tierischen. Allerdings sollten Sie nicht alle gleich verteufeln. Denn Macadamia, Avocado und fettreicher Fisch enthalten gesunde Fette.

Die zehn größten Fettfallen

Macadamianüsse	78 %	Mascarpone	48 %
Kokosraspel	62 %	Entenfleisch	43 %
Kartoffelchips	40 %	Fleischkäse	40 %
Avocados	25 %	Räucheraal	29 %
Pommes frites	20 %	Schillerlocken	24 %

»Light« bedeutet nicht fettarm

Auch so genannte Lightprodukte sind nicht automatisch fettarm. Light oder leicht sagt lediglich aus, dass dem Produkt irgendetwas entzogen wurde (z. B. Zucker oder Koffein).

Selbst die Behauptung »30 oder 40 Prozent verringerter Fettgehalt« heißt nicht fettarm. Entscheidend ist immer die Angabe über den Fettgehalt pro 100 Gramm auf dem Zutatenetikett.

Wie und wo Sie Fett sparen können

Für einen Kopfarbeiter wäre eine Tagesration von 60 Gramm Fett völlig ausreichend. Drosseln Sie also Ihren Fettverbrauch:

● Fettarme Käsesorten (Harzer Käse, Hüttenkäse, Kochkäse) kaufen
● Statt süßer Sahne (32 Gramm Fett) Buttermilch (0,5 Gramm), statt Crème double (40 Gramm) lieber fettarmen Kefir (1,5 Gramm) kaufen
● Magere Fleisch- und Wurstsorten wählen (Geflügelwurst, Lachsschinken, Roastbeef, Gemüse-Puten-Wurst, Fleisch in Aspik)
● Schneiden Sie die sichtbaren Fettränder vom Fleisch
● Mit Streichfett, besonders Butter, geizen
● Beschichtete Pfannen nur mit Öl auspinseln. Fett nach dem Anbraten von Fleisch aus der Pfanne gießen
● Gurke, Radieschen, Tomate aufs Brot – statt dick Käse und Wurst
● Joghurt oder püriertes Gemüse in Saucen – statt Crème fraîche
● Statt Fett mehr Gewürze und reichlich frische Kräuter als Geschmacksträger einsetzen
● Statt Mousse au chocolat (16 Gramm Fett) lieber Gummibärchen (0 Gramm), statt Schokolade (30 Gramm) Mohrenköpfe (0,2 Gramm)

Fett schmilzt nicht wie von Zauberhand. Durch Kalorienzählen wird keiner schlank. Wer abnehmen will, muss Speck verheizen.

Werden Sie zum Fatburner

Vergessen Sie Diäten. Wenn Sie nur Fett vermeiden, vermeiden Sie noch lange nicht, dass Sie irgendwann doch fett werden. Sie müssen Fett verbrennen. Die Natur macht es vor.

Wovon ernährt sich ein Eichhörnchen? Von Nüssen. Nüsse bestehen aus 60 Prozent Fett. Doch haben Sie schon mal ein fettes Eichhörnchen gesehen? Nein. Eichhörnchen bleiben rank und schlank, weil sie ständig Bäume rauf- und runtersausen. Sie sind wie Maschinen, die Tag und Nacht Fett verbrennen.

Zehn simple Tricks – wie Sie sich fit essen

1. Schwarz auf weiß: Notieren Sie eine Woche lang, was Sie essen, inklusive aller Sünden. So offenbaren sich Schwachstellen.

2. Essen Sie regelmäßig: Frühstück nicht ausfallen lassen. Am besten Müsli mit Joghurt und Obst – das hält lange vor. Wer morgens hungert, tankt die fehlende Energie oft vielfach nach.

3. Öfter kleine Mahlzeiten: Mit fünf kleinen Mahlzeiten kommt Ihr Körper meist besser zurecht als mit drei großen. Üppige Gelage belasten die Verdauung und machen müde.

4. Reichlich trinken: Ihr Körper braucht viel Flüssigkeit, also täglich mindestens zwei Liter Mineralwasser, verdünnte Fruchtsäfte, Tee (am besten grünen Tee) kippen. Beginnen Sie den Tag mit einem Glas Wasser.

5. Fünf gewinnt: Gemeint sind fünf Portionen Obst und Gemüse täglich. Wer sich daran hält, braucht keine Diät.

6. Korn für Korn: Steigen Sie auf Vollkorn um. Zuerst beim Brot, später beim Reis und den Nudeln.

7. Entwöhnen Sie sich von Junkfood: Das ist powerloses Zeug. Entdecken Sie, wie gut Ihnen Salate, Gemüse und Früchte tun – echte Powernahrung.

8. Entwickeln Sie Ihr eigenes Kochtalent: Lernen Sie Frisches einkaufen. Schluss mit Tütenaufreißen und Dosenöffnen.

9. Packen Sie clever ein: Nehmen Sie sich Fitsnacks und frisches Obst mit ins Büro.

10. Meiden Sie zu spätes Abendessen: Unsere Natur verübelt nächtliche Schlemmerei (nach 21 Uhr). Die Verdauung verzögert sich. Der Organismus soll nachts nicht auf Höchststufe arbeiten, sondern regenerieren, wenn wir morgens energiegeladen aufwachen wollen.

Oft wird Durst zu spät erkannt. Müdigkeit, Konzentrationsmangel, Kopfschmerzen sind oft Folge von Wassermangel im Körper. Deshalb: Trinken Sie schon, wenn Sie noch keinen Durst haben.

Das Turbovitamin C

Eichhörnchen können allerdings auch selbst Vitamin C produzieren. Das können wir nicht. Wir sollten deshalb täglich eine ordentliche Portion Vitamin C zuführen. Ein Zuviel kann nicht schaden; es ist wasserlöslich und wird einfach ausgeschieden.

Übrigens: Dicke Menschen leiden oft an Vitamin-C-Mangel. Der Körper kann ungefähr fünf Gramm in den Nebennieren speichern.

Fett verbrennt nur im Muskel

Fett verbrennt einzig und allein im Muskel. Doch häufig haben unsere Muskeln die Fähigkeit verloren, Fett zu verbrennen. Ein normaler Körper besitzt nur noch zehn Prozent fettverbrennende Enzyme. Was also überzeugt den Muskel, damit er wieder Fett verbrennt? Wie lässt sich das brachliegende Potenzial wieder aktivieren? Wie können wir unseren Körper wieder zu einer Fettverbrennungsmaschine umfunktionieren? Ganz einfach. Beispielsweise, wenn wir uns ganz leicht, ganz locker bewegen, wenn der Muskel dabei mit genug Sauerstoff versorgt wird (aerober Bereich, also Sauerstoffüberschuss). Dann, nur dann bilden sich wieder Millionen jener fettvernichtenden Enzyme.

Was die Fettverbrennung ankurbelt

Hungern, Blitz- oder Crashdiäten bringen garantiert keinen Erfolg. Auf Dauer nützt es nichts, nur Kalorien zu sparen. Wir müssen mehr Kalorien verbrennen. Diese Fettverbrennung können wir mit ganz natürlichen Mitteln stimulieren und in Gang setzen – mit Hilfe von so genannten lipolytischen Substanzen. Nein, das sind keine geheimnisvollen Wunderstoffe, es sind Vitalstoffe, die den nötigen Zündfunken für die Bildung hilfreicher Hormone liefern. Sie gehören schon immer zu unserem genetischen Programm. Wir müssen diese Programme nur wecken und clever nutzen.

Jod – der Zündfunke

Jodmangel macht dick. Wenn unserem Körper Jod fehlt, fehlt Treibstoff für den Stoffwechselmotor, die Schilddrüse. Das Schilddrüsenhormon Thyroxin dient als Zündfunke für die Fettverbrennung. Es besteht aus Jod und der Aminosäure Tyrosin, die in Milchprodukten, Käse, Seefischen und Soja steckt.

Je weniger Vitamin C der Körper zur Verfügung hat, umso weniger kann er die Schlankmacherhormone (Noradrenalin, Adrenalin) produzieren.

Magnesium organisiert den Fettabbau

Der Mineralstoff Magnesium organisiert die Sauerstoffversorgung der Zellen – und damit auch die Fettverbrennung. Denn ohne Sauerstoff verbrennt kein Fett. Magnesium ist zwar in Bananen, Nüssen, Samen, Kernen, Kartoffeln und auch Käse enthalten – doch leider nicht genug. Es empfiehlt sich daher, das Leistungsmineral Magnesium pur (täglich 300 bis 600 Milligramm) zuzuführen.

Karnitin

Dieser wichtige Eiweißstoff transportiert das Fett aus dem Blut heraus in die Zellen – zur Verbrennung. Leider produziert der Körper nur eine geringe Menge Karnitin – und auch nur dann, wenn ausreichend Vitamin C, Vitamin B6 und Eisen zur Verfügung stehen. Den höchste Karnitingehalt weist Lammfleisch auf, aber auch Geflügel und Milchprodukte sind gute Karnitinquellen.

Das genetische Programm zum Schlanksein bzw. Abnehmen steckt in jedem von uns. Wir müssen es nur wieder wecken – und nutzen.

Zink

Zink baut Eiweißstrukturen, also Muskeln auf und stimuliert zusammen mit Eiweiß den Körper zur Produktion von Testosteron – das Hormon für innere Kraft und Antrieb. Wenn Sie sich oft lustlos und schlapp fühlen, kann die Ursache ein zu niedriger Testosteronspiegel sein. Täglich 15 Milligramm Zink können für mehr Power sorgen.

Taurin

In den Werbeversprechungen für Energydrinks verleiht der Eiweißstoff Taurin Flügel. Er hilft der Hirnanhangsdrüse, ihre Hormone zu verschicken, vor allem das Wachstumshormon, das fettschmelzende Wirkung besitzt. Taurin spielt auch im Gallensäurestoffwechsel, also bei der Fettverdauung, eine Rolle. Der natürliche Schlankmacher steckt in Leber, Krabben und Muscheln.

Methionin

In der Fettverbrennung mischt die Aminosäure Methionin mehrfach mit: beispielsweise beim Abtransport der Fette zur Verbrennung und bei der Bildung von Stresshormonen, die schließlich an den Fettpolstern zehren. Methionin steckt u. a. in Leber, Eigelb, Fisch, Geflügel, Soja, Käse, Joghurt, Linsen.

Noradrenalin schafft Energieschübe

Das positive Stresshormon Noradrenalin sorgt dafür, dass besonders viel Fett in Energieschübe umgewandelt wird, die es uns ermöglichen, Höchstleistung zu bringen. Wenn Noradrenalin gebraucht wird, schütten es die Nebennieren aus, schicken es in die Blutbahn – und es landet in der Fettzelle, um sofort Fett für die Energiegewinnung abzusaugen.

Somatotropin – schlank im Schlaf

Somatotropin heißt ein in der Hirnanhangsdrüse gebildetes Wachstumshormon, das während des Schlafs für die Erneuerung von Körpergewebe sorgt. Diese gewaltige Arbeit kostet natürlich Energie, die aus der Fettverbrennung kommt. Für reibungsloses Funktionieren muss auch hier hochwertiges Eiweiß zur Verfügung stehen, außerdem Vitamin C, B6 und die Spurenelemente Zink und Mangan.

Glukagon braucht Eiweiß

Das Hormon entsteht in der Bauchspeicheldrüse und ist ein Gegenspieler des Dickmachers Insulin. Die Bildung ist abhängig von hochwertiger Eiweißzufuhr (Joghurt, Quark, Fisch, Geflügel, Lamm, mageres Rindfleisch). Glukagon sorgt dafür, dass Fett aus den Fettspeichern gesaugt und zur Energiegewinnung herangezogen wird.

»Californian Nightburner«

Essen Sie vor dem Schlafengehen einen Happen Eiweiß pur (Roastbeef, Hähnchenfleisch, Forellenfilet, Tofu). Dazu frisch gepressten Zitronensaft trinken. Die Zitronensäure verwandelt das Eiweiß zu Aminosäuren, die über das Blut zur Hirnanhangsdrüse strömen. Die Produktion der Wachstumshormone kommt auf Hochtouren.

Ab dem 35. Lebensjahr lässt bei vielen die Produktion von Magensäure nach – dass führt zu Gewichtsproblemen. Wenn Sie kurz vor der Mahlzeit einen Esslöffel Apfelessig (mit Wasser oder Apfelsaft vermischt) einnehmen, regt das die Magensäureproduktion an.

Das richtige Gewicht für mehr Energie

Wie steht es um Ihre körperliche Leistungsfähigkeit? Wenn Sie einen Überblick gewinnen wollen, sollten Sie zwei Dinge beachten:
● Ihren Fettgehalt im Körper
● Ihre Leistungsparameter im Blut

Das persönliche Traumgewicht

Der BMI-Sollwert bei Männern: 20 bis 25; bei Frauen: 19 bis 24.
• BMI unter 19 bedeutet: leichtes Untergewicht
• BMI 25 bis 30 bedeutet: leichtes Übergewicht
• BMI über 30 bedeutet: starkes Übergewicht (Adipositas)

Die Waage hat wenig Aussagekraft. Am genauesten können Sie Ihr Idealgewicht bestimmen, wenn Sie es mit dem Bodymass-Index (BMI) errechnen:

$$BMI = \frac{\text{Körpergewicht in Kilogramm}}{\text{Körpergröße in Meter zum Quadrat}} = X$$

Der Fettanteil im Körper

Doch auch der Bodymass-Index allein liefert noch kein zuverlässiges Bild über Ihren körperlichen Zustand. Maßgeblich ist vor allem der Fettanteil im Körper.

Den können Sie mit einer Fettzange (Caliper) messen. Zuverlässiger jedoch funktionieren elektronische Waagen (z. B. von der Firma Tanita). Sie stellen sich da ganz normal mit nackten Füßen drauf. Mit Hilfe von Schwachstrom wird der Widerstand der Zellen gemessen und so der prozentuale Körperfettanteil exakt bestimmt.

So ermitteln Sie Ihren BMI: Legen Sie ein Lineal bei Ihrer Größe und Ihrem Gewicht an. In der Mitte lässt sich so der BMI ablesen.

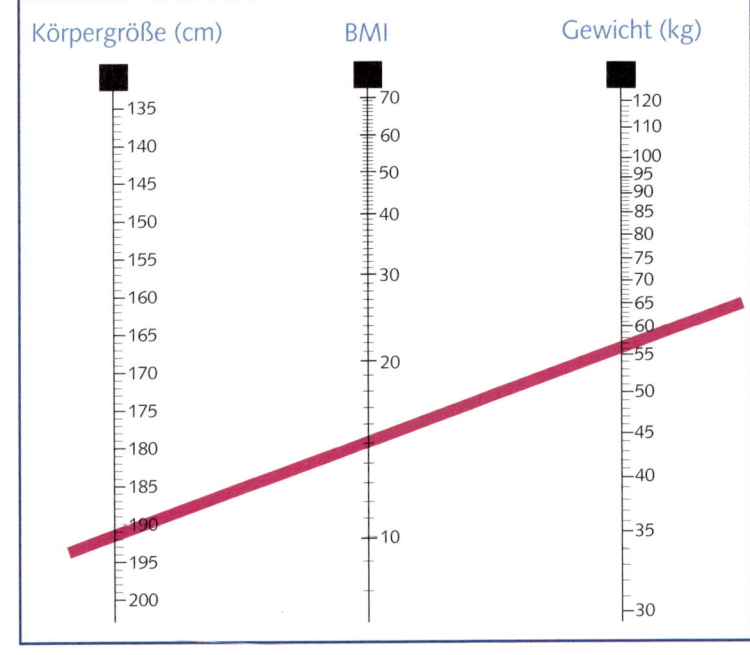

Körperfettanteil bei Männern

Alter	Sehr gut	Gut	Mittel	Schlecht
20 bis 24	10,8	14,9	19,0	23,3
25 bis 29	12,8	16,5	20,3	24,3
30 bis 34	14,5	18,0	21,5	25,2
35 bis 39	16,1	19,3	22,6	26,1
40 bis 44	17,5	20,5	23,6	26,9
45 bis 49	18,6	21,5	24,5	27,6
50 bis 59	19,8	22,7	25,6	28,7
60 und älter	20,2	23,2	26,2	29,3

Körperfettanteil bei Frauen

Alter	Sehr gut	Gut	Mittel	Schlecht
20 bis 24	18,9	22,1	25,0	29,6
25 bis 29	18,9	22,0	25,4	29,8
30 bis 34	19,7	22,7	26,4	30,5
35 bis 39	21,0	24,0	27,7	31,5
40 bis 44	22,6	25,6	29,3	32,8
45 bis 49	24,3	27,3	30,9	34,1
50 bis 59	26,6	29,7	33,1	36,2
60 und älter	27,4	30,7	34,0	37,3

Abspecken auf die Schnelle – das funktioniert einfach nicht. Der Stoffwechsel braucht einige Zeit, um sich auf eine gesteigerte Fettverbrennung umzustellen.

Der Fett-weg-Check

Selbstkontrolle: Wenn Sie die wichtigsten Regeln für das alltägliche Fettsparen beherzigen und anwenden wollen, sollten Sie diesen Test machen. Er wurde vom Ernährungsberater und Sportmediziner Jack L. Groppel aus Orlando, Florida, entwickelt, der u. a. Tennisstars wie Michael Chang und Monica Seles berät.

Das tägliche Ziel sind 27 Ja-Punkte; pro Woche 189 Punkte.

Fragen	Ja	Nein
● Ich habe ein gesundes Frühstück zu mir genommen.	☐	☐
● Ich habe heute morgen heiß-kalt geduscht.	☐	☐
● Ich habe gezielt gegessen, um meine körperliche und geistige Leistungsfähigkeit auf ein hohes Niveau zu bringen.	☐	☐
● Ich habe immer nur kleine Happen gegessen und die Mahlzeiten auf mindestens fünf kleine Portionen verteilt.	☐	☐
● Ich habe ein fettarmes Milchprodukt gegessen.	☐	☐
● Ich habe mindestens zweimal Obst gegessen.	☐	☐
● Das Fett, das ich gegessen habe, bestand zum größten Teil aus ungesättigten Fettsäuren (Olivenöl).	☐	☐
● Ich habe heute mindestens eineinhalb bis zwei Liter Wasser oder Saft getrunken.	☐	☐
● Ich habe so wenig raffinierten Zucker wie möglich gegessen (Bonbons, Schokolade, Kuchen).	☐	☐
● Ich habe zum Dessert Nein gesagt.	☐	☐
● Ich habe auf Gebratenes verzichtet.	☐	☐
● Ich habe sehr wenig (unter einem Teelöffel) Mayonnaise oder Salatdressing gegessen.	☐	☐
● Ich habe meinen Kaffeekonsum durch zwei Tassen bzw. drei Tassen Tee ersetzt.	☐	☐

Der Fett-weg-Check

Fragen	Ja	Nein
● Ich habe maximal ein Glas Colagetränk oder Limonade getrunken.	❑	❑
● Ich habe nur wenig Salz ans Essen getan.	❑	❑
● Ich habe mir maximal ein alkoholisches Getränk gegönnt.	❑	❑
● Ich habe mindestens zwei Portionen Gemüse gegessen.	❑	❑
● Ich habe ein Etikett mit den Nährstoffangaben gelesen.	❑	❑
● Ich bin mindestens eine halbe Stunde lang zügig spazieren gegangen.	❑	❑
● Ich habe reichlich Ballaststoffe (z. B. Kartoffeln, frisches Gemüse) gegessen.	❑	❑
● Ich habe nur fettarmes Fleisch (z. B. Huhn ohne Haut) gegessen.	❑	❑
● Ich habe nur wenig Butter (unter einem Löffel) oder Margarine gegessen.	❑	❑
● Ich habe nie Durst aufkommen lassen.	❑	❑
● Ich habe nicht mehr als 120 Gramm Rind- oder Schweinefleisch gegessen.	❑	❑
● Ich habe heute Push-ups gemacht.	❑	❑
● Ich bin heute mindestens 30 Minuten gelaufen.	❑	❑
● Ich habe Krafttraining gemacht.	❑	❑
● Ich habe mit Genuss gegessen.	❑	❑
● Ich habe bewusst gegessen.	❑	❑
● Ich habe mir Zeit fürs Essen genommen und in Ruhe gekaut.	❑	❑
● Meine Essgewohnheiten hatten keine Auswirkung auf meinen Schlaf.	❑	❑

Mehr Energie durch Bewegung

Stubenhocker schlaffen schneller ab

Nein, wir Menschen sind von der Natur nun mal nicht als Sitzriesen oder Stubenhocker vorgesehen. Als faule Hunde sind wir eine Fehlkonstruktion. Eine biologische Tatsache.

Nein, wir sind nicht dazu geschaffen, nichts zu tun. Unser Lebensstil hat sich zwar in den letzten Jahren dramatisch geändert, aber nicht unser Erbgut. Immer mussten Menschen für ihren Lebensunterhalt schwer schuften. Sie mussten jagen, Beute schleppen, pflügen, Behausungen bauen, Holz hacken, Nahrung sammeln – sie waren ständig unterwegs, als Sammler, Jäger, Krieger. Noch vor 100 Jahren war der Mensch mit seiner Muskelkraft zu 90 Prozent am so genannten Gesamtenergieaufkommen beteiligt. Und heute? Diese Marke ist unter ein Prozent gerutscht: Maschinen haben uns die Arbeit abgenommen.

»Zu unserer Natur gehört die Bewegung; die vollkommene Ruhe ist der Tod.« (Blaise Pascal)

Bewegung ist Teil des Betriebsplans

Wir modernen Menschen sind zwar außerordentlich beweglich (mobil) geworden – aber die meisten bewegen sich viel zu wenig. Wir fahren ins Büro, hocken am Schreibtisch, fahren wieder nach Hause, sitzen vor dem Computer oder im Fernsehsessel und legen uns schließlich schlafen. In der Antike war der Fluss Sinnbild des Lebens. Heraklit, der griechische Philosoph, sagte: »Panta rhei – alles fließt.« Stimmt, wir Menschen sind gesund und in der Balance, wenn alles fließt.

● Blut, das den Körper mit Sauerstoff versorgt
● Lymphe, die Schlacken und Gifte abtransportiert
● Gehirn- und Rückenmarkflüssigkeit (Liquor), die unsere Steuerzentrale mit Nährstoffen versorgt
● Informationen, die durch Nervensignale weitergegeben werden
● Energie, die der Motor für alle Körperfunktionen und unseren gesamten Antrieb ist

Es liegt in den Erbanlagen

Im Betriebsplan unseres Gesamtstoffwechsels ist also weiterhin Bewegung vorgesehen. Der Bewegungsdrang von Kindern ist der beste Beweis, dass unsere Erbanlagen unverändert sind. Der Mensch ist nun mal zur Bewegung geboren.

»Du bist doch nur so fitnessgeil, weil du sonst depressiv würdest«, beschwerte sich Warren Beatty, als Madonna morgens um fünf auf dem Hometrainer schwitzte – statt mit ihm im Bett. Es sei genau umgekehrt, hat sie lachend erwidert, sie würde depressiv, wenn sie im Morgengrauen nicht auf den Stairmaster ginge.

Der kürzeste Weg zur Gesundheit ist immer der Fußweg.

Bewegungsmangel – die fatalen Folgen

Bewegungsmangel kann fatale Folgen haben: Herzinfarkt, Haltungsschäden oder Osteoporose, chronische Müdigkeit, Schlafstörungen oder Bluthochdruck. Ohne hinreichend Bewegung gerät unser Herz, dieser unermüdliche, faustgroße Muskel und Motor unseres Lebens, gewissermaßen in Sauerstoffnot.

Bei vielen verharrt der dynamische Bewegungsapparat leider in Statik. Kein Wunder, wenn sich das rächt, wenn dann z. B. der Rücken schmerzt. Der Grund: die Bandscheiben.

Die Rache der Bandscheibe

Die Bandscheiben erwarten von uns immer noch dasselbe wie vor 5000 Jahren – nämlich regelmäßige Bewegung. Schließlich ist es Aufgabe der Bandscheiben, die Wirbelkörper auf Distanz zu halten. Das kann nur funktionieren, wenn die Bandscheiben mit einer gallertartigen Flüssigkeit prall gefüllt sind.

Doch die Bandscheibe ist nicht wie alles andere im Körper an ein Blutgefäß angeschlossen, das ihr ständig Nährstoffe zuführt und Stoffwechselabbauprodukte abtransportiert. Die Bandscheibe muss für sich selbst sorgen. Nur mit Hilfe der Druck-Saug-Pumpe wird die gallertartige Flüssigkeit ernährt. Die wird ausgelöst, wenn wir uns bewegen.

Wie es zu Rückenschmerzen kommt

Bei jedem Schritt wird die Bandscheibe belastet. Kurz darauf wird sie entlastet. Der innere Kern der Bandscheibe gleicht einem Gummibärchen. Die Druck-Saug-Pumpe drückt ihn ständig zusammen und lässt ihn wieder los. Dieses stetige Wechselspiel zwischen Be- und Entlastung presst die Schlacken und Stoffwechselabbauprodukte aus und saugt neue Nährstoffe an.

Würden wir uns täglich acht, zehn Stunden lang bewegen, wie das ursprünglich in unserem Bauplan stand, blieben die Bandscheiben ewig jung. Doch wir hocken täglich acht, zehn Stunden hinter dem Schreibtisch oder vor der Glotze. Wer wundert sich da über das Resultat: Jeder Zweite über 50 jammert über Rückenschmerzen.

Sich regen bringt Segen

Die Notwendigkeit, sich bewegen zu müssen, haben unsere Urväter in eine einfache Formel gepackt: Sich regen bringt Segen.

Bewegung ist eigentlich ein Urinstinkt – zum gesunden Leben. Denn Bewegung kann so vieles heilen: von Übergewicht bis Rückenschmerz, sogar Depression und Sucht.

Sich regen bringt Segen. Ideal wäre, wenn wir uns acht Stunden am Tag bewegen würden. Dann wären die meisten Krankheiten unbekannt, Kliniken müssten schließen, Ärzte wären arbeitslos und Diätpäpste arme Schlucker.

Bewegung – das bewährte Zaubermittel

Bewegung macht fit, und Fitness vereinigt Körper und Seele zum erfolgreichen Team. Körperertüchtigung, also Sport, beflügelt den Geist – das wussten ja schon die alten Griechen.

Seit ein paar Jahren versuchen Forscher zu ergründen, in welcher Weise Sport unser Gehirn verändert. Mit molekularbiologischen Methoden und Hightech-Diagnostik kommen sie dabei dem Phänomen auf die Spur: Bewegung überschwemmt das Zentralorgan nicht nur mit Nährstoffen – auch die mikroskopische Struktur wird verändert. Fest steht: Fitte Menschen verfügen über mehr Energie. Sie klettern, wie der Schweizer Bergführer Ulrich Inderbinen, noch mit über 90 Jahren auf Viertausender. Fitte Menschen haben bis ins hohe Alter mehr Spaß am Leben, sie laufen Ski oder fahren Rad. Neben der höheren Lebenserwartung haben sie einfach auch mehr Lebensqualität.

»Es gibt kaum noch Gesundheitsstörungen, die sich nicht mit Bewegung therapieren lassen. Bluthochdruck, Fettstoffwechselstörungen und Altersdiabetes sind durch körperliche Aktivität besonders gut zu bekämpfen.« (Klaus-Michael Braumann, Professor für Sportmedizin an der Universität Hamburg)

Die Weisheit des Körpers

Ihre Gefäße sind frei von Verkalkung. Ihr Blut ist dünner, es fließt besser. Ihre Lunge ist gesund, das Herz stark. Sie sind gewissermaßen Milliardäre – an roten Blutkörperchen, die mehr Sauerstoff transportieren können und das Immunsystem schützen. Laufen, Schwimmen, Radfahren – Hauptsache, man kommt mindestens dreimal, besser viermal die Woche für eine halbe Stunde oder mehr ins Schwitzen. Dabei wird der Körper mit Sauerstoff geflutet, der Stoffwechsel angekurbelt.

Die positiven Auswirkungen

Bewegungsapparat

»In drei Monaten kann man einen ganzen Körper umgestalten.« (Dr. Peter Konopka)

● Die Ausdauer nimmt zu.
● Die Muskulatur wächst. Normalerweise verlieren wir zwischen dem 20. und dem 70. Lebensjahr bis zu 40 Prozent Muskelzellen.
● Die Zahl der Zellkraftwerke (Mitochondrien) steigt, dadurch ergibt sich eine bessere Sauerstoffausnützung.
● Überschüssiges Körperfett wird abgebaut.
● Bänder und Sehnen werden besser durchblutet, belastbarer.
● Die Knochen werden besser mit Mineralstoffen versorgt, also belastbarer und elastischer.

Herz-Kreislauf-System

● Der gesamte Organismus wird besser mit Sauerstoff versorgt.
● Das Herz arbeitet ökonomischer: Pulsfrequenz und Blutdruck sinken, das Herzvolumen nimmt zu.
● Die Blutgefäße werden elastischer, die Fließeigenschaft des Bluts wird verbessert.
● Die Blutfettwerte verändern sich: Die Arteriosklerosegefahr sinkt.
● Das Gehirn wird besser durchblutet (mehr Kreativität, Denk- und Erinnerungsvermögen).

Atmung

● Die Vitalkapazität der Lunge steigt.
● Die Atmung wird ökonomischer.
● Die Lunge wird besser belüftet und mit Sauerstoff versorgt.
● Die maximale Sauerstoffaufnahme steigt (tiefere Atmung).

Stoffwechsel

- Das »schlechte« LDL-Cholesterin sinkt ab.
- Das »gute« HDL-Cholesterin nimmt zu.
- Der Harnsäurespiegel sinkt.
- Der Ausscheidungsstoffwechsel (beispielsweise durch Schwitzen) verbessert sich.
- Die Darmtätigkeit wird gefördert.
- Der Organismus kann bei kraftraubenden Stressreaktionen besser gegensteuern.

Psyche

- Das geistig-seelische Wohlbefinden und das Selbstwertgefühl nehmen sehr deutlich zu.
- Das Gesundheitsbewusstsein wird positiv beeinflusst.
- Die Belastbarkeit und Stresstoleranz steigt.
- Das Gefühl für den eigenen Körper erhöht sich nach einiger Zeit sehr deutlich – und damit steigt natürlich auch die gesamte Lebensqualität immens an.

Kleiner Aufwand – große Wirkung

Wie kann man mit relativ geringem Aufwand den größtmöglichen Effekt erzielen? Vor diese Aufgabe sah sich der Sportphysiologe Professor Laurence Morehouse gestellt. Seine Herausforderung: Er sollte für die US-Raumfahrtbehörde NASA ein Fitnessprogramm (siehe Kasten Seite 144) entwickeln – zugeschnitten auf die schwierige, spezielle Situation weltraumreisender Astronauten.

Das erste Problem: Die haben unterwegs wenig Zeit. Das zweite Problem: Die haben im Raumschiff wenig Platz.

Morehouse maßschneiderte ein eher dürftiges Übungsprogramm – doch es erwies sich als »effektiv«, wie Fachleute bestätigen. »Fitness«, erkannte Morehouse, »kann eine Kleinigkeit sein.« Der Beweis ist also erbracht, dass täglich schon ein paar Minuten Bewegung reichen, um die Leistungsfähigkeit zu erhalten.

Wenn wir schon bei Grundregeln sind: Hier noch zwei, die auf Dauer Ihr Wohlbefinden verbessern:

- Nicht sitzen, wenn Sie stehen können
- Nicht stehen, wenn Sie sich bewegen können

»Alle Erwachsenen sollten wenigstens 30 Minuten täglich eine mäßige körperliche Belastung auf sich nehmen, z. B. in Form von schnellem Gehen, Wandern oder Treppensteigen.« (Empfehlung der Weltgesundheitsorganisation WHO)

Das kleine »Instandhaltungsprogramm«

- Täglich mindestens einmal den Körper dehnen
- Täglich zwei Stunden aufrecht stehen
- Täglich mindestens drei Minuten rasch gehen
- Täglich ein großes Gewicht für fünf Sekunden hochheben
- Täglich 300 Kilokalorien durch körperliche Tätigkeit verbrennen

Der Zündfunke für den Stoffwechsel

Überwinden Sie Ihre Trägheit. Sie werden reichlich belohnt. Oft sind es wirklich nur Kleinigkeiten, die sich leicht ändern lassen.

Wir kennen Leute, die können futtern, was sie wollen – die legen einfach nicht zu. Und wir kennen Leute, die reichlich Speck angesetzt haben – die bemühen gerne diese Universalerklärung: Bin leider ein guter Futterverwerter. Ganz oft nur eine faule Ausrede. Forscher an der Mayo-Klinik in Rochester (Minnesota) bestätigten eindrucksvoll, wie regelmäßige Bewegung und Gewichtsklasse zusammenhängen: Sie ließen 16 Probanden acht Wochen lang täglich 1000 Kilokalorien über ihren Bedarf essen; gleichzeitig durften die Testpersonen ihre Lebensgewohnheiten nicht ändern. Resultat: Manche hatte bis zu 7,4 Kilogramm zugenommen, andere nichts. Nicht zu nahmen jene, die ohnehin viel Bewegung in ihren Alltag einbauen. Intuitiv bewegten sie sich jetzt noch mehr, verbrannten über 90 Prozent der »unnötigen« Kalorien. Die Bewegungsfaulen dagegen setzten 70 Prozent dieser Kalorien als zusätzliches Körperfett an: Sie wurden in ihrem Tagesablauf noch träger. Schlussfolgerung der Forscher: möglichst viel Bewegung ins Leben einbauen. Auch die kleinste Bewegung verbrennt Kalorien.

Es muss keine Höchstleistung sein

Nein, Bewegung muss nichts mit Leistungswahn zu tun haben. Die Formel, der einst Fitnessfanatiker nachrannten, ist purer Unsinn: No pain, no gain (wenn es nicht weh tut, bringt es nichts). Bewegung soll Spaß machen. Bewegung sollte spielerisch sein. Bauen Sie also Bewegung in Ihr Leben ein. Aber nicht, weil Sie sollen. Sondern weil Sie wollen. Weil Bewegung gut tut. Treiben Sie Sport. Aber nicht nur, weil Sie andere besiegen wollen, sondern sich. Sich – und den inneren Schweinehund der Bequemlichkeit. Am besten: Sie bewegen sich einfach aus Lust an der Bewegung.

Hier kriegen Sie Ihr Fett weg

Kommen wir noch einmal aufs Fett zurück. Wir hatten schon diskutiert, dass wir nur leistungsfähig sind, wenn alle Organe optimal durchblutet, mit Sauerstoff durchflutet werden. Wir können kaum energievoll und kreativ sein, wenn unsere Gefäßwände fettverkleistert sind. Fett ist, wie gesagt, die Ursache von vielen Übeln.

Nur: Fett vermeiden ist hart. Wir müssen vor allem Fett verbrennen. Möglichst viel. Möglichst oft. Möglichst regelmäßig.

»Der Mensch ist nun mal für Bewegung geschaffen. Der Körper braucht sie von der Organstruktur her – heute wie vor zwei Millionen Jahren. Bewegung ist Leben.« (Prof. Klaus-Michael Braumann)

Tipps für mehr Bewegung im Alltag

- Auf dem Weg zur Arbeit: Lässt es sich einrichten, dass Sie mit dem Fahrrad fahren? Sind Sie auf öffentliche Verkehrsmittel angewiesen?

- Könnten Sie nicht eine Station früher aussteigen?

- Stehen Sie im Bus oder in der Bahn, statt zu sitzen.

- Gehen Sie Treppen, statt Fahrstühle zu nehmen.

- Nehmen Sie zwei Stufen auf einmal.

- Stehen Sie zwischendurch immer mal auf, vertreten Sie sich Ihre Beine. Wippen Sie auf Ihren Zehen.

- Stehen und gehen Sie beim Telefonieren (fördert klares Denken).

- Stehen und gehen Sie beim Vortragen.

- Nutzen Sie die Mittagspause zu einem Spaziergang.

- Gehen Sie ein paar Minuten mit höherem Tempo (Walking).

- Gehen Sie zu Nachbarn oder Kollegen, statt zu telefonieren.

- Verzichten Sie, wenn möglich, bei Besorgungen auf das Auto. Gehen Sie zu Fuß, oder nehmen Sie das Fahrrad.

Die Muskeln anregen

Fett kann nicht im Knochen verbrennen, nicht im Gehirn oder in der Leber – Fett verbrennt einzig und allein im Muskel.

Wie können wir unseren Körper wieder zu einer Fettverbrennungsmaschine umfunktionieren? Ganz einfach: wenn wir uns ganz leicht, ganz locker bewegen, wenn der Muskel dabei mit reichlich Sauerstoff versorgt wird (aerober Bereich). Nur bei Sauerstoffüberschuss bilden sich Millionen jener fettvernichtenden Enzyme.

Der Muskel verbrennt Fett nur im aeroben Bereich (Sauerstoffüberschuss), wenn Sie mit richtigen Puls laufen. Wenn Sie zu schnell laufen, bedient er sich aus dem Reservetank der Kohlenhydrate – dann wird kein Fett verbrannt.

Der Mythos einer magischen Grenze

Bislang waren sich Sportwissenschaftler über eine magische Grenze einig: Erst nach einer halben Stunde Bewegung, so die Lehrmeinung, greift der Körper seine Fettdepots an. Richtig ist, dass Muskeln vier im Körper vorhandene Energiespeicher anzapfen. Stellen wir uns einmal vor, diese Speicher wären durch verschiedene Schläuche mit dem Muskel verbunden.

Die Leitung mit dem größten Durchmesser führt zu dem kleinsten Akku, dem Kreatinphosphat. Diese Energie steht dem Muskel sofort zur Verfügung, ist jedoch schnell verbraucht. Etwas länger dauert es, bis die anaerobe und die aerobe Energiegewinnung aus dem Zucker beginnen. Der letzte und dünnste Schlauch führt zum größten Speicher, dem Fett. Studien von Professor Alois Mader (Deutsche Sporthochschule Köln) belegen, dass die Muskeln nicht erst nach einer halben Stunde Bewegung beginnen, Fett zu verbrennen, sondern schon früher. Die Voraussetzung: Sie müssen die Belastung richtig dosieren. Was heißt »richtig«? Die Herzfrequenz, der Trainingspuls, sagt es.

Die optimale Herzfrequenz

Im Normalfall können Sie sich nach folgender Faustregel richten: 220 minus Lebensalter ergibt den Maximalpuls. Von dieser Marke sollten Sie 65 Prozent erreichen, damit das Training etwas bringt, und höchstens 85 Prozent, damit Sie sich nicht überlasten.

Zuckervorräte werden geplündert

Wenn wir aber außer Atem geraten, also in den anaeroben Bereich kommen – geht der Körper ein Sauerstoffdefizit ein. Er schaltet automatisch von Fett- auf Zuckerverbrennung um.

Bei Tennis, Squash oder Fußball – bei allen Stop-and-go-Sportarten trainiert der Körper vor allem eins: Er geht an die (wertvollen) Zuckerreserven. Lästiges Fett bleibt unangetastet.

Sport – die besten Fatburner

Wie lässt sich brachliegendes Potenzial wieder aktivieren? Was also überzeugt den Muskel, damit er wieder Fett verbrennt?

● *Liegestütz?* Okay, ab drei Stunden würde es sich lohnen.

● *Skilanglauf?* Da wird die meiste Muskulatur beansprucht: 90 Prozent. Doch wer hat schon ganzjährig eine Loipe vor der Tür?

● *Radfahren?* Da sind 35 bis 40 Prozent der Muskeln im Einsatz. Dass Radfahren gut für die Beine ist, weiß jeder. Aber auch Arm- und Rumpfmuskeln werden beansprucht.

● *Inlineskaten?* Der Trendsport auf den flotten Rollen beansprucht alle großen Muskelgruppen: also Beine, Po, Rumpf und Arme (50 bis 70 Prozent). Außerdem wird die Koordinationsfähigkeit geschult.

● *Schwimmen?* Ist gesund, doch wenig effektiv für den Fettabbau. Weil wir Normalschwimmer keine schwimmspezifische Muskulatur haben wie Franziska van Almsick & Co., werden nur 15 Prozent der Muskeln eingesetzt.

Welches also ist der effektivste und leichteste Fatburner?

»Sportliche Aktivität beugt nicht nur Krankheiten vor, sondern fördert auch die geistige Gesundheit«.
(US-amerikanischer Surgeon General Report 1996)

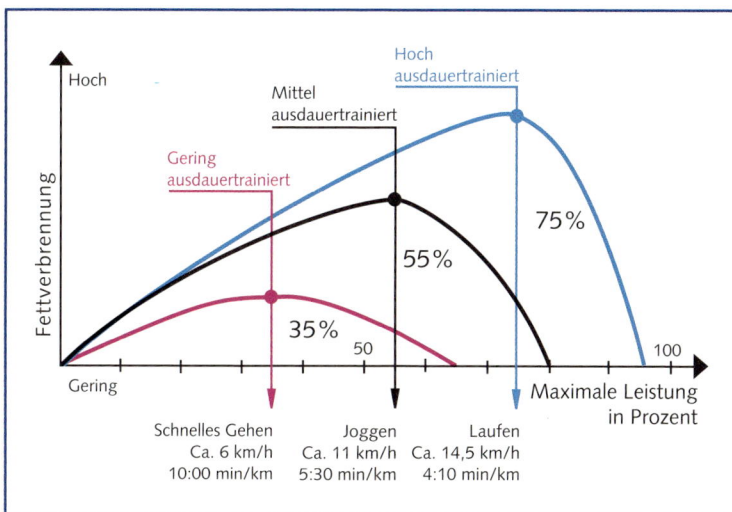

Der absolute Fettkalorienverbrauch in Abhängigkeit vom Trainingszustand: Untrainierte erreichen den höchsten Wert bereits bei 35 Prozent ihrer Leistung. Ab 65 Prozent verbrennt der Körper nur noch Kohlenhydrate. Trainierte verbrennen dagegen bei höherer Intensität mehr Fett.

Durch Laufen zu neuer Lebensenergie

Das Gehirn muss erst wieder lernen, das reiche Angebot zu verarbeiten. So kann es nach den ersten Trainingseinheiten zu Müdigkeitserscheinungen kommen. Bald wird aber von Sparflamme auf Normalbetrieb geschaltet.

Laufen wirkt wie eine Wunderpille, die nicht mal was kostet. Laufen ist außerdem die effektivste und beste Möglichkeit, wie Sie Fett loswerden. Wie gesagt: Nur der Muskel kann Fett verbrennen. Beim Laufen sind immerhin 70 Prozent Ihrer Muskulatur im Einsatz.

Wenn Sie täglich mindestens 30 Minuten laufen, verwandeln Sie mittelfristig 70 Prozent Ihrer Muskeln in fettverbrennende Öfen.

Die Bewegungswende kehrt zurück

Jeder, der mit dem Laufen angefangen hat und sich anfangs nicht übernimmt, wird irgendwann im Lauf der Zeit erleben, dass Laufen nicht nur gut tut und gut ist, sondern Lust bereitet. Laufen wird dann etwas Spielerisches, etwas Zweckfreies. Man entdeckt dann eine Fähigkeit, die lange verloren schien: ursprüngliche Freude, Leichtigkeit, Körpergefühl, schiere Lust an der Bewegung.

Auf Dauer hilft nur Sport: Wer allein auf Diät setzt, nimmt weniger ab als bei einem kombinierten Diät- und Sportprogramm. Außerdem verhindert ein aktives Leben, dass das Gewicht nach der Diätphase wieder ansteigt.

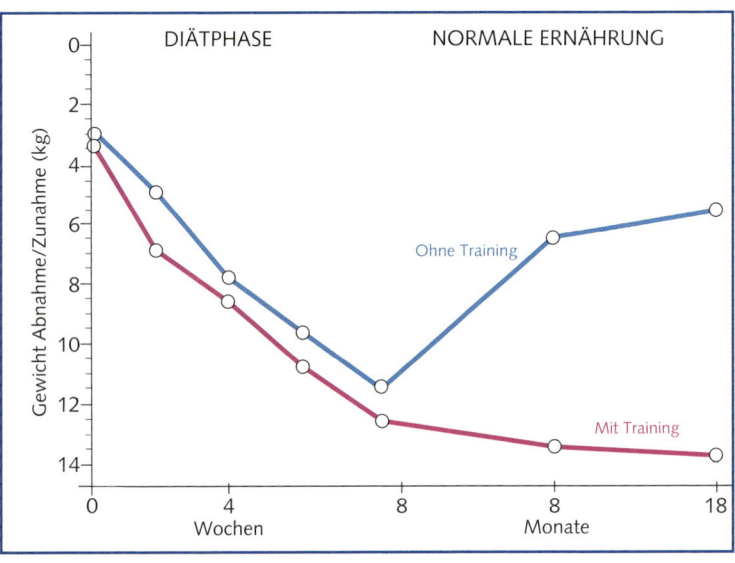

Laufen verändert die Körperchemie

Anfangs verheizt Ihr Körper beim leichten Lauftraining nicht einmal 0,1 Gramm Fett. Doch Laufen verändert nachhaltig Ihre Körperchemie. Der Körper bildet fettverbrennende Enzyme. Nach vier Wochen verheizen Ihre Muskeln während des Laufens bereits fünf Gramm. Und nach zwölf Wochen sogar 25 Gramm – rund 250 Kilokalorien reines Fett. Bewegung erzeugt einen Schlüsselreiz, der Ihre Fettverbrennungsmaschine wieder anwirft.

Sie verbrennen Fett, während Sie laufen. Und das Beste ist: Sie verbrennen jetzt auch wieder mehr Fett, während Sie am Schreibtisch sitzen oder sogar nur im Bett schlafen.

Schritt für Schritt in Schwung

Jeder, der läuft, kann das bestätigen: Laufen sorgt für wunderbare neue Spannkraft und Energie. Gerade, wenn man kaputt ist, vom Arbeitstag abgespannt, kann Laufen die Mattigkeit vertreiben. Man läuft, man duscht, man lässt sich eine halbe Stunde zurückfallen – danach fühlt man sich tatsächlich frisch und fit für große Taten.

Laufen – das sagt sich so leicht. Aber es stimmt: Wenn es erst einmal läuft, ist Laufen wirklich ganz einfach. Leider stimmt aber auch folgende Binsenwahrheit: Aller Anfang ist schwer. Die Kunst des Laufens beherrschen Sie, wenn Sie das Kleingedruckte in der Gebrauchsanleitung kennen. Will heißen: wenn Sie im richtigen Pulsbereich laufen.

Erste Schritte –
Fragen zur Laufpraxis

Wie schnell?

Anfangs zählen die Minuten, nicht die Kilometer. Laufen Sie also, so langsam es geht. Laufen Sie locker, leicht, ohne große Anstrengung. Sogar Dieter Baumann sagte nach seinem 5000-Meter-Olympiasieg: »Seit ich langsamer trainiere, renne ich schneller.«

Das gilt für jeden Läufer: Entscheidend ist der richtige Puls. Wer zu schnell läuft und schnauft, hechelt, keucht, erzeugt im Körper eine Sauerstoffnot. Die Milchsäure (Laktat) im Blut steigt über die kritische Schwelle von vier Millimol pro Liter.

Durch Ausgleichstraining verliert man keine Zeit – sondern gewinnt Zeit. Wenn man morgens den Tag schon mit erhöhtem ACTH-Spiegel beginnt, wenn man hellwach und gut gelaunt ins Büro einläuft, läuft vieles einfach leichter.

Da wird auch der Läufer sauer – denn der Trainingseffekt geht zum Teufel. Nichts ist's mit der angestrebten Fettverbrennung, der Körper verheizt jetzt nur noch Zucker.

Beispiel: Ein 40-Jähriger hat demnach eine maximale Herzfrequenz von 180 Schlägen pro Minute. Sein Ausdauertraining sollte im Pulsbereich zwischen 117 und 153 liegen.

Sind »Pulsuhren« empfehlenswert?

Der Puls ist der Drehzahlmesser Ihres Kreislaufs.

Ja, sie sind sogar ein Muss! Denn Sie sind jederzeit auf dem Laufenden, ob Sie im idealen Trainingsbereich unterwegs sind. Wenn nicht, piept's. Die Uhren sind sehr einfach zu bedienen. Sie befestigen einen Brustgurt in Höhe des Herzes und können Ihre Herzfrequenz dank elektronischer Übermittlung auf einer Art Armbanduhr ablesen.

Wie oft laufen?

Möglichst täglich. Viermal pro Woche würde reichen. Aber: Aus viermal wird dreimal, weil es regnet. Aus dreimal wird keinmal, weil eine Dienstreise ansteht. Wenn Sie sich das Pensum »täglich laufen« vornehmen, wird es einfacher – Sie entwickeln einen Laufreflex. Aus dem Muss wird ein Möchte.

Beim Laufen so wichtig wie gute Turnschuhe: das so genannte Herzfrequenzmessgerät, also eine »Pulsuhr«. Der beste Anbieter hierfür ist Polar.

Wann laufen?

Am besten gleich nach dem Aufstehen, noch vor dem Frühstück. Der Schlüsselreiz Bewegung im Sauerstoffüberschuss wirkt auf die Bildung fettverbrennender Enzyme am besten, wenn wenig Zucker im Körper ist – also morgens. Mit einer frühen Sauerstoffdusche wird der Tag Ihr Freund. Außerdem ist die Zahl der Ausreden geringer.

Wenn Sie abends laufen, läuft es dagegen auf andere Weise gut für Sie: Sie vernichten die angesammelten Stresshormone. Die können dann nachts keine Schäden im Gefäßsystem anrichten.

Wie lange?

Mindestens 30 Minuten. Erst dann wird der Erfolg messbar: Ihre Muskeln werden optimal durchblutet, Milchsäure und Schlacken abtransportiert, Fett verbrennt. Länger laufen schadet natürlich nicht. Ganz im Gegenteil.

Wie aufbauen?

Wenn Sie anfangs noch keine 30 Minuten schaffen – macht nichts.
● Laufen Sie eine Minute. Dann eine Minute schnell gehen. Und dann wieder eine Minute laufen – bis die halbe Stunde voll ist.
● Und morgen laufen Sie zwei Minuten, eine Minute schnell gehen, zwei Minuten laufen – bis die halbe Stunde voll ist.
● Übermorgen laufen Sie drei Minuten, gehen eine Minute, laufen drei – bis die halbe Stunde voll ist.
Nach ein oder zwei Monaten schaffen Sie die halbe Stunde. Gerade als Untrainierter können Sie schnell sichtbare Erfolge erzielen.

Was muss man noch beachten?

Lassen Sie sich beim Schuhkauf von einem Experten beraten. Sparen Sie nicht bei den Laufschuhen. Schaffen Sie sich mindestens zwei Paar an, die Sie abwechselnd tragen. Schmerzen sind eine natürliche, segensreiche Reaktion unseres Körpers. Schmerzen sind immer ein verlässliches Warnzeichen, dass etwas nicht stimmt. Laufen Sie auf keinen Fall gegen den Schmerz an. Vermutlich verkraftet der Körper eine Belastung oder Überlastung nicht, er bittet durch warnende Schmerzsignale um Ruhe und Schonung. Treten Sie kürzer. Wenn Sie heftige Schmerzen spüren, gehen Sie sofort zum Sportarzt.

Wichtiger Tipp gegen den inneren Schweinehund: Treffen Sie Ihre Entscheidung zu laufen bereits am Vorabend.

Spätabends, wenn der Körper gemäß seiner biologischen Uhr hormonell eigentlich auf Schlafen eingestellt ist, sollten Sie nicht mehr laufen. Die optimale Zeit für das Training: bis ca. 19 Uhr.

Laufen ist die beste Medizin – elf gute Gründe

Laufen macht klüger

Unser Gehirn kann nur aus Zucker Energie gewinnen. Der unbewegte Kopfarbeiter ernährt aber auch seine Muskulatur vom Zucker. Wenn also der Blutzuckerspiegel sinkt, leidet das Gehirn. Die Folge: Wir werden müde, fahrig, unkonzentriert – energielos. Wir müssten ständig Zucker nachtanken. Während einer geschäftlichen Besprechung würde das ein schlechtes Bild machen.

Wenn wir unsere Körperchemie auf Fettverbrennung tunen, bringt das besonders Kopfarbeitern einen entscheidenden Vorteil: Es bleibt mehr Zucker fürs Gehirn. Das Blutzuckerprofil bleibt konstant. Wir versetzen uns selbst in die Lage, uns besser und länger konzentrieren zu können.

Anleitung fürs Laufen: Herbert Steffny und Ulrich Pramann erklären, wie Sie Schritt für Schritt gesund und fit werden: »Perfektes Lauftraining« (Südwest Verlag).

Laufen wirkt wie eine Sauerstoffdusche

Die Medizin sucht schon lange nach Methoden, um die Sauerstoffaufnahme zu verbessern. Tabletten, die das bewirken sollen, sind die meistverordneten Medikamente der Welt. Doch das beste Mittel verbessert die Sauerstoffversorgung um gerade mal fünf Prozent. Diese fünf Prozent beheben vielleicht den Schwindel, der durch eingeengte Arterien entsteht. Den stockenden Gedankenstrom beheben sie nicht. Auch bei so genannten Sauerstoffmehrschritt-Therapien, bei denen Patienten ein O_2-Luftgemisch inhalieren, steigert sich die Aufnahme von Sauerstoff nur um 25 Prozent.

Wer sich im richtigen Pulsbereich bewegt, möglichst täglich läuft, überflutet seinen Körper mit zehnmal mehr Sauerstoff. Die Auswirkungen sind phänomenal.

Vom Zweitakter zum Zwölfzylinder

Auch der Körper verändert sich. Weil er durch leichtes Training zu vermehrter Sauerstoffverarbeitung »gezwungen« wird, vermehren sich die lebenswichtigen Mitochondrien, diese winzigkleinen Kraftwerke, unverzichtbarer Bestandteil jeder Körperzelle. In diesen Organzellen wird Energie gemacht. Hieraus beziehen wir unsere Kraft und Vitalität. Nach einem halben Jahr in Bewegung kann sich die Zahl der Mitochondrien versechsfachen – also mehr kleine Kraftwerke, die unsere Leistungsfähigkeit vorantreiben. Das steigert spürbar die Vitalität, auch, wenn wir gerade keinen Sport treiben.

Laufen verringert den Ruhepuls

Bei Bewegungsfaulen schlägt das Herz zwischen 70- und 100-mal pro Minute. Durch regelmäßiges Lauftraining verringert sich der Ruhepuls um etwa 20 Schläge pro Minute. Das bedeutet: Das Herz spart sich rund 30 000 Schläge, Tag für Tag.

Man könnte ein untrainiertes Herz mit einer Ente vergleichen, also einem Citroën 2CV: Was muss die Kiste sich mühen, um eine Bergstraße hochzukommen. Ganz anders ein ausdauertrainiertes Sportlerherz. Das ist wie ein starker Motor mit großem Hubraum – ein Zwölfzylinder. Nehmen wir Jan Ullrich. Sein Ruhepuls: 32 Schläge. Mit 70 Schlägen kommt der Radchampion gerade auf Touren, fährt sich warm. Bei 170 Schlägen, wenn wir schon längst an unsere Grenzen stoßen, dreht Jan Ullrich erst richtig auf. Er hat richtig Reserven.

So viel wird wohl jetzt auch jedem Laien klar: Ein trainiertes Herz verfügt über eine deutlich größere Bandbreite, um die Anforderungen des Alltags locker zu bestehen.

Klarer Kopf durchs Laufen: Mehr Sauerstoff und das Gleichmaß der Bewegungen sorgen für bessere Konzentrationsfähigkeit und meditative Stimmung.

Stresshormone werden abgebaut

Bewegung ist ein probates Mittel, um wenigstens einmal täglich angefallene Stresshormone abzubauen. Ursprünglich sorgte unsere Natur dafür, dass der Reiz Stresshormonausschüttung sofort von körperlicher Anstrengung (Angriff oder Flucht) beantwortet wurde. Wenn Bewegung fehlt, nimmt das Gefäßsystem Schaden. Denn jede Stresshormonausschüttung, die nicht kontrolliert abgebaut werden kann, schlägt eine Kerbe ins Blutgefäß, die nie wieder heilt.

Das Kreativitätshormon ACTH flutet

Beim Training im richtigen Pulsbereich kommt es zu einem messbaren Anstieg des adrenocorticotropen Hormons (ATCH). Dieses Hormon ist unverzichtbar für kreative Kopfarbeiter und außerdem die einzige uns bekannte Substanz, die in der Lage ist, Fettablagerungen zwischen den Gehirnzellen wieder abzulösen. Dadurch verbessert und beschleunigt sich unser Gedankenstrom. In Fachkreisen wird ACTH daher Kreativitätshormon genannt. Läufer kennen das: Unterwegs kommen die besten Ideen ganz von selbst. Viele Läufer haben sich längst abgewöhnt, am Schreibtisch hockend über Problemen zu brüten und sie wieder- und wiederzukäuen. Sie speichern die Sache ab – denn beim Laufen kommt die Lösung oft von ganz allein.

Endorphine werden produziert

Jeder von uns kann sein eigenes Rauschgift bilden. In unserem Inneren existieren Rezeptoren, kleine Kokainkästchen. Doch die öffnen wir ganz selten. An die Rezeptoren docken in ganz bestimmten Situationen Beta-Endorphine an. Diese körpereigenen Hormone lösen euphorische Gefühle in uns aus.

Die Natur gab uns den Trick mit den Biodrogen mit, um außergewöhnliche Situationen besser verkraften oder meistern zu können. Beispielsweise Schmerzen auszuhalten, bei der Tortur einer Geburt, bei schweren Verletzungen. Wenn Soldaten von einer Granate getroffen werden, spüren sie zuerst – nichts. Der Afrikaforscher David Livingston schilderte dieses Phänomen, nachdem er einen Löwenangriff überlebt hatte. Das Tier verletzte ihn schwer, zerrte ihn fort. Doch Livingston spürte keinen Schmerz, keine Todesangst. Er erlebte seine erbärmliche Situation wie ein Fremder, der eine schreckliche Szene beobachtet. Dies bewirken Endorphine.

Laufen ist gut für das seelische Gleichgewicht. Die Lebensfreude steigt, ebenso das Selbstwertgefühl; Angst- und Depressionszustände klingen ab.

Laufen reguliert den Appetit

Wenn Fett verbrannt wird, bleibt auch der Blutzuckerspiegel konstant. Nach einem längeren Lauf ist kaum ein Hungergefühl da. Erst nach ein paar Stunden stellt sich Appetit ein. Der Grund: Bei Sauerstoffüberschuss wird das Sättigungsenzym Cholecystokinin ausgeschüttet, das den Appetit reguliert.

Nach einer Stunde Squash oder Tennis, also bei anaerobem Training, saust der Insulinspiegel nach unten. Schon rasch, bereits unter der Dusche, signalisiert das Gehirn: Hey, Zucker nachtanken! Habe Kohldampf! Würde man jetzt jene Kohlenhydrate, die man gerade verbrannt hat, wieder auffüllen – kein Problem. Die Bilanz wäre wieder ausgeglichen. Aber wer macht das schon? Da triefen doch meist Nudeln in fettiger Käsesauce, und der Salat ertrinkt in Öl. Effekt des Trainings: Wir fühlen uns nicht leicht – sondern schwer.

Laufsucht – ein eher gesundes Phänomen

Gerne melden sich Bedenkenträger zu Wort, die beim Stichwort Endorphin oder »Runners High« schon vor »Laufsucht« warnen. Nein, Suchtgefahren dürfen natürlich nicht verniedlicht werden. Schließlich fordern Süchte hierzulande jedes Jahr enorme Opfer:

- Fresssucht: rund 100 000 Menschen

- Nikotinsucht: rund 50 000 Menschen

- Alkoholsucht: rund 20 000 Menschen

- Autorasersucht: rund 10 000 Menschen

- Drogensucht: rund 2000 Menschen

- Laufsucht: Die Statistik meldet gerade mal zwei Fälle.

- Laufsucht ist harmlos. Man schädigt weder sich noch andere. Nur wenige Läufer werden krank, gelegentlich süchtig, weil sie zu viel laufen. Sehr viele Menschen dagegen werden krank, weil sie nicht laufen.

Laufen stabilisiert das Immunsystem

Wer im richtigen Pulsbereich läuft, verbessert sein Immunsystem um über 30 Prozent. Das ist nicht neu. Neu aber ist der medizinische Beweis. Unser Immunsystem schützt nicht nur vor Bakterien und Viren, vor Schnupfen und Lungenentzündung, sondern auch vor Krebserkrankungen. Jeder von uns bekommt täglich viermal »Krebs«, denn viermal entarten Körperzellen, die potenziell gefährlich werden könnten. Ein gesundes Immunsystem erkennt die Krebszellen und vernichtet sie. Bei einem schlechten Immunsystem ist die Wahrscheinlichkeit größer, dass sich gefährliche Zellen vermehren.

Allerdings: Anaerobes Training schwächt das Immunsystem. Viele Leistungssportler sind dafür der lebende Beweis. Beim anaeroben Training werden freie Radikale gebildet. Sie zerstören Gefäßwände und Immunsystem. Zudem steigt bei intensiver Anstrengung das Langzeitstresshormon Kortisol an, das körpereigene Schutzschilde zerstört. Laufen Sie also im aeroben Bereich.

»Alle geistige Gesundheit hängt hiervon ab: dass es als Vergnügen empfunden wird, wenn die Haut von warmer Luft umgeben ist und man aufrecht steht, wohlwissend, dass die Knochen sich geschmeidig unter der Haut bewegen.« (Doris Lessing)

Laufen erspart den Gefäßchirurgen

Ein Muskel, der im Sauerstoffüberschuss bewegt wird, vermehrt seine Blutgefäße. Im ausdauertrainierten, vaskularisierten Muskel finden sich viermal mehr Blutgefäße, und die sind zweimal so dick wie vorher. Das Blut kann besser fließen, die Nährstoffe werden optimal transportiert – der Geist tickt schneller.

Wenn das Hauptgefäß schon verstopft ist, entwickeln sich neue Blutgefäße (Kollateralkreisläufe) um das verstopfte Gefäß herum.

Der Stoffwechselgrundumsatz steigt

Durch tägliche Bewegung fährt der Stoffwechsel (Metabolismus) in die Höhe. Eine Diät dagegen zieht den Grundumsatz nach unten. Bewegung regt den Energiebedarf an. Der Körper schnappt geradezu nach mehr Kalorien – bis zu 25 Prozent. Noch Stunden nach dem Training bleibt der Stoffwechsel angeregt, und der Grundumsatz an Kalorien ist sehr deutlich erhöht.

Simple Formel fürs Abnehmen durch Laufen: Sie verbrennen pro Kilometer so viele Kilokalorien, wie Sie in Kilogramm wiegen.

Krafttraining stärkt das Selbstbewusstsein

Wer zusätzlich gezielt an seinen Muskeln arbeitet, stärkt Physis und Psyche. Das richtige Workout kann nicht nur Ihren Körper, sondern Ihre gesamte Lebenseinstellung verändern. Denn über eine durch Krafttraining verbesserte Figur und Körperhaltung gewinnen viele Menschen an Vitalität und Selbstsicherheit. Welche positiven Auswirkungen Krafttraining auf die Persönlichkeit hat, untersuchten Wissenschaftler der Tufts University. Ihre Studie wurde im »Journal of The American Medical Association« veröffentlicht. Nach einem Jahr moderatem Muskeltraining gaben sämtliche Testpersonen an:

● Aktiver zu sein und mehr Spaß in der Freizeit zu haben, nicht nur durch den Sport, sondern z. B. auch durch häufigere Theaterbesuche, Tanzen, Gartenarbeit
● Sich attraktiver zu fühlen
● Besseren Sex zu haben
● Selbstbewusster aufzutreten
● Energiegeladener zu sein

Regelmäßiges Training, sei es Kraft- oder Ausdauertraining, verhilft zu einem besseren Körpergefühl, zu mehr Ausgeglichenheit – und macht außerdem auch noch jede Menge Spaß.

Gut für alle Altersklassen

Muskeltraining wird umso wichtiger, je älter Sie werden. Mit jedem Jahr bildet sich die Muskelmasse allmählich zurück. Gerade deswegen ist es wichtig, die Muskulatur mehrmals pro Woche zu belasten, um sie kräftig und mobil zu halten.

Muskeltraining stimuliert die Produktion des menschlichen Wachstumshormons, auch Somatotropin genannt. Dieses Meisterhormon wird von der Hypophyse ausgeschüttet, allerdings nur zweimal täglich. Und zwar nach einer bis zwei Stunden in der Phase des tiefsten Schlafs und kurz vor dem Aufwachen. Das Wachstumshormon regt das Gewebewachstum an, erhöht die Grundspannung der glatten Muskulatur, die Festigkeit des Muskelgewebes und die Flexibilität; es baut Muskelmasse auf und sorgt für Wachstum von Knochen und Organen.

Für Wissenschaftler steht längst fest, dass auch Altersschwäche – krankhafte Degenerationen ausgenommen – nicht unbedingt eine Frage generellen körperlichen Verfalls ist, sondern sehr häufig eine Folge von Bewegungs- und Belastungsmangel.

Auch vor dem Krafttraining gilt: immer aufwärmen. Erst danach befindet sich der Organismus in einem leistungsbereiten Zustand.

157

**Positive Energie
aus Gefühlen**

Emotionen – beflügelnd oder kräftelähmend

Machen Sie doch jetzt mal ein kleines Experiment: Stellen Sie sich eine ärgerliche Alltagssituation vor. Zum Beispiel, dass irgendein Depp gerade Ihr Auto beschädigt hat: eine enorme Schraubenzieherschramme im Lack. Oder irgend so ein Lackaffe beschimpft Sie aus heiterem Himmel. Machen Sie jetzt mal den kinesiologischen Armtest. Sie werden feststellen: Der Energiefluss ist zerstört.

Und nun führen Sie sich die ärgerliche Situation noch einmal vor Augen. Allerdings gehen Sie jetzt gedanklich ganz anders heran. Diesmal denken Sie: Das ist ja interessant. Wiederholen Sie jetzt den Armtest. Wetten, das Resultat ist diesmal völlig anders: Ihre Energie bleibt auf einem hohen Level.

Antrieb durch Aktivierung der Gedanken

Gedanken sind eine starke Kraft. Philosophen sagen: Wir sind, was wir denken. Wir werden zu dem, was wir denken. Stimmt, jeder Gedanke kann ein Auslöser für Aktivität werden, enorme Wirkung entfalten, ungeheuren Einfluss auf unser Leben nehmen.

In jedem Gedanken steckt also gewaltige Energie, die wir nutzen können. Wenn Sie gar nicht daran denken, jetzt nach draußen zu gehen und ein bisschen zu joggen, passiert nichts. Wenn Sie aber Ihren Körper in diesem Moment mit folgendem Befehl füttern: So, jetzt aufstehen, Sportklamotten an, rausgehen, loslaufen, wird Ihr Körper diesen Gedanken auch ausführen.

Mit unseren Gedanken schaffen wir unsere Wirklichkeit. Die Macht der Gedanken – sie kann Spaß, Optimismus oder Begeisterung in uns wecken, aber ebenso auch Furcht, Lustlosigkeit, Ärger, Antriebsschwäche, Minderwertigkeitsgefühle auslösen. Wir können die Energie lenken. Sie fließt dahin, wohin wir denken.

»Nur du entscheidest, wofür du deine Zeit und Energie einsetzen willst. Du bist der geniale Lenker deiner Gedanken.« (Arthur Lassen)

Bärenkräfte durch Gedanken

Die Geschichte von Charles Garfield, einem Ex-Gewichtheber und Doktor in klinischer Psychologie, illustriert eindrucksvoll, welche Gedankenkraft möglich ist. Einmal, bei einem Kongress in Mailand, fachsimpelte Garfield mit russischen Kollegen über Höchstleistungen und mentales Training. Es muss ein klasse Gespräch gewesen sein, denn mitten in der Nacht wollten die Psychologen sogleich zur Beweisführung ihrer Theorien schreiten. Tatsächlich tat man noch eine Halle auf, ausgestattet mit den nötigen EKG-, EEG- und EMG-Geräten, zum Vermessen von Herz-, Gehirn- und Muskelaktivität.

Garfield konnte mal 165 Kilogramm drücken, aber das lag Jahre zurück. In dieser Nacht schaffte er mit Ach und Krach gerade mal 135 Kilogramm. Dann machten sich die russischen Forscher an die Arbeit, vermaßen ihn (Größe, Gewicht, Körperfettanteil), bestimmten seinen Stoffwechselumsatz und die Blutwerte und stellten Berechnungen an. Anschließend ließen sie ihn auf den Rücken legen, brachten ihn in einen Zustand völliger Entspannung.

> »Vergiss nicht, Glück hängt nicht davon ab, wer du bist oder was du hast; es hängt nur davon ab, was du denkst.«
> (Dale Carnegie)

Experimente mit der Vorstellungskraft

»Ich war ganz wach«, erklärte später der Gewichtheber a. D., »aber jeder Muskel in meinem Körper war richtig schön relaxed – ich fühlte mich so wohl wie nie in meinem Leben.«

Er atmete tief und ruhig. Er stellte sich vor, wie seine Arme schwer und warm wurden. Wie Kraft in ihnen wuchs. Wie sie ihm halfen, das schwere Gewicht zu schaffen. Nach 40 Minuten dieser Art von entspannter Konzentration musste er sich aufrichten, seine Kollegen verlangten, er solle jetzt diese Hantel da auf der Drückbank anvisieren. Es lagen 165 Kilogramm auf.

Jetzt sollte er sich vorstellen, wie sich die Gewichte anhören, wenn er sie packt, wenn er sie bewegt, wenn er sie wuchtet. Er sollte dabei seinen Atem hören, erst die tiefen Züge, dann das explosive Stöhnen beim Drücken. Er musste den Kraftakt immer wieder durchspielen – ihn fühlen, sehen, hören.

Dann musste er an die Hantel. Und er wuchtete die 165 Kilogramm. Diese kleine Geschichte am Rande eines großen Sportpsychologenkongresses sorgte in der Fachwelt für Furore. Damals (1979) war Visualisieren noch ein Fremdwort.

Die Power der Gefühle nutzen

Mit mentalen Techniken lassen sich unsere Gedanken und Gefühle wirksam steuern, weil wir die Tür, die direkt zu unserem Unterbewusstsein führt, öffnen können. Das Unterbewusstsein muss man sich als Archiv, als riesige Datenbank vorstellen, als Endlosvideoband, das alles speichert. Und zwar alle für uns wesentlichen Sinneseindrücke, Empfindungen, Gedanken und Erfahrungen. Es sorgt in vielen häufig wiederkehrenden Situationen für eine schnelle Reaktion, ohne dass wir dann noch viel überlegen müssen. Das Unterbewusstsein führt im Stillen die Befehle aus, die wir in Form von Bildern ins Programm speisen. Es ist neutral. Es fragt nicht, ob das, was wir eingeben, gut oder schlecht ist. Neben dem Bewusstsein ist es der Teil unserer Psyche, der alle seelischen und geistigen Vorgänge steuert.

Ihr Unterbewusstsein ist wie ein Diener, der jeden Befehl entgegennimmt, den Sie ihm geben.

Die Kraftzentrale Unterbewusstsein

Das Unterbewusstsein ist immer bereit, uns bei der Verwirklichung unserer Vorstellungen zu helfen. Banales Beispiel: Abends stellen Sie den Wecker auf morgens sechs Uhr. Und was passiert? Genau, um 5.59 Uhr werden Sie wach. Komisch, wer oder was hat da mitgedreht? Das Bewusstsein hat noch geschlafen. Aber das Unterbewusstsein schläft niemals. Es arbeitet unermüdlich im Hintergrund, Tag und Nacht. Unser Unterbewusstsein ist die stärkste gestaltende Kraft, über die wir verfügen. Sie soll dabei helfen, dass wir unsere Ziele leicht und mühelos erreichen können.

Brachliegende Energien wecken

Diese unglaubliche Kraft liegt bei vielen leider brach, wird nicht abgerufen. Oder ist mit negativen Einstellungen aufgeladen, oft aus Unkenntnis. Das Unterbewusstsein orientiert sich an den Bildern, Gedanken und Gefühlen, die unser Wachbewusstsein formt, und führt nur aus, was wir vorgeben. Anders als das Bewusstsein kann unser Unterbewusstsein nicht zwischen einer realen Erfahrung und einem intensiv vorgestellten Szenario unterscheiden. Stoppen Sie also den lähmenden Einfluss eines Stroms negativer Gedanken.

Kleines Gefühlsmanagement

- Jedes negative Gefühl hat einen bestimmten Grund. Und der will beachtet sein. Er äußert sich eben in einem bestimmten Gefühl.
- Akzeptieren Sie Ihre Gefühle, bewerten Sie aber nicht gleich.
- Geben Sie Ihren Gefühlen Raum. Ziehen Sie sich zurück.
- Drücken Sie Ihre Gefühle aus, schaffen Sie ein Ventil (weinen Sie ruhig, stöhnen, jammern, schimpfen Sie ...). Unterdrückte Gefühle können nicht frei fließen. Nur Gefühle, die im Fluss sind, können sich verändern.
- Atmen Sie sich frei: Zählen Sie bis zehn. Tief Luft holen, kräftig und ruhig ein- und ausatmen – spüren Sie dann nach.
- Schreiben Sie auf, was Sie bewegt, ohne zu werten.
- Lockern Sie Schultern, Arme, Beine, Po. Schließlich tief einatmen. Und dann kräftig ausatmen, mit einer Art Stoßseufzer.
- So können Sie mit Ihren Gefühlen umgehen und negative Muster eher durchbrechen.

Negative und positive Energie

Alles hängt von der inneren Einstellung ab. Im Gehirn entstehen aus Gedanken Gefühle. Wir wissen, dass uns Gefühle wie Ärger und Angst, Verzweiflung, Wut, Zorn, Trauer, Neid krank machen können. Garantiert mindern sie unsere Leistungsfähigkeit und Lebensfreude. Negative Gedanken und Gefühle sind negative Energie. Die ist zerstörerisch und verstärkt nur unsere Probleme. Und sie kann eine mächtige Eigendynamik entwickeln.

Positive Energie ebenfalls. Sie kann enorm mitreißend, ansteckend sein. Sie lässt Menschen aufblühen. Wir können in unserem Gehirn durch die Kraft der Gedanken auch positive Gefühle, positive Energie herstellen: Fröhlichkeit, Freude, Glück und Zuversicht. Probieren Sie es mit folgenden Beispielen:

- Füttern Sie Ihr Unterbewusstsein regelmäßig mit klaren, positiven Gedanken und erfreulichen Bildern, die aufbauend wirken.
- Finden Sie Gründe, gut über sich zu denken.
- Erinnern Sie sich an angenehme Erlebnisse, holen Sie sich Ihre kleinen Erfolge und großen Siege ins Gedächtnis zurück.
- Halten Sie sich öfter vor Augen, wofür Sie dankbar sein können.
- Erfreuen Sie sich auch bewusst an scheinbaren Kleinigkeiten.

»Das negative Denken ist das verantwortliche Übel für den Verschleiß deiner seelischen Energien.« (Norman Vincent Peale)

Gedanken werden zu Gefühlen

Gefühle sind das Ergebnis eines geheimnisvolles Zusammenspiels unserer Gedanken, Hormone und dem Immunsystem. Wenn wir uns ärgern, produzieren wir Adrenalin. Dieses Stresshormon sorgt für Muskelspannung, Kraft und Aktivität. Doch zu viel davon lässt den Körper verkrampfen, wir werden nervös, fahrig. Die Serotoninausschüttung im Gehirn wird gedrosselt. Ein Teufelskreis: Wir sind unglücklich, schlafen schlecht, machen schlapp, weil die Abwehrkräfte nachlassen. Wir ärgern uns weiter, oft schon über Kleinigkeiten, produzieren noch mehr Adrenalin. Das Ende vom Lied: oft ein Magengeschwür. Hören Sie also auf, Gefühle zu verleugnen!

Ärger als Energiequelle

Ärger ist schlecht und gut. Klar, Ärger ist immer ein Ärgernis und garantiert ein Energieräuber. Um den Ärger klein zu halten, haben wir anfangs (Seite 77ff.) Antiärgerstrategien entwickelt. Allerdings: Ärger ist zunächst ein ganz normales Gefühl. Lassen Sie ihn ruhig zu! Denn Ärger ist ein wichtiges Signal: dass sich da Spannungen, Konflikte in uns aufgebaut haben, die geklärt werden müssen.

Mobilisiert Reserven

Ärger mobilisiert im Körper Energiereserven zur Selbstverteidigung und Abgrenzung. Er hilft, schwierige Situationen durchzustehen, sie kreativ zu lösen. Ärger ist also auch ein Motor für Engagement, Zivilcourage, Kreativität und Tatkraft. Aber nur, wenn Sie eine clevere, klare Distanz zum Auslöser des Ärgers gewinnen. Versuchen Sie immer, folgende Frage für sich zu klären: Kann ich an den Umständen, die mich ärgern, etwas ändern?

Wenn ja, gut. Tun Sie, was Sie tun können und was Sie tun müssen! Wenn Sie nichts an den Umständen ändern können, ändern Sie Ihre Einstellung zum Ärger. Ärger kann nämlich auch Energie liefern. Sehen Sie Ärger künftig als nützlichen Auslöser und als Antriebshilfe:

- Um Klarheiten zu schaffen
- Um endlich bestimmte Bremsen zu lösen
- Um Verbesserungen und Veränderungen durchzusetzen
- Um ins Handeln zu kommen

»Entweder nimmt Ihnen der Ärger Energie, oder er liefert sie Ihnen. Betrachten Sie Ärger zukünftig nur noch positiv, nämlich als Treibstoff für die Rakete der Veränderungen. Ärger beginnt mit ›Ä‹ wie Ändern.« (Günter F. Gross; »Beruflich Profi, privat Amateur?«)

Wut in positive Energie umwandeln

Wut ist hoch dosierte Energie. Besinnen Sie sich auf Ihr eigentliches Ziel – wie Sie negative Wut-Energie in positive Jetzt-erst-recht-Energie umwandeln können:

- Legen Sie eine Pause ein. Gewinnen Sie erst mal Abstand, räumlich und zeitlich.
- Bauen Sie Spannung ab, gehen Sie eventuell spazieren.
- Gewinnen Sie wieder Kontrolle über sich.
- Bleiben Sie immer verhandlungsbereit.
- Hören Sie zu.
- Suchen Sie konstruktiv nach Gemeinsamkeiten.
- Konzentrieren Sie sich nicht länger auf die Wut, sondern auf eine Lösung.
- Fragen Sie sich selbst: »Was ist das Positive an dieser Situation?«

Wut – der starke Bruder des Ärgers

Wut ist ein noch stärkeres Gefühl als Ärger. Wut ist Ausdruck der Frustration. Jeder weiß, wütende Menschen können ungeahnte Kräfte entwickeln, leider fast immer negative. Wohin blinde Wut führen kann, lesen und sehen wir täglich auf hässliche Weise: übelste Beleidigungen, Tätlichkeiten, Gewaltausbrüche, Morde.

Aristoteles hatte gut reden: »Jedermann kann wütend werden – das ist leicht. Aber mit dem richtigen Maß wütend zu werden, im richtigen Augenblick, zum richtigen Zweck, auf die richtige Weise – das liegt nicht in jedermanns Gewalt und ist nicht leicht.«

»Wer zornig ist, verbrennt oft an einem einzigen Tag das Holz, das er in vielen Jahren gesammelt hat.« (Sprichwort)

Statt Pessimismus – das Positivprinzip

Mit 42 Seecontainern kam Hans-Peter Wodarz in Manhattan an. Der Sternekoch, bislang immer ein Glückskind, wollte mit seinem erfolgreichen Restauranttheater »Pomp, Duck and Circumstance« auch die USA erobern. Aber alles lief schief. Falscher Partner, falsche Planung, falsches Timing – es wurde eine pompöse Vier-Millionen-Dollar-Pleite.

Wodarz lag am Boden. Doch bald feierte er mit seinem Konzept eine wundersame Wiederauferstehung. Er ließ sich nicht hängen, er handelte. Er griff neu an.

Sein Schlüsselerlebnis dafür: »Ich ging mit meinen zwei Koffern, seelisch und materiell am Ende, diesen riesenlangen Gang im Flughafen von Atlanta entlang. Da kommen mir 50 oder 60 Rollstuhlfahrer entgegen, sie waren auf dem Weg zu den Paralympics. Die waren happy, sangen und klatschten, und ich, der einzige, der da auf zwei gesunden Beinen stand, zerfloss fast vor Selbstmitleid. Da habe ich mir gesagt: Wodarz, jetzt fliegst du zurück und fängst wieder von vorne an.«

Die Moral von der Geschichte: Zum Teufel mit dem lähmenden Pessimismus, think positive!

Die Pechvogelperspektive

Bei uns laufen sie leider zu Millionen herum: die professionellen Pessimisten und Bedenkenträger. Sie beklagen sich ständig, sie beschwören Enttäuschungen und Misserfolge herauf, sie sehen immer schwarz. Pessimisten sind Menschen, die sich bei der Wahl zwischen zwei Übeln für beide entscheiden. Pessimisten behalten sogar im Autokino den Sicherheitsgurt an. Pessimisten betrachten die Welt aus der Pechvogelperspektive. Pessimismus kann auf Dauer krank machen. Pessimisten sterben früher.

Optimisten leben länger. Menschen mit einer Portion gesundem Optimismus betrachten die Welt nicht als feindliches Territorium, sondern als einen wunderbaren Spielplatz, auf dem sie zeigen können, was sie alles drauf haben.

Positive Einstellung als Lebenskunst

Optimisten sehen in jeder Krise eine Chance. Sie fühlen sich wohler in ihrer Haut. Der Komiker Karl Valentin erkannte: »Ein Optimist ist ein Mensch, der die Dinge nicht so tragisch nimmt, wie sie sind.« Wer es schafft, eine positive Lebenseinstellung zu kultivieren, kann, wenn es darauf ankommt, zusätzliche Kräfte mobilisieren.

Durch positives Denken kann man sich einen Reservetank mit zusätzlicher Energie schaffen. Für Optimisten ist ein Misserfolg kein Beinbruch, sondern eine Krücke, die ihnen helfen wird, beim nächsten Mal zum Erfolg zu kommen.

»Der Optimismus des Naiven lautet: Es wird schon gut gehen! Der Optimismus des Profis lautet: Ich werde alles tun, damit es nicht schlecht geht!« (Günter F. Gross)

Hemmende und aktivierende Formeln

Formeln von Pessimisten	Formeln für Optimisten
● Das geht doch sicher auch diesmal wieder in die Hose!	● Das ist eine gute Gelegenheit, da kann ich zeigen ...
● Ja, aber ...	● Ja!
● Das kann ich doch nicht!	● Ich werde es sehr gerne versuchen!
● Warum?	● Warum nicht?
● Ich habe nun mal einfach kein Glück.	● Jeder ist seines Glückes Schmied.

»Der Optimist denkt oft ebenso einseitig wie der Pessimist. Nur lebt er froher.« (Charlie Rivel)

Produktives Denken

Mit positivem Denken ist hier nicht ein Alles-wird-gut-Fatalismus gemeint, sondern: produktives Denken. Nach vorn schauen. Nach Lösungen suchen, um Ihre Ziele zu erreichen. An die Chance glauben. Vor allem aber auch: ins Handeln kommen.

Gelassenheit hat nichts mit Resignation, Pessimismus oder Fatalismus zu tun. Oder Gleichgültigkeit. D. h., irgendwie doch: Wir sollten uns gegenüber gleichgültigen Dingen auch gleichgültig verhalten.

● Versuchen Sie, aus jeder Situation das Beste zu machen.
● Lassen Sie sich nicht einschüchtern.
● Geben Sie auf, es allen recht machen zu wollen – das geht nicht.
● Umgeben Sie sich, wenn möglich, mit optimistischen Menschen: Partnern, Freunden, Kollegen.
● Seien Sie offensiv, freundlich, furchtlos, interessiert. Haben Sie ein positives Auftreten, machen Sie einen positiven Eindruck.
● Analysieren Sie nüchtern Ihre Situation: Was kann mir denn schlimmstenfalls schon passieren?

Energiequelle Gelassenheit

Wir haben nur begrenzte Energie. Wenn wir uns unnötig verzetteln, verzehren, wenn wir zu viel Energie verpulvern und zu wenig hinzugewinnen, werden wir über kurz oder lang ausgebrannt sein (Burnout-Syndrom). Genau deswegen ist es klug, wenn wir zu einer gelassenen Lebenseinstellung finden. Denn Gelassenheit garantiert, dass wir unsere Kräfte und unsere Energie gut dosieren. Gelassenheit bedeutet: entspannte Distanz. Wir können im Leben viel, aber längst nicht alles beeinflussen. Vieles stößt uns einfach zu. Zufälle, Unfälle, Unglück, Krankheiten, Trennungen, Eigenschaften und Eigenarten anderer, die wir nicht ändern können. Menschen können fies, rüpelhaft, einfach unverträglich, unverschämt und undankbar sein. Wie gut, wenn wir dann nicht immer gleich auf Kampf aus sind, sondern ihnen oder den Umständen gelassen gegenübertreten können.

Stellen Sie Distanz her. Stellen Sie Situationen infrage. Beantworten Sie sich im Zweifel selbst folgende Fragen:

- Was ist mir im Moment wirklich wichtig?
- Wie wichtig wird dies in einem Jahr noch für mich sein?

Das »Affenfalle«-Syndrom

Bekanntlich sind Affen gewitzte und gewandte Tiere, also auch sehr schwer zu fangen. Die Eingeborenen in Malaysia haben eine ganz simple Methode entwickelt. Sie legen ausgehöhlte Kokosnüsse unter Bäume, die von Affen favorisiert werden. In den Kokosnüssen sind Reiskörner drin. Die Löcher in den Nüssen sind gerade so groß, dass ein Affe reinfassen kann. Klar, neugierige Affen fassen natürlich rein, packen ein paar Reiskörner – und bleiben mit der Pfote stecken, weil es ihre Gier nicht erlaubt, sie wieder zu öffnen. Mit einer Kokosnuss um die Pfote kann selbst ein geschickter Affe nicht klettern. Affen sind also ein leichter Fang – weil sie nicht loslassen können.

> »So wie sich Liebe wohl nur vermehrt, wenn man sie herschenkt, wächst in einem Gelassenheit dann am ehesten, wenn man sie ausstrahlt.«
> (Knud Eike Buchmann; »Die Kunst der Gelassenheit«)

Gelassenheit ist ...

- Die Kunst zu unterscheiden, was in unserer Macht steht – und was nicht
- Wesentliches von Unwesentlichem unterscheiden zu können
- Die Fähigkeit, souverän zu reagieren, souverän zu sein

- Die Ruhe, sich, wenn nötig, Zeit zu lassen
- Die Einsicht, Unabänderliches zu akzeptieren
- Das Geschehenlassen-Können
- Das Zulassen-Können
- Das Loslassen-Können

Das Prinzip Loslassen

Was uns nicht viel bedeutet, können wir leicht loslassen. Schwieriger wird die Sache, wenn wir an etwas hängen. An einem Menschen, an Gewohnheiten, an Besitz, an Überzeugungen.

Leben heißt fließen. Was wir festhalten, kann sich nicht mehr bewegen, kann nicht mehr fließen. Die Fähigkeit, im Hier und Jetzt zu leben – das bedeutet letztlich loslassen. Gelassenheit ist somit eine Lebenshaltung. Denn vieles lässt sich einfach nicht erzwingen. Manches im Leben läuft ähnlich wie bei einem Mann, der Potenzschwierigkeiten hat: Da ist mit Gewalt nichts zu machen. Je mehr der arme Kerl krampfhaft um das eine Thema kreist, umso unwahrscheinlicher, das aus dem Akt noch was werden kann.

So entstehen Energieverluste

René Egli folgert in seinem Bestseller »Das Lola-Prinzip«: »Loslassen hat mit Leben zu tun. Festhalten hat mit Blockade, Krankheit und Tod zu tun.« Eglis einfach formulierte Thesen über unnötigen Energieverlust und Energieblockaden:

● Akzeptieren Sie den IST-Zustand. Das IST ist, was JETZT ist – und das kann sowieso keiner ändern. Wir blockieren Energie, wenn wir den IST-Zustand nicht akzeptieren.

● Wir verlieren/blockieren auch Energie, wenn wir Angst vor Misserfolgen haben.

● Wir verlieren/blockieren Energie, wenn wir uns mit unnötigen Vergleichen belasten.

● Wir verlieren/blockieren Energie, wenn wir zu viele negative Gedanken hegen.

● Wir verlieren/blockieren Energie, wenn wir vor lauter Kampf verkrampfen.

Wenn wir zweifelnd an eine Sache herangehen, nehmen wir uns selbst die Dynamik. Durch negative Gedanken geraten wir in einen Grübelzirkel, und Grübeln greift die Seele an und kostet Kraft. Wer sich Erfolg suggeriert, entwickelt mehr Energie. Denn unbewusst folgen wir unserem inneren Bild.

Flow – die optimale Energiezone

Besonders viel positive Energie fließt, wenn wir es schaffen, in einen entspannten, tranceähnlichen Zustand zu kommen, wenn wir im Einklang mit den Alpha-Wellen sind und dazu ein Hochgefühl erleben, für

das der Psychologe Mihaly Csikszentmihalyi den Begriff »Flow« prägte. Eine perfekte Situation: »Wenn die Information, die langsam ins
Bewusstsein dringt, mit den Zielen übereinstimmt, dann fließt die
psychische Energie wie von selbst«, schreibt er. »Es besteht kein Anlass
zu hadern, kein Grund, das eigene Können zu bezweifeln. Wann
immer man aufhört, über sich selbst nachzudenken, ist die Gewissheit
ermutigend: Du machst alles richtig.«

Die Grenzen des Denkens

Der Brite Roger Bannister beeindruckte als Musterbeispiel für eine
Flow-Erfahrung. Damals (1954) kannte zwar noch keiner das Wort,
auch die Sportpsychologie steckte noch in den Anfängen.
Autosuggestion? Imagination? Visualisierung? Das Verschieben von
Barrieren durch mentale Techniken? Nein, die Menschen glaubten
noch an natürliche Grenzen und respektierten sie. Eine lautete: Es ist
unmöglich, eine Meile (1609 Meter) unter vier Minuten zu laufen.
Streng wissenschaftlich lieferten Mediziner Gründe dafür. Tatsächlich:
Die besten Athleten scheiterten, ja, sie verzweifelten an dieser ima-
ginären Mauer. Jahrzehntelang.

Flow – das ist der Zustand, wenn wir fast in Trance sind, voller Hingabe, ganz in einer Sache versunken, ganz und gar konzentriert. Im Flow-Zustand können wir spielerisch Außergewöhnliches schaffen, scheinbar ohne Anstrengung.

Der Lauf des Roger Bannister

Oxford, 6. Mai. Stürmisches Aprilwetter. Der 25-jährige Medizinstu-
dent Bannister, der nach dem Lustprinzip trainierte und lebte, hatte an
diesem Tag Lust auf ein schnelles Meilenrennen. »Ich fühlte mich ungeheuer laufstark«, schrieb Bannister später, »meine Beine schienen
auf überhaupt keinen Widerstand zu stoßen, als würden sie von einer
unbekannten Kraft angetrieben.« Schnelle halbe Meile (in 1:58 Minuten), es lief optimal. Plötzlich bescherten ihm sein Körper und Kopf diesen »unvergleichlichen Rausch«: »Ich war dermaßen entspannt, dass
mein Geist fast von meinem Körper losgelöst schien. Auch nach einer
dreiviertel Meile war die Anstrengung kaum spürbar.«

Das Gehirn als Zugpferd

Die Menge tobte. Er musste die letzte Runde unter 59 Sekunden
laufen. »Erst überfiel mich Freude und Angst, dann übernahm mein
Gehirn die Regie. Es rannte meinem Körper voraus und zog ihn un-
widerstehlich vorwärts. Es gab keinen Schmerz, nur eine großartige

Übereinstimmung von Bewegung und Ziel. Die Welt schien still zu stehen oder nicht zu existieren.« Er lief wie von Sinnen. Es lief wie von selbst. Roger Bannister knackte tatsächlich diese magische Vier-Minuten-Schallmauer (3:59:4 Minuten).

Seine »Traummeile« zählt bis heute zu den großen Momenten des Sports. Das Verrückte: Im gleichen Jahr knackten dann weitere 52 Läufer die bis dahin unüberwindbare Vier-Minuten-Grenze.

Körper und Geist in perfektem Einklang

Beim Flow, dieser Leistungseuphorie, dieser optimalen Energiezone, müssen ein paar Merkmale zusammentreffen:

● Bewusstsein und Handeln verschmelzen: Was wir gerade tun, tun wir automatisch und mit völliger Hingabe.

● Klare Vorstellung, klare Ziele: Wir haben ganz genau verinnerlicht, was wir wollen.

● Absolute Konzentration: Wir blenden alles aus, was ablenkt. Wir sind nur bei dieser einen Sache.

● Angstfreiheit: Wir erleben völlige Selbstkontrolle, aber keinerlei Furcht, diese Kontrolle verlieren zu können.

● Zeitlosigkeit: Wir verlieren jegliches Zeitgefühl.

Wie sich dieser wunderbare Flow-Zustand erreichen lässt? Untersuchungen ergaben: Ziel sollte nicht sein, besser als andere zu sein; es kommt vielmehr darauf an, das Beste geben zu wollen.

**»Du bist in deiner Hingabe ganz Konzentration, angenehm entspannt, energiegeladen, denkst an nichts anderes mehr. Die Dimension Zeit wird aufgehoben.«
(Reinhold Messner über Flow)**

Energiequelle Spielen

Ach, wie wunderbar wir als Kinder spielen konnten. Voller Hingabe. Wir haben draußen Baumhäuser oder Erdhöhlen gebaut, wir haben Nachmittage lang Indianer oder Fußball gespielt; drinnen spielten wir Verstecken, Skat, Schach oder simples Fang-den-Hut.

Und heute? Spielen wir nicht alle viel zu wenig? Vielleicht möchten wir ja mehr unserem Spieltrieb folgen. Aber dann mahnt die erwachsene Vernunftsstimme, macht uns den Luxus Spielen madig: Mensch, spielen ist doch was Kindliches, vielleicht sogar kindisch. Quatsch. Spielen ist weder kindlich noch kindisch, auch nicht Luxus, sondern ein natürlicher Impuls. Spielen als zweckfreie Tätigkeit ist lebenswichtig für uns, vielleicht sogar überlebenswichtig.

Spielen in jeder Form macht nicht nur gute Laune, sondern fördert auch den Gemein-schaftssinn und hilft außerdem, sich völlig zu entspannen und die Alltagssorgen zu vergessen.

Was Spielen bringt

● Spielerisch können wir uns emotional entladen.
● Spielerisch können wir negative Erfahrungen (Angst) verarbeiten.
● Spielerisch können wir die schöne Leichtigkeit des Seins erleben und Abstand zur Realität gewinnen.
● Spielerisch können wir neue Energie tanken.

»Was Sie spielen, ist gleichgültig, nur: Tun Sie's!«, forderte Heiko Ernst seine »Psychologie heute«-Leser auf. Schade, dass Spielen oft so sträflich vernachlässigt wird. Schließlich macht Spielen nicht nur Spaß – wir pflegen damit unser seelisches Wohlbefinden und unsere Intelligenz.

Energie in extremen Situationen

Abenteuer sind immer verdichtetes Leben. Sie erzählen uns ein Stück Wahrheit über die Natur des Menschen. Sie zeigen eindrucksvoll, wie viel Energie in uns steckt und wie sie in extremen Situationen mobilisiert werden kann. Durch Abenteuer erfahren wir, wie Menschen im Kampf um ihre Existenz auf ihren Kern kommen. Gelebte Abenteuer bestätigen die These von Reinhold Messner: »Der Mensch kann alles, was er will. Aber ein normaler Mensch will nur, was er kann.«

»Meine momentane Situation ist das Ergebnis meiner früheren Gedanken und Gefühle.« (Andreas Ackermann, Mentaltrainer)

Ein Sturz ins Leere

Die Geschichte von Joe Simpson ist deprimierend – und voller Hoffnung. Mit einem Freund hatte Joe die Westwand der Siula Grande in den Anden geschafft. Beim Abstieg stürzte er, brach sich das rechte Knie. Sein Freund versuchte, ihn im eisigen Chaos eines Sturms abzuseilen. Das gelang, aber nur ein paar hundert Meter. An einer überhängenden Wand rutschte Joe erneut ab, hing hilflos über einem Eisabsturz. Sein Freund konnte ihn zwar halten, spürte aber, wie er unaufhaltsam von seinem schmalen Eissims gezogen wurde; auch ihm drohte der Tod. In der Dunkelheit musste der Freund eine schreckliche Entscheidung treffen, um das eigene Leben zu retten – er durchtrennte das Seil, an dem Joe hing.

»Ich war noch nie so völlig allein gewesen, und obwohl mich dies beunruhigte, gab es mir auch Kraft.«
(Joe Simpson; »Sturz ins Leere«)

Die Widerstandskräfte stärken

Wenn das Schicksal zugeschlagen hat, hilft weder Verdrängen noch Verleugnen, kein Weglaufen oder Augenverschließen. Wie Sie lernen können, resistenter zu werden:

- Schützen Sie sich vor Selbstanklagen (»Ich bin schuld ...«), versuchen Sie lieber, sich die Umstände klar zu machen (»Was genau ist da eigentlich passiert ...«).

- Statt zu grübeln und zu jammern (»Warum passiert mir das immer ...«), suchen Sie lieber nach einer Lösung (»Was kann ich tun, um meine Situation zu verbessern ...«).

- Erbitten Sie Hilfe, suchen Sie Verbündetete, die Sie unterstützen.

- Kultivieren Sie gesunden Optimismus (»Diesmal war's leider nichts, aber beim nächsten Mal wird sicher alles besser ...«).

- Akzeptieren Sie, was ist. Lassen Sie ruhig Tränen und Gefühle zu: Wut, Ohnmacht und Ängste.

- Planen Sie präventiv wie ein Schachspieler: zwei Schritte voraus (»Was wäre, wenn ...«) – so können Sie sich (wenigstens zum Teil) vor unliebsamen Überraschungen schützen.

Eine ungeheure Energieleistung

Ein Wunder, dass Joe bei dem Sturz ins Leere nicht vollends zerschmettert wurde, sondern 30 Meter tief in eine Spalte fiel. Eine eisige Gruft. Er wusste, jetzt standen ihm vier, vielleicht fünf Tage andauernde Qualen bevor, sie würden ihn in den Wahnsinn treiben, ehe er schließlich allein sterben würde.

Joe konnte sich retten. Er überwand seinen »Zustand des Wahnsinns«, er quälte sich aus seinem Eisgrab. Er mühte, plagte, kämpfte sich tage- und nächtelang voran. Kriechend. Von einem kleinen selbst gesteckten Ziel zum nächsten. Über den Gletscher, das Geröll, die Felsblöcke, ehe ihn jeweils die Erschöpfung besiegte. »Los, wach auf! Gibt viel zu tun ... weiter Weg vor dir... schlaf nicht ... los, weiter!«

Der Wille zum Durchhalten

Joe Simpsons Buch »Sturz ins Leere« lebt von seiner Schwäche, seiner Stärke, seiner Gefühlslage. »Ich hatte keine Kraft mehr im Bein, um es sicher zur Seite zu ziehen. Ich stürzte unweigerlich voll darauf, oder es schlug grausam gegen den felsigen Boden. Die schmerzvollen Feuerstöße bei jedem Aufprall wurden nie schwächer, aber aus unerfindlichen Gründen verkürzte sich die Zeit, bis ich mich jeweils wieder erholt hatte, drastisch.

Ich hörte auf zu schreien, wenn ich stürzte, und merkte, dass es keine Rolle spielte. Schreie waren dazu da, dass mich die anderen hörten, aber die Moränen scherten sich wenig um meine Proteste. Zuweilen weinte ich wie ein Kind den Schmerz und die Enttäuschung hinaus, doch öfter musste ich würgen. Übel war mir nie. Es gab nichts zu erbrechen. Als ich mich zwei Stunden später umwandte und meinen Weg zurückverfolgte, war der Gletscher eine ferne, schmutzig weiße Klippe, und angesichts dieses greifbaren Beweises für mein Vorwärtskommen stieg meine Stimmung gewaltig.«

Während Sie endlos hadern, verbrauchen Sie jede Menge Energie. Setzen Sie diese Energie besser ein, um Ihre Situation zu verändern.

Die Rettung – und ein Neubeginn

Er überlebte. Sein Freund fand ihn. Auf einem Maultier schafften sie ihn, diese völlig geschwächte, geschundene Gestalt, nach Lima, in eine Klinik. Sein Knie – ein geschwollener Klumpen von der Größe eines Kohlkopfs. Er wurde operiert, daheim in Manchester. Der Berg hatte ihn zum Krüppel gemacht.

Doch irgendwann packte es ihn erneut. Auf Krücken kämpfte sich Joe Simpson bis auf den Pumori, einen Siebentausender, einen Nachbargipfel des Mount Everest.

Besonders widerstandsfähig sein

Die Psychologie kennt für das Phänomen außerordentlicher psychischer und physischer Stärke, mit der es Menschen schaffen, Schicksalsschläge abzuhaken und Lebenskrisen zu meistern, den Begriff »Resistenz«. Widerstandsfähigkeit. Eine Fähigkeit, die sich jeder aneignen kann. Resistente Menschen sind lernfähig. Der amerikanische Familientherapeut H. Norman Wright vergleicht sie mit einem Boxer, der einen schweren Schlag kassiert, der angezählt wird, der aufsteht und den Kampf fortsetzt – aber jetzt mit ganz neuer Taktik. Anders als Nichtresistente, die nach einem Niederschlag nichts an ihrem Kampfstil ändern. Die erneut zu Boden gehen. Die ihre Krise verfluchen. Die ihre ganze Energie auf die Verfluchung des Problems verwenden – und nicht auf dessen Lösung.

»Wille ist trainierbar wie Muskelkraft. Mehr noch steigert er sich durch Begeisterung für eine Sache.«
(Reinhold Messner)

Das innere Feuer – Energiequelle Begeisterung

Hingabe, Leidenschaft, Enthusiasmus, Begeisterung sind wie ein Feuer in uns. Wenn wir begeistert sind, können wir alles schaffen. Wer begeistert ist, entwickelt enorme Ausdauer, er reißt andere mit, spornt sie an, bewegt sie.

Das wiederum hilft beim Erreichen der eigenen Ziele. Denn das setzt neue Energie, ungeahnte Kräfte frei. Begeisterung – das ist der Glanz in den Augen, das ist der Schwung, das sind die Vorfreude und Lust für eine Sache, die wir sehr wichtig finden. Die wir unbedingt tun wollen. Deshalb ist es so wichtig, klare, attraktive Ziele zu finden und zu formulieren, für die sich ein Totaleinsatz wirklich lohnt. Wenn Sie diese gefunden haben, bringen Sie Begeisterung für die Sache mit, begeistern Sie sich selbst.

Ja, tun Sie auch das Gewöhnliche mit ungewöhnlicher Begeisterung. Niemand kann gezwungen werden, Außergewöhnliches zu leisten. Die dafür nötige Energie ist nur da, wenn Sie etwas wirklich wollen.

Überprüfen Sie Ihre Werte und Ziele

In Reinhold Messners Südtiroler Burg Juval steht über der Haupttür vom großen Saal ein lateinischer Wahlspruch: »Vinciturus vincero.« Das heißt übersetzt: Wer zum Sieg bestimmt ist, wird siegen. Aber auch: Wer sich selbst als Siegenden sieht, wird siegen. Oder so: Diejenigen, die sich zum Sieg bestimmen, werden siegen. Der Spruch aus dem Jahr 1548 drückt klar aus, dass Motivation nur aus unserem Inneren kommen kann. Messner: »Wer nicht besessen ist von dem, was er tut, wird wenig Lust dabei empfinden und ebenso wenig Erfolg dabei haben. Begeisterung und Erfolg gehen Hand in Hand.«

Die Sache muss es wert sein

Nur wenn uns Dinge wirklich bedeutsam erscheinen, engagieren wir uns auch dafür. Wenn wir die Sache dann durchziehen, zum Ziel kommen, gewinnen wir dadurch Lebensfreude – also Lebensenergie. Wenn uns eine Sache weniger wichtig ist, vielleicht sogar unwichtig, lästig oder wertlos, fehlt das Wichtigste: die Motivation. Es kostet immer unendlich viel Überwindung und Energie, unwichtige Sachen zu erledigen.

> »Wenn du ein Schiff bauen willst, dann rufe nicht die Menschen zusammen, um Holz zu sammeln, Aufgaben zu verteilen und die Arbeit einzuteilen, sondern lehre sie die Sehnsucht nach dem großen, weiten Meer.«
> (Antoine de Saint-Exupéry; »Der kleine Prinz«)

Begeisterung in sich wecken

- Setzen Sie sich ein attraktives Ziel.

- Sorgen Sie dafür, dass Ihre Wertvorstellungen in Ihren Zielen enthalten sind, in Einklang miteinander stehen.

- Stellen Sie sich das Erreichen dieses Ziels in allen Einzelheiten vor. Durch diese »Visualisierung« lösen Sie im Gehirn die nötige »emotionale Intensität« aus, die Begeisterung in Gang setzt und am Leben hält.

- Entscheiden Sie sich für vollen Einsatz.

- Setzen Sie sich bei allem, was Sie tun, voll ein. Verbannen Sie Halbherzigkeit aus Ihrer Gedankenwelt.

- Tun Sie das, was Sie gerade zu erledigen haben, bewusst, mit Spass und voller Konzentration.

- Wer das Gewöhnliche mit ungewöhnlicher Begeisterung, mit Hingabe tut, wird Erfolg haben.

Blitzrezepte für mehr Energie

höht den Gasaustausch in der Lunge bis auf das Vierfache und reichert dadurch das Blut mit mehr Sauerstoff an. Der Neurologe William Fry prägte den Begriff des »inneren Joggens«. Nach 20 Sekunden Lachen, rechnete der Amerikaner aus, wird eine körperliche Leistung erbracht, die dreiminütigem schnellen Rudern oder Laufen entspricht.

Allerdings: Nur fröhliches Lachen beeinflusst unseren Organismus so positiv. Zynisches, sarkastisches Lachen, Galgenhumor oder Angstlachen bucht unser Körper keineswegs als Wohltat ab. Außerdem wissen wir: Humorlosigkeit wird bestraft – mit Magenschmerzen.

Lachen ist Lebensenergie

»Die Ankunft eines guten Clowns ist für die Gesundheit einer ganzen Stadt wertvoller als 30 mit Medikamenten beladene Esel«, diagnostizierte ein gewisser Dr. Thomas Sydenham im 17. Jahrhundert. Schon längst setzen Kinderkliniken speziell geschulte Humortherapeuten (Klinikclowns) ein, weil fröhliche Patienten schneller gesund werden. Gegenwärtig ist das Thema »Lachen« Forschungsgegenstand von weltweit mehr als 200 Immunologen, Neurologen, Psychologen und Stressforschern.

Die Bonner Lachgestalterin Gudula Steiner-Junker bestätigt aus ihrer therapeutischen Praxis: »Lachen bringt Nähe und Zuwendung. Lachen ist Wärme, ist Lebensenergie.«

Sagt die Patientin zum Therapeuten: »Küssen Sie mich, Herr Doktor!« Antwortet der Therapeut: »Das darf ich nicht. Strenggenommen dürfte ich nicht einmal neben Ihnen auf der Couch liegen.«

Heitere Lektionen

Lachen kann man trainieren, meint Waaled A. Salameh, Begründer der »Humor Immersion Training«-Workshops:

- Nehmen Sie sich selbst öfter auf die Schippe.
- Versuchen Sie, so oft wie möglich zu lachen.
- Suchen Sie das Komische und Absurde in Alltagssituationen.
- Kultivieren Sie Ihren Erzählstil, verfeinern Sie Ihren eigenen Witz.

Wie Harald Schmidt, der Meister der hohen Kunst des Flachsinns: »Wissen Sie, warum so viele Schafe depressiv auf der Weide rumstehen? Null Bock.« »Wissen Sie, wie holländische Kinder bisher aufgeklärt wurden? Henk, du hast dich sicher schon mal gefragt, warum der Wohnwagen manchmal so komisch wackelt …«

Was sagt Boris Becker in seiner ersten Liebesnacht? »Höh, bin ich da schon drin oder was?«

Eine kleine Ohrmassage gefällig? Ist gerade mal keiner in Sicht, der Ihnen eine verpasst, massieren Sie sich doch einfach selbst. Sie werden sehen, wie entspannend so eine »Ohrstimulation« ist.

Körper und Geist auf Touren bringen

Die Ohren anschalten

Noch so ein schneller Trick, der sich zunächst auch albern anhört: Massieren Sie beide Ohrmuscheln gleichzeitig. Nehmen Sie jeweils die Ohrmuscheln zwischen Daumen und Zeigefinger: Daumen hinter, Zeigefinger vor dem Ohr. Schieben Sie die angewinkelten Zeigefinger auf den Ohren von innen nach außen. Bewegen Sie die Hände gleichzeitig aufwärts, dann wieder abwärts – bis Ihre Ohren angenehm durchblutet und warm werden.

»Ohne Begeisterung schlafen die besten Kräfte unseres Gemüts. Es ist ein Zunder in uns, der Funken will.« (Johann Gottfried Herder)

Es wird sich ein Gefühl der Entspannung einstellen. Warum? Weil Sie die Reflexzonen im Ohr stimulieren. Das wiederum wirkt auf wichtige Körperfunktionen: Ihre Konzentrationsfähigkeit, Atmung und Hörvermögen werden gesteigert; gleichzeitig können Sie die Informationen besser verarbeiten und speichern. Die Kiefer-, Zungen- und Gesichtsmuskulatur entspannt sich. Vor allem: Der Energiekreislauf wird angeregt und verbessert.

Nehmen Sie einen tiefen Zug Energie

Erst mal tief durchatmen – jeder sollte schon mal diesen Sinnspruch der lebenserfahrenen Oma beherzigen. Vor einer anstrengenden Aufgabe z. B. oder mitten in einer verrückten Sache. Erst mal tief durchatmen – aber so doof ist der Spruch gar nicht. Erst mal tief durchatmen ist ein perfektes Rezept, um schnell neue Energie zu sammeln.

Wenn Sie sich müde oder ausgepowert fühlen – gehen Sie an die frische Luft. Atmen Sie tief ein. Erzwingen Sie nichts. Entspannen Sie sich, Schultern lockern, Rücken gerade. Und nun auf die Atemluft konzentrieren, wie sie in den Körper strömt, in jede Zelle des Körpers. Halten Sie den Atem für Momente an, bevor Sie wieder tief ausatmen. Sie werden spüren, wie Sie innere Ruhe gewinnen – und neue Energie.

Unser Energiezentrum Thymusdrüse

In der Mitte der Brust, hinter dem oberen Brustbein, befindet sich die Thymusdrüse. Ihre Funktion wurde sehr lange Zeit unterschätzt. Doch inzwischen ist ihre besondere Bedeutung bewiesen. In der Kinesiologie gilt die Thymusdrüse als Steuerungszentrale für den Energiefluss in den Meridianen.

Thymus – das war übrigens schon bei den alten Griechen das Wort für Lebensenergie. Sie können die Thymusdrüse von Hand, durch Klopfen stimulieren. Und zwar so: Legen Sie zwei Finger auf die Mitte der Brust, direkt unterhalb vom oberen Teil des Brustbeins. Nun klopfen Sie kräftig darauf – solange es Ihnen angenehm ist, ungefähr zehnmal. Sie sollten dabei aufgeschlossen sein, vielleicht sogar lächeln.

Wenn Sie den Effekt verstärken wollen: Lächeln Sie, während Sie 20-mal auf die Thymusdrüse klopfen.

Wenn die Thymusdrüse aktiviert wird, schüttet sie Hormone aus, die bewirken, dass wir prompt entspannen – und uns besser fühlen.

Energie durch aufrechte Haltung

»So wie einer ist, so bewegt er sich. So wie einer sich bewegt, so ist er.« Eine Erkenntnis, die der niederländische Philosoph Frederik J. J. Buytendijk schon vor über 100 Jahren formulierte.

An der Haltung des Menschen drückt sich aus, wie er gerade drauf ist: schlaff, geknickt, kleinmütig oder selbstbewusst, dynamisch – voller Energie. Zwischen Körper und Stimmungslage, zwischen Energiezustand und Befindlichkeit besteht eine klare Wechselwirkung. Probieren Sie es doch aus: Lassen Sie sich mal hängen. Im wahrsten Sinn des

Wortes. Erst körperlich. Die Trostlos-Position des Körpers beeinflusst recht bald auch Ihre Gefühlswelt – stimmt's? Diese Wechselwirkung können Sie natürlich für sich nutzen.

- Stellen Sie sich also betont aufrecht hin, fest und sicher.
- Spielen Sie den Selbstbewussten: Kopf hoch, Brust raus.
- Atmen Sie ganz ruhig.

Spüren Sie, wie Sie sich auch innerlich aufrichten? Weil diese Körperhaltung dazu führt, dass sich der Energiefluss verbessert.

**»Wenn ein Mensch lange Zeit stocksteif dasitzt, so ist dies ein warnendes Zeichen dafür, dass er geradewegs dem Grabe zusteuert. Er sitzt für sein Denkmal Porträt.«
(Li Liweng)**

Wasseranwendungen

Vielleicht kennen Sie das Gefühl von einem nächtlichen Trip im Flugzeug: Puh, was fühlen wir uns da zerschlagen. Und dann bringt die Stewardess heiße Waschlappen, die wir uns dankbar ins Gesicht drücken und dann in den Nacken. Die Hitze erweitert Äderchen, was die Durchblutung fördert – und ungemein belebt.

Der Klassiker unter den schnellen Fitmachern: eine kalte Dusche. Sie aktiviert im Körper das Schilddrüsenhormon T3, das den Stoffwechsel ankurbelt. Außerdem wird auch die Atmung aktiviert.

Den Kreislauf schnell auf Hochtouren bringen

Vier simple Tipps, wie Sie ganz schnell in Schwung kommen, wenn Sie müde, verspannt oder einfach lustlos sind:

- *Tanzen Sie:* Und zwar allein. Legen Sie Ihre Lieblings-CD auf, liefern Sie sich der Musik aus – dann hemmungslos abtanzen.

- *Hüpfen Sie:* Und zwar im Kreis. Probieren Sie Varianten aus. Erst abwechselnd die Knie hoch ziehen, so hoch wie möglich. Dann mit beiden Beinen gleichzeitig hopsen.

- *Laufen Sie:* Und zwar auf der Stelle. Fangen Sie ganz langsam an, steigern Sie dann allmählich Ihr Tempo, fordern Sie sich schließlich zum Rennen.

- *Springen Sie:* Und zwar mit dem Seil. Seilspringen macht nicht nur Kindern Spaß. Die Übung fordert und fördert den Kreislauf.

Woran denken Sie bei einem Tennisball? An ein spannendes Match? Falsch: an eine Massage. Einfach den Ball auf den Boden legen, mit einem Fuß darüber rollen oder den Rücken darauf bewegen – das entspannt und belebt zugleich.

Mehr Schwung durch Massagen

Eine Fußmassage wirkt entspannend und belebend – nicht nur die Fußmuskeln selbst werden besser durchblutet, auch die inneren Organe werden durch das Massieren der Reflexzonen positiv stimuliert. Das geht – jederzeit – mit einfachen Mitteln wie:

- Igel-Noppenball
- Holzrolle
- Tennisball

Ein Tennisball eignet sich auch zur Rückenmassage. Bitten Sie jemanden, Ihnen den Ball mit leichtem Druck längs der Wirbelsäule über den Rücken zu rollen. Sie können sich auch selbst eine Massage gönnen: Ball auf den Boden, rücklings auf den Ball legen und sich darauf bewegen.

»Wie schön es doch ist, nichts zu tun und sich hinterher davon zu erholen.« (Spanisches Sprichwort)

Energie laden durch Body-Scanning

Der Verhaltensmediziner Jon Kabat-Zinn hat folgende Übung, die er Body-Scanning (to scan = forschend betrachtend) nannte, zur Steigerung des Körperbewusstseins entwickelt. Sie verbessert die Durchblutung und macht wacher – auch für sinnliche Erfahrungen.

- Legen Sie sich in ein ruhiges Zimmer, schließen Sie die Augen.
- Konzentrieren Sie sich zunächst nur auf Ihren Atem.
- Versuchen Sie, den Körper zu spüren – vom Scheitel bis zur Sohle.
- Konzentrieren Sie sich auf die Zehen, zunächst des einen Fußes. Stellen Sie sich vor, Sie atmen direkt in die Zehen hinein. Nehmen Sie jede einzelne Zehe wahr. Beim Einatmen fühlen Sie frische Kraft in den Fuß fließen, beim Ausatmen lassen Sie alle Mattigkeit ausströmen.
- Durchwandern Sie nun in Ihrer Vorstellung langsam Ihren Körper. Verweilen Sie in den Waden, in den Knien, in der Lendenwirbelsäule, im Rücken, in den Händen, den Unterarmen, Ellenbogen usw. – bis zu Augen, Nase, Ohren, Mund.
- Stellen Sie sich vor, dass die Luft jetzt ungehindert durch Ihren ganzen Körper strömt und durch die Fußsohlen wieder austritt.

Fit am Schreibtisch

Vier Frischmachübungen

Wenn Sie für Ihren Körper sorgen, wird der Körper auch für Sie sorgen.

- *Bizepspull:* Die Handinnenflächen von unten an die Schreibtischplatte legen. Unter- und Oberarm sollten dabei nahezu einen rechten Winkel bilden. Hände 20 Sekunden lang fest an die Platte pressen. Machen Sie 3 Durchgänge mit kleinen Pausen (1 bis 2 Minuten).
- *Halsstreck:* Aufrecht hinsetzen, den Kopf gerade halten und nach vorn schauen. Kopf erst langsam zur Seite drehen, so weit es geht, dann zur anderen. 4- bis 8-mal zu jeder Seite ausführen.
Tipp Kopf aus der geraden Position mit der Hand erst nach links, dann nach rechts neigen, bis ein leichter Zug zu spüren ist. Mit der Gegenhand nachhelfen (nicht reißen!). 3-mal wiederholen.
- *Tisch-Push-ups:* Hände schulterbreit auf die Tischkante setzen. Körper gerade halten, zum Tisch absenken, wieder hochdrücken. Atmen Sie beim Drücken kräftig aus. 3 Sätze, mindestens 12 Wiederholungen. Ist gut für Brust, Schulter und Armstrecker.
- *Ellenbogenpresse:* Setzen Sie sich gerade vor Ihren Schreibtisch. Platzieren Sie die Ellenbogen schulterbreit auf dem Tisch (weiche Unterlage). Die Fäuste ballen und die Ellenbogen kräftig gegen den Tisch pressen. Position etwa 15 Sekunden halten, dabei konstant und ruhig weiteratmen. 3-mal wiederholen.

Die Energiespritze Koffein

Das Koffein von Kaffee, aber auch von schwarzem Tee und Colagetränken wirkt über körpereigene Botenstoffe (Neurotransmitter) augenblicklich auf das zentrale Nervensystem. Sogleich erhöhen sich Herzfrequenz und Blutversorgung, der Stoffwechsel wird angekurbelt. Folge: Wir sind hochkonzentriert und hellwach – wenn auch nur kurzzeitig. Kaffee – der heißgeliebte Muntermacher. Koffein lässt den Spiegel des Stimmungshormons Serotonin steigen. Bei allen natürlichen Stimulanzien werden unsere Flucht- und Angriffsreflexe künstlich hochgeputscht. Dann aber folgt kein Handeln. Sobald die stimulierende Wirkung der Substanz nachlässt, fühlen wir uns eher müde. Eigentlich müssten wir jetzt dem Körper Zeit lassen, die Energiereserven wieder aufzufüllen. Doch wer tut das schon?

Übrigens: Mit Dampfdruck gewonnener Kaffee wie Espresso oder Cappucino ist magenschonender als unser üblicher Filterkaffee.

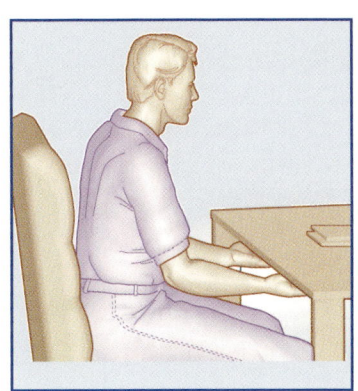
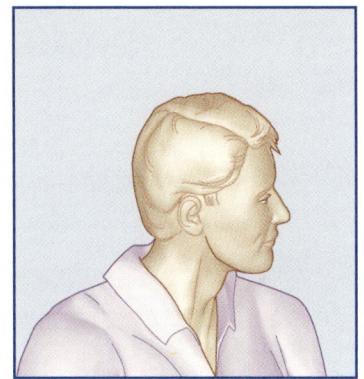
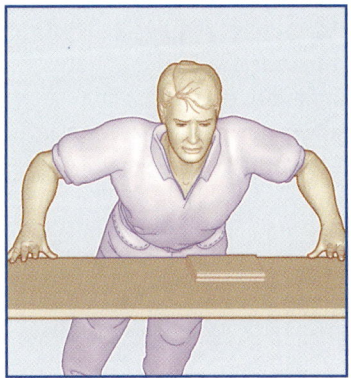
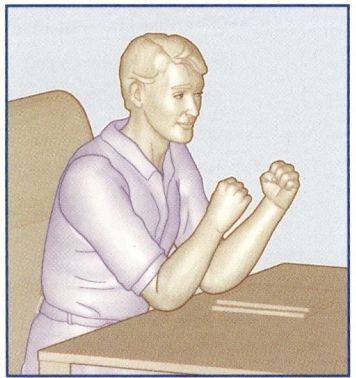

Links oben der Bizepspull, rechts oben der Halsstreck, links unten der Tisch-Push-up, rechts unten die Ellenbogenpresse.

Den toten Punkt überwinden

- Die Pulsdusche: Halten Sie Ihre Handgelenke abwechselnd unter kaltes und warmes Wasser.

- Entspannung: Schließen Sie für zehn Minuten Ihre Tür, setzen Sie sich, und stellen Sie sich in Höhe Ihres Solarplexus eine warme Quelle vor – konzentrieren Sie sich.

- Der Aromatrick: Eine Duftlampe oder ein Beduftungsgerät können Wunder wirken (falls Sie nicht allein im Raum sind, fragen!).

- Richtig trinken: Grüner Tee wirkt sanft und hält länger wach als Kaffee. Besonders gut: Matetee aus Südamerika.

- Nackenübungen: Ohne einen entspannten Nacken ist eine gute Durchblutung des Gehirns nicht möglich. Also öfter einmal Kopf und Schultern kreisen lassen.

- Fingerartistik: Aus China stammt folgende wirkungsvolle Konzentrationsübung. Beide Hände ausstrecken, Daumen einknicken. 16-mal die Übung nach und nach mit allen Fingern wiederholen.

- Leichtes Essen: Eine kleine Zwischenmahlzeit (ein Apfel, eine Banane) sorgt für Energieschübe.

- Fenster öffnen: Das vergessen viele – Sie brauchen zwischendurch mal eine kräftige Dosis frische Luft!

- Kopfkino: Lassen Sie einen kleinen ermunternden Film vor Ihrem inneren Auge ablaufen – denken Sie an etwas Schönes.

- Ein bisschen Bewegung: Einfach mal raus gehen; ein Fünf-Minuten-Spaziergang bringt Sie auf andere Gedanken und in Schwung.

Gehen Sie in sich: Schalten Sie ab, und hören Sie in sich hinein. Spüren Sie Ihren Gedanken nach. Die sind eine Form von Energie. Energie kann niemals verloren gehen, aber umgewandelt werden.

Wie viel Kaffee darf ich trinken?

Leider lässt sich das nicht allgemein beantworten. Manche vertragen überhaupt keinen Kaffee (Herzrasen, Nervosität, Schlaflosigkeit). Andere gönnen sich schon morgens problemlos fünf Tassen.

- Vermeiden Sie jede regelmäßige oder gar tägliche Dosis.
- Nehmen Sie diese Stimulanzien wirklich nur dann, wenn Sie diese Energiespritze unbedingt nötig haben.

Auch mal verzichten

Sie sollten Ihren täglichen Kaffeekonsum auf maximal vier Tassen (ca. 280 Milligramm Koffein) beschränken. Denn Kaffee ist ein Basenräuber, verhindert den Abbau von Stresshormonen und entzieht dem

Körper Flüssigkeit. Schon ein Flüssigkeitsminus von zehn Prozent bedeutet 30 Prozent weniger Energie. Verzichten Sie ein paar Tage pro Monat ganz auf Kaffee. Sinn dieser strikten Kaffeepause: So können die Nebennieren, die sich vom ständigen Kaffeegenuss leeren, regenerieren. Die Leere macht sich so bemerkbar: Sie sind häufig müde.

Der Nutzen von Energydrinks

Verleihen die modischen Energydrinks wirklich Flügel? Kurzfristig ja. Herkömmliche Energiegetränke (»Red Bull«, »Flying Horse« & Co.) enthalten keine günstige Mineralstoffzusammensetzung, aber dafür Kohlenhydrate, reichlich Koffein und vor allem eine beträchtliche Menge der Aminosäure Taurin. Dieser aufputschende Eiweißstoff hilft der Hirnanhangsdrüse, Hormone (vor allem HGH) auf den Weg zu bringen. Das peppt auf. Außerdem mischt Taurin im Gallensäurestoffwechsel mit. Die Säure spielt bei der Fettverdauung eine entscheidende Rolle. Langfristig also nein. Denn die Nebenwirkung von Koffein ist ja bekannt: Es regt die Nieren zu erhöhter Wasserausscheidung an. Alle koffeinhaltigen Getränke sind wenig geeignet, wenn Ausdauerleistungen gebracht werden sollen.

Turboschneller Wachmacher: Kaffeetrinker kommen morgens rascher auf Trab. Eine Tasse Kaffee zum Frühstück und eine nachmittags – das wäre eine vernünftige Dosis.

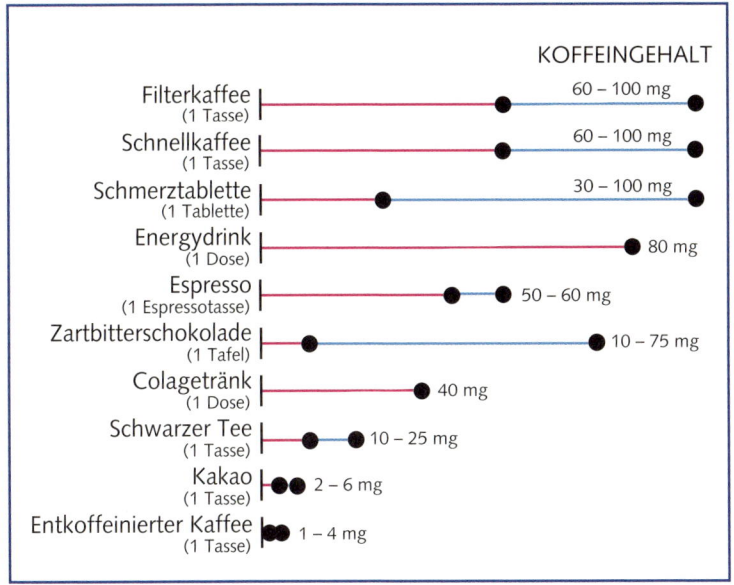

KOFFEINGEHALT

Filterkaffee (1 Tasse)	60 – 100 mg
Schnellkaffee (1 Tasse)	60 – 100 mg
Schmerztablette (1 Tablette)	30 – 100 mg
Energydrink (1 Dose)	80 mg
Espresso (1 Espressotasse)	50 – 60 mg
Zartbitterschokolade (1 Tafel)	10 – 75 mg
Colagetränk (1 Dose)	40 mg
Schwarzer Tee (1 Tasse)	10 – 25 mg
Kakao (1 Tasse)	2 – 6 mg
Entkoffeinierter Kaffee (1 Tasse)	1 – 4 mg

Bevor Sie am Arbeitsplatz einnicken, sollten Sie sich einen kleinen Wachmacher gönnen. Die Grafik zeigt Ihnen, in welchem Maß Ihnen die Energiekicks auf die Beine helfen.

The Power of Music

Ein besonders eindrucksvolles Beispiel aus einem Jörg-Löhr-Seminar: Da werden vier schlanke Frauen auf die Bühne gebeten. Ihre Aufgabe: Sie sollen einen eher kräftigen, schweren Mann von einem Stuhl auf einen anderen heben.

Na und? Na, immerhin muss der Mann auch über die Stuhllehne hinweg. Erschwerend kommt hinzu: Das feminine Quartett darf für den Kraftakt nur jeweils zwei Finger benutzen. Entschlosssen gehen die vier Damen ans Werk, sprich an den Mann. Trotz voller Kraftanstrengung passiert gar nichts.

Dann wird das Experiment wiederholt. Die vier Frauen schließen ihre Augen. Sie werden mit entschlossenen Worten eingestimmt. Sie sollen ihre Kräfte sammeln. Sie müssen eine innere Überzeugung (»Ich schaffe es!« »Wir schaffen es!«) aufbauen. Daran wird eine Minute lang eindringlich gearbeitet.

»Musik ist eine Schnellstraße zwischen Gehirn und Emotionen.« (Ulrich Kuhl, Sportpsychologe)

Mit Musik geht alles besser

Zusätzlich erklingt beim zweiten Anlauf Musik vom Band: »Chariots of Fire«. Musik, die bei den meisten Menschen eine Gänsehaut erzeugt. Die vier Frauen versuchen erneut, den Kavenzmann mit nur zwei Fingern von einem Stuhl über die Lehne auf den anderen Stuhl zu hieven. In ihrem konzentrierten Tun ist nun auf einmal jede Menge Musik drin – sie schaffen es tatsächlich.

Sanft oder fetzig – Töne wecken Energien

Was früher Schlagertexter behaupteten, ist mittlerweile von der Biochemie belegt: Musik hat unbestritten Wirkung auf uns. Musik kann traurig oder fröhlich machen, Musik kann entspannen, beruhigen, besänftigen, aufputschen.»Klassische Musik besteht aus positiven, harmonischen, Energie erzeugenden Schwingungen. Diese Art von Musik wurde von hohen Seelen als Geschenk für die Menschen zu deren Aufladung komponiert«, schwärmt die Starnberger Psychologin Dr. Elfrida Müller-Kainz.

Egal, ob mit sanfter Klassik oder dem Groove von fetzigem Rock, mit dem richtigen Rhythmus können wir in uns zusätzliche Kräfte wecken, uns entspannen, motivieren, mobilisieren – je nachdem.

Musik zum Anturnen oder Entspannen

Die Power-Hits

- Survivor: Eye of the Tiger
- Haddaway: Life
- Pointer Sisters: Jump
- Chaka Khan: Ain't Nobody
- Roy Orbison: Pretty Woman
- Ace of Base: Beautiful Life
- Tina Turner: The Best
- Vangelis: Titles
- Vangelis: Conquest of Paradise
- 2 Unlimited: Get Ready For This
- Carl Orff: Carmina Burana
- Black Box: Ride on Time
- Starship: Nothing Gonna Stop Us Now

Die Slow-Hits

- Elton John: Circle Of Life
- Michael Jackson: Earth Song
- Whitney Houston: One Moment In Time
- Mariah Carey: Hero
- R. Kelly: I Believe I Can Fly
- Michael Jackson: Heal The World
- Dionne Warwick: That's What Friends Are For
- Elton John: Can You Feel The Love Tonight
- Bach: Fugen & Präludien
- Brahms: Klavierkonzert Nr. 1
- Schubert: Serenade, Vorspiel »Rosamunde«
- Tschaikowsky: 5. Symphonie
- Händel: Konzert für Harfe

»Wirkliche Kraft kommt nicht allein aus Muskeln, die wahre Größe liegt in der richtigen Einstellung. Hier hat mir die Musik viel gegeben. Mit ihr finde ich meine innere Stärke.« (Henry Maske, Ex-Boxweltmeister)

Etwas Besonderes zum Träumen und Relaxen: die CD »Magic Moments« (ISBN 3-9805845-5-0).

Energie tanken
für die Seele

Die Kraftquellen in unserer Umgebung

Supermann persönlich? Von wegen. Einer wie Hubert Schwarz wirkt eher unscheinbar, unauffällig. Dabei ist der Franke ein ungewöhnlicher Extremsportler, der unglaubliche Leistungen abliefert. Ein Wunder an Willenskraft.

Der ehemalige Sozialpädagoge hielt beim ultimativen Härtetest Race Across America durch – nonstop mit dem Rad von der Westküste zur Ostküste. Er umrundete Australien in 42 Tagen. Er fuhr in 80 Tagen um die Welt. Strapazen, die kaum mehr überbietbar sind: mal sengende Hitze, mal eiskalter Gegenwind, oftmals Monotonie und immer wieder tiefe Motivationslöcher. Woher Hubert die dafür nötige Energie jenseits von täglich 10 000 Kilokalorien holt? »Meine beste Energiequelle heißt Gänsehaut.«

Bewährte Durchhaltestrategie

Was das ist? Er erklärt sein System »Power of Mind« so: Wenn es mal wieder ganz dicke kommt, wenn die Öde gigantisch, der Körper total kaputt und die Psyche absolut leer ist, dann zaubert sich Hubert Schwarz einfach erfreuliche Gedanken in den Kopf. Er denkt an was Schönes. Z. B., wie gut er es doch hat: sitzt hier auf seiner Rennmaschine, strampelt durch eine abenteuerliche Landschaft, während die meisten in ihren Büros hocken müssen.

Am stärksten wirkt, wenn er an sein Zuhause denkt, an seine Frau, vor allem aber an seinen kleinen Sohn.

Energie kann aus dem Herzen kommen

Energiequelle Liebe. Seelenverwandtschaft. Harmonie der Herzen. Die Kraft der Anziehungskraft. Das Feuer der Liebe. Alle Schlagertexter, Dichter, ja, die ganze Weltliteratur lebt von diesem Phänomen, dieser

»Nehmen Sie einmal an, dass Ihr Schaf oder Ihre Kuh durchgeht. Sie können das Tier am besten wieder in den Griff bekommen, wenn Sie ihm eine große Weide zur Verfügung stellen, auf der es herumwandern kann. Es wird sich beruhigen und anfangen zu grasen. So ist es auch mit unseren Emotionen – Gefühlen wie Angst, Wut oder Gier.« (Shunryu Suzuki, Zen-Meister)

unglaublichen Energie, dieser geheimnisvollen Kraft, die sich zwischen Menschen entwickeln kann. Die Power eines Paars kann die Arithmetik des Lebens außer Kraft setzen – denn plötzlich ist eins und eins gleich drei.

Wenn eine Schwäche füreinander stärkt

Nur ein Beispiel von Tausenden: Der Gelehrte und Staatsmann Wilhelm von Humboldt und seine Frau Karoline von Dacheröden schilderten einander in Briefen, wie sie von der Schwäche füreinander stärkende Energie bezogen.

»Was du in mir geschaffen, wozu du mich erhoben hast, fühle ich so klar, weil ich mich jeder Periode der Vergangenheit so deutlich erinnere, sie so genau weiß. Aber wie oft ich bei dem einen oder anderen Bild weile, so steigt doch das Gefühl erst dann zur höchsten Höhe empor, wenn ich an unsere Vereinigung, an das Wesen denke, das die einzige Liebe, uns beide so innig aneinanderschmelzend, gebildet hat. Jedem einzelnen von uns wäre diese Höhe unerreichbar gewesen.« »Ach, Wilhelm«, notierte Karoline, »wem könnte sich Deine Seele entfalten, wer diese Zartheit der Gefühle, diese anspruchslose Größe, diesen Zauberglanz der Schönheit in Dir bewundern und, nicht entflammt von heißer Begierde, tiefer in Dich zu versenken, neue Kräfte in sich fühlen und erhöhten Mut?«

»Große Liebe schenkt auch kleinen Leuten große Kräfte.« (Charlotte Seemann)

Die Powerfaktoren der Liebe

Ein Powerpaar, das da vor 200 Jahren literarisch turtelte. Klar, auch heute stimulieren sich Seelenverwandte ähnlich; vielleicht sind ihre Worte weniger gewählt.

Beispielsweise zwischen Lothar Leder und seiner Freundin Nicole Mertens. Er Weltklassetriathlet, sie ebenfalls Triathletin. »Lauf, du faule Sau!«, feuert sie ihren Liebsten bei Wettkämpfen von der Seite an – und dieses verbale Beinemachen gehört noch in die Kategorie harmlos. Doch bei Lothar treffen ihre derben Sprüche den Zentralnerv, sie kann Extrakräfte aus ihm herauskitzeln, die ihn beflügeln. Und sie weiß: Sein Sieg ist auch ihr Sieg.

Powerfaktor Leidenschaft und mentaler Support: Zusammen sind starke Typen ein noch stärkeres Team. Zusammen laufen gute Partner zur Höchstform auf. Powerfaktor Vertrauen und gleiche Ziele: Harmonie ist ein ungeheuer beflügelndes Gefühl. Es entsteht, wenn es zwischen zwei Menschen »passt«, wenn sie unkompliziert miteinander umgehen, wenn sie einen ähnlichen Lebensrhythmus haben, wenn sie ähnlich denken, über die gleichen Sachen lachen und schimpfen können. »Harmonie ist ein Miteinanderschwingen, wie zwei Töne, die zusammenpassen und wohlklingen«, schwärmt Nina Larisch-Haider, Heilpraktikerin und »Bewusstseinslehrerin«. Sie fügt hinzu: »Für diesen Zustand muss man bereit sein. Er ist umso leichter zu erreichen, je mehr Energie man hat.«

Liebe ist Lebensenergie pur

Haben Sie bestimmt schon selbst erlebt: Wenn wir uns mit Menschen umgeben, mit denen wir uns wohl fühlen, dann fühlen wir uns auch energiegeladen. Haben wir alle (hoffentlich) schon am eigenen Leib gespürt: Sex ist die stärkste Energie. Und Liebe ist Lebensenergie pur. Machen Sie mal eine Liste. Schreiben Sie für sich auf:

- Welche Leute Sie stimulieren und Ihnen positive Energie geben
- Womit und wodurch sie Ihnen Energie geben

Eine statistische Tatsache: Einsame Singles sterben drei bis fünf Jahre früher als glücklich Verheiratete.

Genießen Sie die Zweisamkeit, albern Sie rum, haben Sie Spaß! Vergessen Sie den Alltag. Gerade eine gut funktionierende Partnerschaft kann jede Menge Kraft geben.

Wie Sie die Energie in Ihrer Beziehung bewahren

»Sex bringt die Körperenergien zum Fließen und ist deswegen sehr heilsam für den Körper und die Seele.« (Nina Larisch-Haider; »Füreinander bestimmt«)

● Akzeptieren Sie den biologischen Unterschied der Geschlechter und die psychologische Tatsache: Männer sind vom Mars und Frauen von der Venus – und nun treffen sie sich mit verschiedenen Verhaltensmustern auf der Erde.

● Ziehen Sie keine Parallelen zu Ex-Geliebten. Ein Partner, der ständig auf dem Prüfstand steht, hat keine Chance.

● Bewahren Sie Ihre Selbstständigkeit. Pflegen Sie eigene Interessen und Ansichten.

● Kultivieren Sie ein »Wir-Gefühl«. Setzen Sie gemeinsame Ziele für die Zukunft.

● Finden Sie die richtige Balance zwischen eigenen und Partnerprojekten.

● Pflegen Sie guten Sex. Der beginnt mit Freiheiten, Vertrauen, Austausch. Und Gelassenheit, wenn mal eine Zeit lang nichts läuft.

● Entwickeln Sie eine stilvolle Streitkultur. Bleiben Sie fair, geduldig, konstruktiv und in Ihren Forderungen realistisch.

● Pflegen Sie Humor. Er verbindet und entschärft Konflikte und Krisensituationen. Bringen Sie Ihren Partner zum Lachen.

● Beleben Sie Ihren Alltag. Und zwar auch nach der großen Verliebtheit. Schenken Sie dem anderen Aufmerksamkeit, Zuwendung, geben Sie ihm Kraft, machen Sie ihm Mut. Drücken Sie Ihre Dankbarkeit aus. Schaffen Sie jeden Tag mindestens einen »magischen Moment« für Ihren Partner.

● Installieren Sie eine Fotowand voller Highlights mit schönen Erinnerungen aus vergangenen Tagen. Dies schafft gute Stimmung und regt zu neuen positiven Erlebnissen an.

Lasst frohe Menschen um euch sein

Ja, andere Menschen können eine enorme Energiequelle sein. Deshalb sollten Sie Ihre Kontakte pflegen zu Typen, wie z. B.:

● Lebenslustigen Optimisten, die andere mit ihrer unbekümmerten Art anstecken
● Fröhlichen Visionären, die Begeisterung wecken
● Souveränen Vorbildern, die positive Orientierung bieten
● Zuverlässigen Zuhörern, die zudem klug fragen
● Selbstlosen Engeln, die einem Lichtblicke geben, wenn andere völlig schwarz sehen

Erfrischend – mal richtig blödeln

Manchmal müssen es keine großartigen Sachen sein. Manchmal reicht ein Fax, wie das von einem alten Freund, den wir Power-Paul nennen. Er schickte seine unverbindlichen Vorschläge zur Verbesserung der Lebensenergie. Mehr zur Anregung als zur Nachahmung empfohlen, denn leicht entpuppt sich eine fröhliche Einlage auch mal als Fettnapf:

● Stelle einen Mülleimer auf deinen Schreibtisch und beschrifte ihn mit »Eingang«.
● Schicke E-Mails an deine Kollegen, damit sie wissen, was du gerade machst. Z. B.: »Wenn mich jemand braucht, bin auf der Toilette.«
● Verhalte dich einen ganzen Tag so wie der vorbildliche Mr. Bean.
● Fülle drei Wochen lang entkoffeinierten Kaffee in die Kaffeemaschine. Sobald alle ihre Koffeinsucht überwunden haben, gehe wieder zu Espresso über.
● Schreibe in die Verwendungszweckzeile deiner Überweisungen: Für sexuelle Gefälligkeiten.
● Gehe zu einer Dichterlesung und frage, warum sich die Gedichte nicht reimen.

Das Energiefeld vergrößern

Energie ist unsichtbar. Die Energie, die wir entwickeln können, macht uns aus. Je mehr Energie wir aufnehmen, aber auch geben können, umso größer ist das Energiefeld um uns.

Dieses Energiefeld können wir nicht nur aus uns selbst heraus oder durch andere Menschen aufladen, sondern natürlich auch, wenn wir Einflüsse aus der Umwelt nutzen.

»Nimm dir Zeit, um froh zu sein; es ist die Musik der Seele.« (Isländisches Sprichwort)

Energie durch Düfte und besondere Aromen

Olfaktorische Reize, also Düfte, besitzen eine geheimnisvolle Macht über unsere Emotionen. Sie schenken uns ein besseres Lebensgefühl und ein flüchtiges Glück. Sie werden in Bereichen des Gehirns aktiv, wo der Verstand nichts zu melden hat. Sie haben unmittelbaren Einfluss auf unser Denken. Ja, sie bestimmen unser Leben viel mehr, als uns bewusst ist. Auch wenn wir es nicht merken: Parfüms entscheiden über Sympathie oder Abneigung. Gewisse Duftnoten bleiben lebenslang stark in Erinnerung. Chanel No 5 wurde 1921 von Coco Chanels Parfümeur Ernest Beaux gemixt: aus Mairose und Jasmin, Ylang-Ylang, Zibet, Moschus, Vanillin und Fettaldehyden, Chemikalien, die konzentriert wie ranzige Butter stinken. Unsere Nase kann 7500 unterschiedliche Gerüche erkennen. Mehr als andere Sinne hat unser Geruchssinn einen direkten Draht zu unserem Unterbewusstsein und zum Zwischenhirn, das die Gefühle steuert. Dort beeinflussen die Geruchsreize drei zentrale Steuerungsorgane unseres Gefühlslebens. Neben dem Hypothalamus (oberste Hormonschaltzentrale) und der Hypophyse (Hirnanhangsdrüse) ist es vor allem das limbische System (Emotionszentrale), das Gefühle, Gedächtnis und sexuelle Begierde reguliert.

»Es gibt eine Überzeugungskraft des Duftes, die stärker ist als Worte, Augenschein, Gefühl und Wille ... Sie erfüllt uns, füllt vollkommen aus, es gibt kein Mittel gegen sie.« (Patrick Süßkind; »Das Parfüm«)

Düfte für die Seele

Bestimmte Düfte ätherischer Öle mildern Depressionen und dämpfen Stress, sie wirken beruhigend und entspannend, sie hellen die Stimmung auf, fördern die Wachheit und reduzieren Angst; andere wirken sich auf unseren mentalen Zustand kräftigend und anregend aus – sie wecken neue Energie und verbessern dadurch zweifellos unser Wohlbefinden. Darauf basiert die Aromatherapie.

Ätherische Öl sind die kleinsten Öltröpfchen, die geruchsintensiven Essenzen, die in den Blättern, Blüten, Rinden oder Schalen von Pflanzen gebildet werden. Ein Tropfen Rosenöl wird aus 30 Rosenblüten gewonnen. Ein Kilogramm Vanilleöl kostet 2500 DM. Die gleiche Menge künstlich hergestelltes Vanillin nur 20 DM. Ätherische Öle sind flüchtige, leicht entzündbare Substanzen, doch sie sind gewissermaßen die Lebenskraft, die Energieträger, die Seele der Pflanze.

Auf uns wirken ätherische Öle zum einen körperlich über die Haut oder Schleimhaut. Weil sie fettlöslich sind, gelangen sie rasch über das Blut zu den einzelnen Organen. Darüber hinaus entfalten sie auch geistig-seelische Wirkung: Über den Geruchssinn schleichen sich Düfte ins Unterbewusstsein und beeinflussen unsere Gefühle. Wie Sie Wohlgeruch und Wirkung ätherischer Öle nutzen können:

Für ein Vollbad mischen Sie 5 bis 10 Tropfen des ätherischen Öls mit 100 Milliliter Sahne oder 2 Esslöffeln Honig.

● Durch die Duftlampe (3 bis 8 Tropfen in ein mit Wasser gefülltes Schälchen, das von einem Teelicht erhitzt wird)
● Durch ein Beduftungsgerät, betrieben mit 100 Prozent naturreinen Essenzen (führendes Produkt: Aero-Wave)
● Durch Massagen und Einreibungen (mit hochwertigem Basisöl)
● Durch ein duftendes Vollbad

Energiespendende Duftöle

Ätherisches Öl	Duftnote	Wirkung
Bitterorange	Fruchtig-süß	Hilft bei geistiger Erschöpfung und Niedergeschlagenheit
Eukalyptus	Belebend, erfrischend	Vertieft die Atmung, erhöht die Konzentration, spendet neue Energie
Geranie	Blumig, duftend	Entspannend, anregend, hilft gegen Erschöpfung
Grapefruit	Fruchtig-herb	Anregend für Körper und Seele, stimmungsaufhellend, erfrischend
Jasmin	Süßlich	Regt die Sinnlichkeit an, heilt emotionale Verletzungen
Lavendel	Herb-krautig	Vertreibt negatives Denken, löst Blockaden
Lemongrass	Zitronig-frisch	Erfrischend, konzentrationsfördernd, gegen Erschöpfung und Ängste
Mandarine	Süßlich-frisch	Stimmt friedlich und entspannt, weckt innere Heiterkeit und Spiritualität
Patschuli	Erdig-süßlich	Gut gegen Stress, vertreibt Ängste, schenkt neues Selbstvertrauen, erotisierend
Rose	Blumig-sinnlich	Fördert die Liebe zu sich, bringt in einen meditativen Zustand
Rosmarin	Kampferartig	Aktiviert den Körper, wirkt kreislaufanregend, hilft gegen Abgespanntheit und Mutlosigkeit
Sandelholz	Süß, holzig	Beruhigend, regenerierend, harmonisierend
Ylang-Ylang	Orientalisch, schwer	Entkrampfend, entspannend, ausgleichend, erotisierend
Zimt	Würzig, nelkig	Entspannend, stärkend, anregend

Die Wirkung von Farben auf unsere Energie

Auch Farben haben einen tief gehenden Einfluss auf Körper und Seele. Bei einem Spaziergang im Grünen suchen und finden wir Erholung. Jede Farbe weckt auf spezielle Weise Assoziationen in uns, hat ein gewisses Image für uns und hinterlässt einen besonderen Eindruck auf uns. Farben können, wenn wir sie richtig einsetzen, stärkende Kräfte für unseren Alltag entfalten. Die Farbe der Kleidung und die Farben in unserer Wohnung beeinflussen daher unser Gefühlsleben und Wohlbefinden.

● Blau ist beispielsweise für schlechte Schläfer eine beruhigende Schlafzimmerfarbe.

● Grün (Lind- oder Gelbgrün) fördert Harmonie und Kreativität.

● Gelb im Arbeitszimmer regt die Konzentration an.

● Orange wirkt anregend bzw. warm und behaglich – je nach Strahlkraft der Farbe.

● Infrarotes und ultraviolettes Licht werden medizinisch eingesetzt, um Muskeln zu lockern oder Schuppenflechte zu behandeln.

● Weißes Licht stimuliert die Zirbeldrüse, sie produziert dann an dunklen Tagen mehr Melatonin (gegen die Winterdepression).

Faustregel: Je kräftiger die Farben sind, umso heilkräftiger sind sie auch. Je gedeckter oder zarter (durch Mischen) Farben sind, umso weniger wirksam sind sie auch.

Elektromagnetische Schwingungen

Dass Farben auf unser Fühlen und Denken wirken, war schon in antiken Kulturen bekannt. Heute kommt das Wissen wieder bei ganzheitlichen Therapeuten verstärkt zum Einsatz. In der modernen Physik wird Licht als elektromagnetische Schwingung erklärt.

Es war der englische Physiker Isaac Newton (1643–1727), der diese bahnbrechende Entdeckung machte. Wenn ein Lichtstrahl auf ein Prisma fällt, so fand er heraus, werden durch die Lichtbrechung im Glaskörper die Regenbogenfarben sichtbar: von Violett über Indigo, Blau, Grün, Gelb und Orange bis Rot. Jede dieser Spektralfarben hat eine eigene Schwingung, die unterschiedlich hohe Energie ausstrahlt. Der Farbforscher Theo Gimbel erkannte, dass Farben sogar eine höhere Schwingungsenergie und somit auch eine größere Wirksamkeit als Töne besitzen.

Mehr Farbe ins Leben bringen

Diese Energie beeinflusst unseren Organismus nachhaltig. Die Farbtherapie geht davon aus, dass bestimmte Farben auf bestimmte Organe wirken und sie stimulieren – und ganz besonders die Psyche. In unserer Umgangssprache spiegelt sich das Phänomen wider. Rot ist die Liebe und Grau alle Theorie. Pessimisten nennen wir Schwarzmaler. Wir sprechen von »unschuldigem« Weiß, wir können es zu bunt treiben, manche sind noch grün hinter den Ohren (unreif), manchmal sind wir richtig blau (besoffen) oder sehen rot (vor Wut). Jede Farbe weckt auf spezielle Weise Assoziationen in uns, was sich besonders die Werbung zunutze macht.

Harmonisiert die Seelenlage

Wir können mit und durch Farben unseren Seelenzustand harmonisieren, Beschwerden lindern und zusätzliche Energie freisetzen. In der kinesiologischen Praxis wird Farblicht unterstützend eingesetzt. Erfolgreich deswegen, weil die richtige Farbe unser seelisches Gleichgewicht stabilisiert – und so die Selbstheilungskräfte in Gang kommen.

Bringen Sie die richtigen Farben in Ihr Leben: Sehen Sie nicht rot, betrachten Sie lieber den blauen Himmel! Ärgern Sie sich nicht schwarz, sehen Sie das Leben manchmal lieber durch eine rosarote Brille!

Farben und Assoziationen

Farbe	Assoziation
● Gelb	Heiter, sonnig, hell
● Rot	Aktiv, kräftig, dynamisch
● Orange	Warm, reif, leuchtend, fröhlich, strahlend
● Grün	Natürlich, lebendig, jung
● Blau	Klar, kühl, himmlisch
● Braun	Erdig, behaglich, einfach
● Violett	Geheimnisvoll, intim, ungewöhnlich
● Weiß	Rein, sauber, klinisch, unschuldig
● Schwarz	Markant, professionell
● Grau	Unauffällig, dezent, konservativ
● Silber	Technisch, modern
● Gold	Nobel, exklusiv

Gelb weckt neue Kräfte

Gelb ist die lichte, heitere Farbe des Lebensspenders Sonne, des Sommers und der Fruchtbarkeit. Gelb macht wach und aufmerksam, lässt gute Laune aufkommen und stimmt heiter. Gelb macht, dass einem warm ums Herz wird.

Die Farbe Gelb strahlt Wärme aus. Auch die Sonne wird immer gelb dargestellt – obwohl sie eigentlich weiß oder orange scheint.

Goethe, der eine bis heute gültige Farbenlehre (»Über die sinnlich-sittliche Wirkung der Farben«) entwickelte, betrachtete die Winterlandschaft durch ein gelbes Glas, um seine Stimmung aufzuhellen: »Das Auge wird erfreut, das Herz ausgedehnt, das Gemüt erheitert, eine unmittelbare Wärme scheint uns anzuwehen.«

Die Farbe des Lebens

Der Farbtherapeut Prof. Dr. Max Lüscher vertritt sogar die Theorie: Wer Gelb ablehnt, lehnt das Leben ab. Ein reines Gelb setzt durch seine »transparenten« Farbschwingungen blockierte, gleichsam verdichtete Energien eines Menschen wieder frei – seine Selbstheilungskräfte werden gestärkt.

Gelb steht in der Farbtherapie für Bewusstsein wecken, Freude verbreiten, es wirkt anregend und stärkt die Konzentration, Arbeitsbereitschaft und auch die Verdauungsorgane. Einsatzgebiet: gegen Depressionen, Verspannungen, Allergien, Asthma.

Schauen Sie mal nicht durch die rosarote Brille, sondern durch die gelbe. Sie schweben dann zwar nicht auf Wolken, aber die Lebensfarbe Gelb weckt ganz schnell neue Energien.

Rot regt an

Auf die Farbe Rot reagiert der Körper am stärksten – Rot aktiviert alle Funktionen, die für Kampf oder Flucht notwendig sind. Die alten Chinesen ordneten Rot dem Feuer und seinen vier Meridianen zu: Herz, Dünndarm, Kreislauf-Sexualität und Dreifacher Erwärmer. Durch Rot wird vor allem der arterielle Blutkreislauf angeregt, was sich durch eine stabilere Gesundheit und höhere Vitalität bemerkbar macht. Das Spektrum der Emotionen, wenn Sie Rot sehen: Liebe, Freude und Glück, aber auch Ärger und Hysterie.

Rotorange erhöht die Lebensenergie

In der Farbtherapie wird Rot immer dann eingesetzt, wenn gestaute Energien zum Fließen gebracht werden sollen – wenn insgesamt die Lebensenergie erhöht werden soll. Wenn Rot mit Gelb zu Rotorange gemischt wird, kann es dem ganzen Körper hohe Energie zuführen.

Blau dämpft und beruhigt

Blau hat den gegenteiligen Effekt von Rot – Blau regt den Parasympathikus an, der in unserem Nervensystem für Entspannung zuständig ist. Blau symbolisiert die Tiefe des Meeres und die Weite des Himmels. Blau führt den Betrachter zu sich selbst, zu seiner Seele. Blau gleicht die Energien im Körper aus und mindert den Energiefluss. Die Muskelreaktion verlangsamt sich, Blutdruck und Puls sinken, ebenso die Adrenalinausschüttung.

I feel blue

Wir machen eine Fahrt ins Blaue, wir können ein blaues Wunder erleben – aber wir können auch den Blues bekommen. Die englische Redewendung »I feel blue« bedeutet: Bin nicht gut drauf, bin ein bisschen depressiv. In der chinesischen Medizin symbolisiert Blau das Wasser und die Meridiane Blase und Nieren. Mit ihnen sind die Emotionen Angst, aber auch Mut und Zuversicht gekoppelt.

Grün harmonisiert

Mit Grün verbinden wir Natur. Grünes Licht in der Farbtherapie wirkt harmonisierend (»Wir sind uns grün«) und entstressend. Grün beruhigt den Organismus, bringt Körper, Geist und Seele in Einklang. Grün

»Die aktive Seite ist hier in ihrer höchsten Energie, und es ist kein Wunder, dass energische, gesunde Menschen sich besonders an dieser Farbe erfreuen.« (Johann Wolfgang von Goethe über die Farbe Rot)

hilft uns, zu unserer Mitte zu kommen, die Balance zu finden. Im Winter wäre es ratsam, ab und zu einen Palmengarten oder ein Gewächshaus zu besuchen – um Grünkraft aufzutanken. Die traditionelle chinesische Medizin verbindet mit der Farbe Grün das Holz und die Meridiane Gallenblase und Leber. Das Gefühlsspektrum dazu: Glück, Harmonie, aber auch Wut, Hilflosigkeit und Passivität.

Energiespeicher: In einem orange-rot gestrichenen Raum könnte es bis zu 10 °C kälter sein als in einem blauen Raum – ehe Sie schließlich zu frieren beginnen.

Wie Farblicht auf das Energiesystem wirkt

Anfangs hatten wir das Konzept des indischen Energiesystems angerissen: die Chakras (siehe Seite 22). Sieben Hauptchakras, die mit ihren zugehörigen Organen und Farben die Energiezentren entlang der Wirbelsäule bilden. Körperliche und seelische Probleme entstehen laut indischer Lehre, wenn die Chakras unausgeglichen sind.

Die Chakras lassen sich sehr gut mit farbigem Licht behandeln. Die Kinesiologin Dr. Isa Grüber: »Wir können mit dem Muskeltest leicht herausfinden, durch welche Farbe ein Chakra balanciert wird.« Erfahrungen in der Praxis haben gezeigt:

● Gelbes Licht auf das Scheitel- oder Stirnchakra löst Fixierungen und schafft innere Weite.

● Gelb oder Orange auf das Kehlkopfchakra helfen bei Kommunikationsproblemen und können einen Kloß im Hals auflösen.

● Grün oder Rot auf das Herzchakra machen das Herz weit und helfen bei zwischenmenschlichen Konflikten.

● Blau auf das Solarplexuschakra gleicht Überaktivität aus, Gelb oder Orange helfen über Antriebsschwäche hinweg.

● Rot auf das Basischakra gibt festen Boden unter den Füßen bei Weltflucht oder Lebensferne.

Energie laden an Orten der Kraft

Stonehenge (England) und Carnac (Bretagne), die Pyramiden von Gizeh (Ägypten) und Ayers Rock (Australien), der Fudschijama (Japan), der Vulkan Kilauea (Hawaii), das aztekische Teotihuacán oder der tibetische Berg Kailas – lauter weltbekannte mystische Orte. Wo die wilden Kräfte wohnen. Bizarre Klippen, steinalte Wälder, abgründige Canyons

– seit Urzeiten lassen sich Menschen in den Bann magischer Orte ziehen. Powerorte, die mit Energie aufladen. Wo wir in der Größe der Natur ganz winzig wirken. Wo wir Inspiration finden. Wo wir spüren, was wichtig ist und was nicht. Wo wir uns selbst spüren – spüren, wer wir sind.

Die Welt – ein Kraftfeld

Kultstätten, die auf eigenartige Weise berühren. Auf diesen Orten liegt ein geheimnisvoller Zauber, der streng wissenschaftlich genommen unerklärlich ist. Die Anhänger der Geomantie (Lehre mystischer Phänomene) erklären es so: Auch die Erde sei von Kraftlinien durchzogen, die Energiefelder bilden. Die Wahrnehmung der (Aus-)Strahlung eines Orts lässt sich lernen. Der Instinkt, der eine Katze scheinbar willkürlich davon abhält, sich hinzulegen, wo sie »bad vibrations« spürt, sei bei uns verschüttet. Die Quittung: Schlaflosigkeit, Schlappheit, Nervosität. Unsere Ahnen, so die Geomanten, wussten Orte aufzuspüren, die geschaffen sind für spirituelle Erlebnisse. Dort bauten sie ihre Tempel und Kultplätze – bis heute Stätten von mystischer Kraft.

Der Wohlfühlplatz in der Wohnung

Unsere moderne Hightech-Welt ist ziemlich arm geworden an Mythen, Märchen und Ritualen. Warum schaffen wir uns dann nicht unseren kleinen privaten Ort der Inspiration und Sicherheit? Haben Sie ein Zimmer in Ihrer Wohnung oder unterm Dach, irgendeinen Winkel im Haus, eine Stelle im Garten oder nächstgelegenen Park, wo Sie sich ganz besonders gern aufhalten? Wenn noch nicht: Schaffen Sie sich so einen speziellen, No-Stress-Wohlfühlplatz, der nur Ihrem Müßiggang dient. Stellen Sie dort auf, was Sie inspiriert: Bilder, ganz persönliche Gegenstände. Suchen Sie diesen Platz täglich wenigstens für ein paar Minuten auf, ziehen Sie sich zurück in Ihre Träume, Visionen, Phantasien – tanken Sie auf diese Weise Energie.

Ein heiliger Ort daheim

Für den Mythenkenner Joseph Campbell stand fest: Jeder braucht für seinen Rückzug einen heiligen Ort. »Sie müssen ein Zimmer oder eine bestimmte Stunde oder so am Tag haben, wo Sie nicht wissen, was am Morgen in der Zeitung gestanden hat, nicht wissen, wer Ihre Freunde

> »Egal, ob es sich um einen Schluck Wein, einen Großeinkauf, einen wohlverdienten Urlaub, ein befreiendes Lachen oder einen wohltuenden Tränenausbruch handelt – das sind die Genüsse, die unser Leben aufheitern und beleben.«
> (Robert Ornstein und David Sobel)

sind, nicht wissen, was Sie irgendwem schulden, nicht wissen, was irgendwer Ihnen schuldet. Das ist ein Ort, an dem Sie einfach erfahren und herauslassen können, was Sie sind und was Sie sein könnten. Es ist ein Ort schöpferischer Inkubation. Zuerst kann es sein, dass dort nichts geschieht. Wenn Sie einen heiligen Ort haben, ihn benutzen, wird irgendwann etwas geschehen.«

Die traditionelle chinesische Harmonielehre Feng Shui lehrt Möglichkeiten, wie Sie das Fließen der Lebensenergie Chi günstig beeinflussen, Harmonie und Charakter eines Orts positiv nutzen können.

Reisen in der Phantasie

Besuchen Sie in Gedanken (Tagtraum) einen erfreulichen Ort. Schließen Sie für ein oder zwei Minuten die Augen, und beamen Sie sich an Ihren Wunschort. Untermalen Sie die Reise mit den sanften Klängen Ihrer Lieblingsmusik. Herzschlag und Blutdruck werden sich normalisieren, ein entspannendes Gefühl entfaltet sich – Sie laden auf.

Good and bad vibrations

Kann sicher jeder bestätigen: Eine gute oder schlechte Umgebung erzeugt gute oder schlechte Gefühle und Erinnerungen. Und die wiederum beeinflussen unseren Zustand und unser Verhalten. Die Kraft, die von einem Raum, einem Plätzchen, einem besonderen Ort ausgehen kann, kann uns negativer beeinflussen, als wir glauben. Umgekehrt kann uns eine Umgebung, die uns angenehm ist, wunderbar stimulieren – als Kraftplatz.

Suchen Sie sich einen Ort zum Abschalten und Entspannen. Das sollte natürlich nicht nur im Urlaub sein, sondern auch in der nächsten Umgebung. Lassen Sie die Seele baumeln, und träumen Sie sich weit weg.

Ein Gespür für Kraftorte entwickeln

»Orte der Kraft gibt es überall«, weiß Günter Harnisch. Das kann eine Quelle, eine romantische Lichtung, ein einzeln stehender Baum, eine prächtige Buche, eine alte Eiche sein. »Es sind Orte, an denen Menschen Ruhe und Geborgenheit suchen, Besinnung, Sicherheit, Erweiterung ihres Bewusstseins; Orte, an denen sie sich erden, aufladen und Kraft schöpfen, wo sie den Kontakt zur Erde, zur Natur und zu sich selbst wieder herstellen können. Die von starken Plätzen ausgehende Energie kann jeder Mensch selbst spüren. Er braucht dazu weder Messgeräte noch ein Heer von Experten.«

**»Unsere Energie fließt überall dorthin, wohin wir unsere Aufmerksamkeit richten. Und mit unserem Bewusstsein können wir die Kraft spüren, die in Orten, Gegenständen und Symbolen wohnt. Unsere Träume sind voll von Symbolen der Kraft.«
(Günter Harnisch)**

Energie finden an Kraftorten

Spätestens mit seinem Buch »Orte der Kraft« ist Günter Harnisch selbst zum Experten geworden. Seine Empfehlung:

● Versuchen Sie, bei Ihren Spaziergängen in der Natur möglichst intensiv zu spüren, wie ein Ort auf Sie wirkt.

● Schauen Sie Landschaften bewusst an – mit den Augen eines Malers.

● Schließen Sie Ihre Augen, und achten Sie auf die Vielzahl der Geräusche.

● Atmen Sie tief ein und aus. Nehmen Sie bei jedem Einatmen bewusst wahr, wie schön Ihre Umgebung ist und wie viel Lebenskraft sie Ihnen mit jedem Einatmen gibt.

● Versuchen Sie, Unterschiede zu spüren: Wie fühle ich mich, wenn ich durch einen Wald gehe? Wenn ich auf einem Berg stehe? An einem See, an einem Fluss, Bach oder am Meer?

● Versuchen Sie, Zwischenbereiche zu spüren: Wie empfinde ich den Übergang vom Wald in eine offene Ebene, den Aufstieg auf einen Berg oder den Abstieg ins Tal?

● Nutzen Sie Ruhepausen, um in der freien Natur zu meditieren. Der Lohn dafür: Die Wahrnehmung verfeinert sich allmählich. Die Kraft eines Orts lässt sich intensiver spüren.

Vom guten Vorsatz zum aktiven Start

Der Anfangsschwung für ein vitales Leben

Sie kennen das sicher vom Fliegen: Damit ein Flugzeug in den Himmel starten kann , muss der Pilot erst einmal richtig Gas geben. Vollgas. Nur dann sind die Voraussetzungen für das Abheben erfüllt. So ähnlich müssen wir uns das auch vorstellen, wenn wir neue Vitalität in unser Leben bringen wollen: Um erst mal in Schwung zu kommen, müssen wir richtig Gas geben. Vollgas.

Sie träumen von maximaler Lebensenergie, von Kreativität, von Höchstleistung und dauerhaftem Erfolg? Beherzigen Sie bitte, dass all das nur erreichbar ist, wenn Sie gleichzeitig die drei Faktoren Bewegung, bewusste Ernährung und konstruktives Denken in Ihr Leben bringen. Plus den Spaßfaktor – ein ganz besonders wichtiges Element. Er stellt die stärkste Waffe im Kampf gegen die natürliche Trägheit dar, denn die Aussicht auf Vergnügen macht es um vieles leichter, sich wirklich aufzuraffen.

Warten Sie nicht auf den Schwung, der Sie aktiv werden lässt. Werden Sie aktiv, dann kommen Sie in Schwung.

Durchstarten und abheben

Eigentlich möchten/könnten/sollten, nein, eigentlich müssen Sie sogar ein paar Pfunde abspecken. Eigentlich würden Sie sich ja gern vernünftiger ernähren und viel mehr bewegen. Eigentlich haben Sie ja vor, regelmäßig ins Fitnessstudio zu gehen und drei-, viermal in der Woche zu joggen. Eigentlich. Aber im Moment haben Sie beim besten Willen keine Zeit dafür?

Stopp! Gute Vorsätze allein sind noch nichts wert. Wenn Sie Ihre neu gewonnene Aufbruchsstimmung jetzt nicht nutzen, wenn Sie dem inneren Schweinehund (»Ich bin eben so«) weiterhin nachgeben, wenn Sie nicht wirklich ins Handeln kommen, werden Ihre guten Vorsätze zu einem gefährlichen Bumerang, der ständig die Stimmung zerstört. Denn Sie wissen: Das, was ich eigentlich tun will, tue ich blöderweise nicht. Und das, was ich tue, will ich eigentlich nicht. Das Resultat: immer dieses schlechte Gewissen.

Was als erstes zu tun ist
● Bringen Sie ab sofort ausreichend Bewegung in Ihr Leben. So maximieren Sie alle Körperfunktionen. Beginnen Sie mit aerobem Training. Schaffen Sie sich ein Paar gute Laufschuhe und eine Pulsuhr an. Laufen Sie regelmäßig. Am besten täglich, wenigstens aber drei-, viermal pro Woche. Verbessern Sie Ihre Fitness.
● Lassen Sie Ihre Blutwerte vom Arzt checken. Lernen Sie, Ihre wichtigsten Blutwerte selbst zu beeinflussen. Kontrollieren Sie die Basiswerte weiterhin alle sechs Monate.
● Essen Sie ab sofort bewusster und vernünftiger. Mit der richtigen Ernährung liefern Sie Ihrem Körper mehr Energie.
● Nutzen Sie ab sofort die Kraft Ihrer Gedanken. Lassen Sie sich nicht länger von negativen Gedanken lähmen. Finden Sie zu einer optimistischen Lebenseinstellung. Programmieren Sie Ihr Unterbewusstsein auf Erfolg, leben Sie gedanklich schon die positiven Ergebnisse durch.
● Bringen Sie ab sofort mehr Spaß in Ihr Leben. Kosten Sie aus, was Sie tun, können, haben. Lassen Sie mehr Leichtigkeit zu. Genießen Sie den Augenblick. Verschwenden Sie weniger, am besten keine Energie an das, was mal war und mal sein könnte.

Die meisten Menschen wissen, was zu tun ist, doch die wenigsten tun, was sie wissen.

Wie Sie ins Handeln kommen

»Ich werde«-Entscheidungen treffen

Definieren Sie genau Ihre Ziele. Und zwar positiv und konkret. Zielsetzungen sind verbindliche Programmvorgaben für das Unterbewusstsein. Ziele, die mit einem zaghaften »Ich müsste mal wieder« oder »Ich sollte eigentlich« beginnen, können Sie gleich vergessen – das wird nie im Leben was.

Wenn Sie innerlich nicht überzeugt sind (»Ich werde ab sofort joggen«), müssen Sie endlich für sich klaren, WARUM es absolut nötig ist, etwas in Ihrem Leben zu ändern.

Begründen Sie Ihr WARUM

Schreiben Sie auf, warum Sie dieses Ziel unbedingt erreichen wollen. Wenn Ihr WARUM wichtig genug ist, dann werden Sie jedes WIE aus dem Weg räumen. Ein Beispiel dazu: Warum ich regelmäßig joggen werde? Ich wirke attraktiver. Mein Selbstvertrauen steigt. Ich bin belastbarer und kann kreativer arbeiten, die Ergebnisse werden besser. Ich kann klarer denken und mich besser konzentrieren. Ich wirke dynamischer. Meine Chancen im Job steigen.

Bleiben Sie realistisch

Nur realisierbare Ziele sind starke Ziele. Bauen Sie keine Luftschlösser. Nur wer praktikable Möglichkeiten sieht, an seinem Zustand etwas zu ändern, kann seine Vorsätze erfolgreich umsetzen.

Zeitvorgaben und Geduld

Schreiben Sie vor oder hinter jedes Ihrer Ziele, wie lange Sie zur Umsetzung brauchen. Haben Sie Geduld! Wir erwarten oftmals viel zu viel – und das in viel zu kurzer Zeit. Das muss ja unweigerlich zu Enttäuschungen führen.

Machen Sie sich immer wieder klar: Alles braucht nun mal seine Zeit. Genießen Sie kleine Erfolge auf Ihrem Weg. Stecken Sie Ihre Erwartungen nicht zu hoch, sondern planen Sie mehrere Etappen ein, die Sie einzeln als Ziel erreichen wollen. Wenn Sie kleine Erfolgserlebnisse sehen, bleibt auch Ihre Motivation erhalten.

»So haben Sie Erfolg«: Im Bestseller von Jörg Löhr und Ulrich Pramann, erschienen im Südwest Verlag, finden Sie eine wirksame Anleitung, wie Sie ins Handeln kommen.

Sich eine Zeit setzen, wann welches Ziel erreicht werden soll, ist sinnvoll. Sich dadurch aber unter Zeitdruck zu setzen, bewirkt das Gegenteil – nichts klappt mehr. Also: Sehen Sie nicht alles so eng!

Seien Sie bereit, den Preis zu zahlen

Es hilft nichts: Alles hat seinen Preis. Wenn Sie Ihr Ziel erreichen wollen, kostet das etwas. Sie müssen Zeit investieren, Kraft und Disziplin, Sie müssen Durchhaltevermögen mitbringen und leider immer wieder Ihre Komfortzone verlassen.

Der richtige Dreh

Zwölf Gramm Eisen stellen noch keinen besonderen Wert dar. Doch wenn Sie das Eisen an den richtigen Stellen formen und zurechtfeilen, dann kann es in ein Schloss passen. Und wenn Sie dann noch in die richtige Richtung drehen, kann es eine tonnenschwere Tür öffnen und Ihnen Zutritt zu den Schätzen des Lebens ermöglichen. Der richtige Dreh mit dem richtigen Schlüssel macht es auch möglich, durchzustarten und abzuheben. Dieser Schlüssel zu Ihrem persönlichen Erfolg besteht aus vier zwingend zusammengehörenden Faktoren:

- 60 Prozent Denken (Einstellung)
- 15 Prozent Bewegung
- 15 Prozent Ernährung
- 10 Prozent Spaß

»Downshifting« heißt das neue Zauberwort. Aus der Jobtretmühle aussteigen, nur noch an drei, vier oder fünf Tagen in der Woche arbeiten und auf Geld verzichten. Der Gewinn: mehr Lebensqualität, ein neuer Sinn im Leben.

Warum der Spaßfaktor wichtig ist

Wenn etwas Spaß macht, sind wir innerlich motiviert. Wenn wir Spaß haben, begeistert sind von dem, was wir tun, müssen wir nicht ständig gegen innere Widerstände ankämpfen. Die Arbeit erledigt sich wie von selbst. Auch Schwieriges flutscht fast ohne Anstrengung. Die Zeit scheint wie im Flug zu vergehen. Wir nützen unwillkürlich sämtliche Energien, die in uns stecken. Deshalb ist die Wahrscheinlichkeit des Gelingens sehr hoch.

Was wir tun, sollte optimal auf unsere Motive und Bedürfnisse abgestimmt sein. Dann schaffen wir günstige Bedingungen dafür, dass die Energien, die in diesen unbewussten Bereichen entstehen, auch wirksam genutzt werden können. Durch den Faktor Spaß hebeln wir innere Handlungsblockaden aus; es ist daher nicht (oder nur selten) nötig, große Anstrengung und Willensstärke einzusetzen.

Wie Sie den Spaßfaktor fördern

- Nutzen und leben Sie den Augenblick: Carpe diem! Denken Sie daran: Lebensglück ist kein Endergebnis, sondern die gegenwärtige Freude und der Spaß an dem, was Sie gerade tun. Gewiss, fürs Glück spielen Vergangenheit und Zukunft eine Rolle. Aber nur eine Nebenrolle. Hauptsache ist die Gegenwart.

- Stecken Sie Ihre Energie also ins Hier und Jetzt. Betrachten Sie das, was Sie tun, als Spiel, als spannendes Spiel.

- Sehen Sie am besten das ganze Leben als Spiel, leben Sie spielerischer, setzen Sie Ihre Phantasie ein. Und denken Sie auch immer wieder daran: Das Leben findet täglich statt.

- Wer sagt denn, dass Sie immer perfekt sein müssen? Wir wissen doch: Fehler sind ganz normal. Fehler sind menschlich. Fehler sind sogar wie Wegweiser in die Zukunft.

- Wer sagt denn, dass Sie sich ständig sorgen müssen? Wir sollten wissen: Statistik und Lebenserfahrung beweisen, dass über 90 Prozent unserer Sorgen überflüssig sind.

Die Gedanken richtig lenken

Wir sind, was wir denken. Unsere Gedanken sind auch eine Form von Energie. Energie kann niemals verloren gehen, aber sie lässt sich umwandeln. Also können Sie auch Gedanken umwandeln: negative Gedanken in konstruktive. Leider lassen wir da oben – oft gedankenlos – das größte Chaos zu. Betreiben Sie aktive Gedankenhygiene. Richten Sie Ihre Aufmerksamkeit mehr auf die positiven Seiten des Lebens. Sondern Sie schlechte Nachrichten, an denen Sie ohnehin nichts ändern können, ab sofort aus. Belasten Sie sich nicht mit Problemen, die nicht die Ihren sind und zu deren Lösung Sie nichts beitragen können.

Den negativen Dialog stoppen

Stoppen Sie den (negativen) inneren Dialog. Wie das geht? Kein Mensch kann zwei Gedanken gleichzeitig denken. Also ersetzen Sie Ihre rationalen Gedanken durch irrationale – denken Sie einfach Unsinn. Wiederholen Sie ein sinnloses Wort (z. B. sonon, sonon, sonon) immer und immer wieder. Ständige Wiederholung regt unser Entspannungszentrum an. Nach wenigen Minuten sind Ihre Hirnwellen ver-

»Achte gut auf diesen Tag. Denn er ist das Leben – das Leben allen Lebens, in seinem kurzen Ablauf liegt alle Wirklichkeit und Wahrheit des Daseins, die Wonne des Wachsens, die Größe der Tat, die Herrlichkeit der Kraft. Denn das Gestern ist nichts als ein Traum und das Morgen nur eine Vision. Das Heute jedoch – recht gelebt – macht jedes Gestern zu einem Traum voller Glück. Und jedes Morgen zu einer Vision voller Hoffnung. Drum achte gut auf den Tag.« (Aus dem Sanskrit)

So programmieren Sie sich positiv

● Gestalten Sie sich ein Traumalbum. Kleben Sie geistreiche Sprüche, aufbauende Zitate, Bilder und Zeitungsausschnitte, die in Zukunft ein wichtiger Bestandteil Ihres Lebens sein sollen, in ein Ringbuch oder Fotoalbum. Füttern Sie Ihr Unterbewusstsein!

● Rufen Sie sich täglich (am besten gleich morgens nach dem Aufwachen und abends vor dem Einschlafen) ins Bewusstsein, was Sie tun werden, um Ihre Ziele zu erreichen, und wie Sie danach sein werden – nutzen Sie die Kraft der Visualisierung.

● Schauen Sie sich Ihr Traumalbum so oft wie möglich an. Verinnerlichen Sie positive Bilder in einer entspannten Atmosphäre. Schließen Sie dann die Augen. Genießen Sie das Gefühl, bereits am Ziel zu sein.

● Sehen Sie negative Erfahrungen (PRO-bleme) als Potenzial und Chance für Verbesserungen und als Anlass, Ihre Strategie zu ändern. Stellen Sie sich die Frage: Ist diese Erfahrung wichtig und hilfreich für meinen Weg zum Ziel?

● Entdecken und entlarven Sie Ihre negativen Programme, und programmieren Sie sich um auf Ihr gewünschtes neues Verhalten.

● Verstärken und wiederholen Sie Ihr neues Verhalten immer wieder – solange, bis es schließlich zu einer Gewohnheit und zu einem wirksamen Programm geworden ist.

● Machen Sie sich bewusst, dass Sie heute genau an dem Punkt stehen, der für Sie richtig und gut ist.

● Schaffen Sie sich positive Referenzen und Erfahrungen in der Umsetzung jener Dinge, die Sie Ihrem Ziel näher bringen. Probieren Sie Neues aus, und erfreuen Sie sich an den positiven Ergebnissen.

● Orientieren Sie sich auf dem Weg zu Ihren Zielen an Menschen, die bereits dort sind oder waren, wohin Sie noch kommen wollen.

● Konzentrieren Sie sich zu 80 Prozent auf das WARUM und zu 20 Prozent auf das WIE. Nur die Antwort auf das Warum schafft nämlich Ihren inneren Beweggrund.

● Führen Sie ein Erfolgstagebuch. Notieren Sie täglich fünf bis zehn »Diamanten«, also Sachen, die Ihnen gut gelungen sind. Das schafft Selbstwertgefühl.

● Lassen Sie los, und genießen Sie den Weg zum Ziel!

langsamt, weil wirre Assoziationen verschwinden. Dann sind Sie im Alpha-Rhythmus – dem Zustand völliger Entspannung. Anfangs brauchen Sie vielleicht noch 10 oder 15 Minuten, um diesen gesunden Entspannungszustand zu erreichen. Doch nach einigen Wochen schaffen Sie es in Sekunden. 20 Minuten dieses Reflextiefschlafs sind so wertvoll wie zwei Stunden Nachtschlaf.

Halten Sie sich immer diesen Satz vor Augen: Wenn ich weiterhin das tue, was ich immer getan habe, werde ich auch weiterhin das bekommen, was ich immer bekommen habe.

Bewusste Ernährung – Tipps für mehr Vitalität

Suchen Sie Eiweiß

Ihr Speiseplan sollte möglichst oft Bohnen, Erbsen, Linsen, Getreide, Hüttenkäse, Magerquark, Putenbrust, Wild und Fisch enthalten. Eiweiß bestimmt unsere Leistungsfähigkeit und unser Wohlbefinden. Faustregel: Ab einem Gesamteiweißspiegel von 7,7 mg/dl fängt das Leben an. Darunter fühlt man sich oft lustlos, saftlos, kraftlos – energielos. Manchmal dauert es bis zu zwei Jahre, um 60 oder gar 85 Kilogramm schwere Körper wieder mit wertvollen Eiweißbausteinen zu versorgen, denn die neuen Aminosäuren füllen erst einmal die leeren Eiweißspeicher auf.

Wenn Sie Ihren Eiweißspiegel rasch anheben wollen, greifen Sie auf ein spezielles Eiweißpulver für Kopfarbeiter zurück, das reich an gehirnaktiven Aminosäuren ist und weder Fett noch Cholesterin oder Harnsäure enthält (wie Steaks).

Meiden Sie Fett

Statt Kalorien zu zählen, ist es besser, das Fett zu kontrollieren. Fett lähmt die Verdauung. Darum wird wertvolles Eiweiß oft gar nicht erst aufgenommen. Wir benötigen nur minimale Mengen an Fett – und das ist in der Nahrung reichlich enthalten.

● Sparen Sie also die Extrarunde Olivenöl über Ihrem Salat.
● Meiden Sie panierte oder frittierte Snacks.
● Bevorzugen Sie pflanzliche vor tierischen Fetten.

»Es sind nicht die Dinge an sich, die den Menschen beunruhigen, sondern das, was er über die Dinge denkt.«
(Epiktet)

Suchen Sie langkettige Kohlenhydrate

Die Vollkornsemmel wird im Magen nur langsam zersetzt, beste Voraussetzung für lange Konzentrationsphasen. Die langkettigen Kohlenhydrate müssen erst durch Enzyme im Speichel oder der Magensäure zerlegt werden. Machen Sie den Test: Schokolade schmeckt sofort süß – ein schneller Zucker. Ein Stück Brot müsste man lange kauen, bis sich der süßliche Geschmack einstellt – ein langer Zucker.

Meiden Sie kurzkettige Kohlenhydrate, also den schnellen Zucker (Schokolade, Traubenzucker, Kuchen). Zucker strömt rasch ins Blut. Doch nach einem kurzen Hoch folgt ein langes Tief. Denn das Insulin reguliert den gestiegenen Blutzucker schnell wieder nach unten – sogar noch unter den Ausgangswert.

»Laufen Sie nicht mit Ihrer Gesundheit dem Geld hinterher, um später mit dem Geld Ihrer Gesundheit hinterherlaufen zu müssen.« (Günter F. Gross)

Obst und Gemüse in Mengen

Essen Sie täglich frisches Obst und Gemüse in »rohen« Mengen. Nur so haben Sie eine Chance, alle wertvollen Biostoffe aufzunehmen – selbst die, die wir nicht kennen. Der ideale Snack zwischendurch: ein Apfel, eine Banane oder Orange. Verzichten Sie, so weit es geht, auf den Kochtopf, um die letzten wertvollen Reste an Vitaminen, Mineralien und Spurenelementen zu erhalten. Lassen Sie keinen Tag unter fünf Einheiten Obst und Gemüse vergehen.

Drei Gramm Vitamin C täglich

Schützen Sie sich vor Umweltgiften und freien Radikalen durch eine gesunde Dosis Vitamin C. Gönnen Sie sich drei Gramm täglich, so viel wie in fünf Kilogramm Orangen. Preisgünstigstes Präparat: Askorbinsäure. Teurer, aber noch effektiver: mikroverkapseltes Vitamin C. Keine Sorge, überdosieren ist nicht möglich. Überschüssiges Vitamin C wird ausgeschieden.

Tipp Nehmen Sie die Tagesdosis auf drei Portionen verteilt.

Zum Schutz – Vitamin E

Nehmen Sie täglich 500 Milligramm Vitamin E. Es entgiftet Fettspeicher, schützt Zellmembranen und raubt selbst erhöhtem Cholesterin seine Gefährlichkeit. Bei hohem LDL-Cholesterinspiegel sollten Sie sogar 1000 Milligramm Vitamin E zuführen.

Tipp Nur das DL-α-Tokopherol (natürliches Vitamin E) wirkt.

Magnesium in Granulatform

Nehmen Sie täglich reichlich Magnesium zu sich. Bringen Sie Ihren Magnesiumspiegel auf über 0,9 mmol/l. Dazu sind täglich ein bis zwei Beutel Magnesiumzitrat (300 bis 600 Milligramm) nötig. Messen Sie mehrmals nach, ob das Magnesium auch im Blut ankommt.

Tipp Granulat schlägt Kapseln. Eines der besten Präparate derzeit: Magnesium 300 der Firma Cadion. Trinken Sie den Cocktail – wie die meisten Nahrungsergänzungsmittel – nach den Mahlzeiten.

»Vogel fliegt, Fisch schwimmt, Mensch läuft.« (Emil Zatopek)

Blutwerte kontrollieren

Trinken Sie reichlich (täglich mindestens zwei Liter). Trinken Sie, bevor sich der Durst einstellt. Kontrollieren Sie Ihre Basiswerte des Bluts. Auch wenn alle Werte im grünen Bereich sind: Kontrollieren Sie weiterhin alle sechs Monate. Wenn nicht, korrigieren Sie Ihre Essgewohnheiten, handeln Sie sofort mit den hier beschriebenen Gegenmaßnahmen. Sicherlich freut sich Ihr Arzt, wenn er zwischendurch mal einen fitten, gesunden, vitalen Patienten sieht: Sie.

Bringen Sie mehr Bewegung in Ihr Leben

Bewegen Sie sich so viel und so oft es geht. Verzichten Sie ab sofort auf allzu viel Bequemlichkeit. Gehen Sie bei Besorgungen möglichst zu Fuß. Nehmen Sie die Treppen, statt Fahrstühle zu benutzen. Stehen Sie beim Telefonieren, statt zu sitzen. Nutzen Sie die Mittagspause für einen Spaziergang. Laufen Sie täglich eine halbe Stunde, wenigstens aber drei- bis viermal in der Woche, oder betreiben Sie einen anderen Ausdauersport wie Walking, Schwimmen, Radfahren, Inlineskaten. Melden Sie sich in einem Fitnessstudio an.

Regelmäßige Bewegung verhindert oder heilt eine Vielzahl von Krankheiten.

Den Blutdruck normalisieren

Durch Bewegung normalisieren Sie Ihren Blutdruck: Menschen mit niedrigem Blutdruck haben gute Chancen, gesund alt zu werden. Durch Ausdauersport lässt sich der systolische (obere) Blutdruckwert um vier bis neun Millimeter Quecksilbersäule (mmHg), der diastolische (untere) Wert um zwei bis zwölf Millimeter Quecksilbersäule senken.

Das Cholesterin in Schach halten

Durch Bewegung senken Sie Ihren Cholesterinspiegel: Je mehr »gutes« HDL-Cholesterin und je weniger »böses« LDL-Cholesterin in Ihrem Blut kreisen, desto geringer ist Ihr Herzinfarktrisiko. Bewegung in Kombination mit fettarmer Ernährung kann – das bestätigen diverse Studien – den HDL-Wert um zehn Prozent erhöhen und den LDL-Wert um bis zu zehn Prozent verringern.

»Leben ist das Lösen von Problemen. Probleme sind nicht die Ausnahme auf dem Lebensweg, sondern der Lebensweg selbst.« (Karl Popper, Philosoph)

Mehr Sauerstoff für die Zellen

Durch Bewegung werden die Körperzellen mit mehr Sauerstoff versorgt: Wenn Sie regelmäßig mehrmals die Woche Sport im aeroben Bereich betreiben, erhöht sich die maximale Sauerstoffaufnahme – also die Sauerstoffmenge, die den Zellen zugute kommt – um bis zu 27 Prozent. Und das, obwohl Sie während der Belastung weniger schnell außer Atem kommen – das heißt langsamer atmen.

Das Herz stärken

Durch Bewegung steigern Sie die Herzleistung: Bei Untrainierten schnellt die Herzfrequenz unter Belastung sprunghaft nach oben – das Herz wird überstrapaziert. Regelmäßiges Training senkt die Frequenz selbst bei voller Power um zehn Prozent – ein Zeichen dafür, dass der Körper mit seinen Ressourcen ökonomischer umgeht.

Kleine Ursache, große Wirkung: Kommen Sie ins Handeln – und schon bald wird Ihr Leben einen Power-schub erfahren!

Zu guter Letzt

Puh. Wenn Sie dieses Buch aufmerksam gelesen haben, kennen Sie jetzt alle Puzzleteile für mehr Lebensenergie. Sie haben es in der Hand, Ihr Leben entscheidend zu verbessern – Sie wissen jetzt, wie das geht. Allerdings: Wissen allein reicht noch nicht, Wissen löst leider noch keine Probleme. Jetzt kommt es darauf an, dass Sie Ihr neu erworbenes Know-how auch umsetzen. Das ist nicht ganz leicht, aber es ist leichter, als Sie denken.

»Der Mensch wird geboren, um zu leben, und nicht, um sich auf das Leben vorzubereiten.« (Boris Pasternak)

Aufschieberitis gefährdet die Gesundheit

Verschieben Sie nichts mehr. Schließlich geht es um das Kostbarste, das Sie haben – es geht um Ihre Gesundheit und Ihre Lebensfreude. Wie Sie tatsächlich ins Handeln kommen, haben wir in unserem Buch »So haben Sie Erfolg« ausführlich erklärt. Die Kombination des Tresors, in dem all Ihr Potenzial steckt, hat drei Buchstaben: TUN!
Machen Sie also jetzt gleich einen ersten Schritt. Fangen Sie sofort an. Denn alles, was Sie innerhalb von 72 Stunden ins Handeln bringen, hat eine nahezu 99-prozentige Erfolgsaussicht.
»Ich fühle mich wie neugeboren«, schwärmt Tim. Wir lernten uns bei einem Lebensenergieseminar kennen. Er hat sich sofort eine Pulsuhr angeschafft, hat mit dem Laufen angefangen, hat seine Ernährung umgestellt: weniger Fett, bewusster essen. Er nahm in vier Wochen sechs Kilogramm ab. Er greift jetzt voll an, auch in seinem Job. Das Zusammenleben mit Frau und Tochter wurde besser, intensiver. »Bin voll drin«, frohlockte er eben am Telefon.

Werden Sie ein Vorbild

Erfolgreiche Menschen halten nichts zurück. Geben Sie also Ihr Wissen weiter. Verschenken Sie dieses Buch an Freunde, Partner, Bekannte und Kollegen. Erzählen Sie Leuten, die Ihnen etwas bedeuten, was Sie über das Thema »Lebensenergie« gelernt haben.
Nein, nichts von dem, was Sie tun, ist wie ein Tropfen auf den heißen Stein. Im Gegenteil. Es ist wie ein Tropfen, der ins Wasser fällt – und der dann immer weitere Kreise zieht.

Literatur

● *Anderson, Walter:* Ein Kurs in Selbstvertrauen. mvg. Landsberg 1999

● *Bell, Dr. David S./Donev, Stef:* Nie mehr müde, nie mehr schlapp! Mosaik Verlag. München 1996

● *Benecke, Mark:* Der Traum vom ewigen Leben. Kindler Verlag. München 1998

● *Birkenbihl, Vera F./Christiani, Alexander/Schäfer, Bodo/Strunz, Dr. Ulrich:* Meilensteine zum Erfolg. mvg. Landsberg 1999

● *Birker, Klaus/Schott, Barbara:* Energie tanken. Rowohlt. Reinbek 1997

● *Chein, Dr. Edmund:* Zurück in die Jugend. Herbig Gesundheitsratgeber. München 1999

● *Eggetsberger, Gerhard H.:* Power für den ganzen Tag. Orac Verlag. Wien 1995

● *Egli, René:* Das LOLA-Prinzip. Editions DÓOlt. Oetwil 1994

● *Flockenhaus, Ute (Hrsg.):* Zukunftsmanagement. Gabal. Offenbach 1999

● *Govinda, Kalashatra:* Atlas der Chakras. Ludwig Verlag. 2. Auflage, München 2000

● *Gross, Günter F.:* Beruflich Profi, privat Amateur? Verlag moderne industrie. 15. Auflage, Landsberg 1998

● *Grüber, Dr. Isa:* Praxisbuch Kinesiologie. Südwest Verlag. 2. Auflage, München 2000

● *Harnisch, Günter:* Orte der Kraft. Kösel-Verlag. München 1999

● *Hofmann, Dr. Inge/Prinzinger, Prof. Dr. Roland:* Das Geheimnis der Lebensenergie. Campus. Frankfurt 1997

● *Langguth, Veronika:* So können wir uns verstehen. Kösel-Verlag. München 1998

● *Lasko, Wolf W.:* Personal Power. Gabler. Wiesbaden 1995

● *Lassen, Arthur:* Heute ist mein bester Tag. LET-Verlag. Bruchköbel 1988

● *Mayell, Mark:* Forever fit. dtv-TB. München 1998

● *Müller-Kainz, Elfrida:* Die Macht der Konzentration. Wirtschaftsverlag Langen Müller/Herbig. München 1992

● *Norfolk, Donald:* Nie mehr müde und erschöpft. Heyne-TB. München 1994

● *Oberbeil, Klaus:* Fit ohne Fett. Südwest Verlag. 5. Auflage, München 2000

● *Railo, Willi:* Besser sein, wenn's zählt. Pagina GmbH. Friedberg 1986

● *Robbins, Anthony:* Grenzenlose Energie – Das Power Prinzip. Heyne-TB. München 1991

● *Sator, Günther:* Feng Shui – Harmonie in Partnerschaft & Liebe. Gräfe und Unzer Verlag. München 1999

● *Schwarz, Aljoscha/Schweppe, Ronald:* Licht für die Seele. Gräfe und Unzer Verlag. München 1999

● *Sollmann, Ulrich:* Management by Körper. Orrell Füssli. Zürich 1997

● *Spitzbart, Michael:* Fit Forever – 3 Säulen für Ihre Leistungsfähigkeit. WESSP. 2. Auflage, Nürnberg 2000

● *Stark, Michael/Sandmeyer, Peter:* Wenn die Seele S.O.S. funkt. Rowohlt. Reinbek 1999

● *Syler, Marshall:* Elan, Erfolg & Energie. Heyne-TB. München 1995

● *Wilson, Paul:* Das Buch der Ruhe. Heyne-TB. München 1999

● *Zeyer, Albert:* Das Geheimnis der Hundertjährigen. Kreuz Verlag. Zürich 1995

Nützliche Adressen

Wenn Sie sich für Seminare interessieren:
Jörg Löhr Erfolgstraining,
Beim Schnarrbrunnen 15, 86150 Augsburg
Tel. 08 21/3 46 54-66, Fax 08 21/3 46 54 99
Internet: www.joerg-loehr-erfolgstraining.de

Dr. Michael Spitzbart, c/o Medical Consultants
GmbH, Eckenhaider Weg 6,
91207 Lauf an der Pegnitz
Tel. 0 91 26/47 30, Fax 0 91 26/49 21

Wenn Sie sich für Nahrungsergänzungsmittel interessieren:
Cadion Nahrungsvertriebs GmbH
Tel. 0 91 03/50 01-0, Fax 0 91 03/50 01-50
Internet: www.cadion.de

Cadion Österreich, A-4551 Ried im
Traunkreis 209, Tel. 00 43-66 43 41 65 03,
Fax 00 43-75 88 63 90 90

Cadion Schweiz, Seestraße 108,
CH-9326 Horn, Tel. 00 41-7 18 44 10 38,
Fax 00 41-7 18 44 10 33

Wenn Sie sich für den Elektrosmogkiller QLink interessieren:
Peter Heyer GmbH, Prehausergasse 48,
A-1130 Wien, Tel. 00 43-1-8 77 10 00,
Fax 00 43-1-8 77 10 00-12
Internet: www.phg.at

Wenn Sie sich für Beduftungsgeräte interessieren:
Aero-Wave car & home system,
ICM Werbeagentur GmbH,
Lerchenstraße 14, 80995 München,
Tel. 0 89/35 09 00-14, Fax 0 89/35 09 00-30
Internet: www.aero-wave.de

Bildnachweis

Alle Übungsgrafiken stammen von Wladimir
Szczesny, München. Alle Grafiken stammen von
Veronika Moga, München.
Fit for Fun, Hamburg: Titel (Thomas Rausch); Image
Bank, München: 2 (Marc Romanelli), 12 (Ian Royd),
36 (Inner Light), 43 (Henry Wolf), 58 (Peter Grü-
mann), 138 (Terje Rakke), 171 (Larry Gatz), 176 (Gio
Barto), 190 (Sacha Ajbeszyc); Jump, Hamburg: 6,
206 (K. Vey); Photonica, Hamburg: 99 (Jake
Wyman), 158 (Ellen Carey); Polar Elektro GmbH,
Büttelborn: 150; Südwest Verlag, München: 4
(K. Vey/jump), 5, 7 (K. Newedel), 18 (M. Tunger), 22
(M. Nagy), 72 (Parzinger), 96 (N. N.), 104 (M. Ur-
ban), 124 (A. Schliack); Tony Stone, München: 11
(Lee Page), 64 (Simon Norfolk), 91 (Fischer/That-
cher), 157 (Michelangelo Gratto), 180 (Dale Dur-
fee), 183 (Steven Peters), 193 (Andreas Pollok),
200 (David Steward), 204 (Ralf Schultheiss), 209
(James Harrington), 216 (Ian O'Leary); Transglo-
be, Hamburg: 94 (Reporters)

Hinweis

Das vorliegende Buch ist sorgfältig erarbeitet
worden. Dennoch erfolgen alle Angaben ohne
Gewähr. Weder Autoren noch Verlag können für
eventuelle Nachteile oder Schäden, die aus den
im Buch gegebenen praktischen Hinweisen resul-
tieren, eine Haftung übernehmen.

Impressum

Der Südwest Verlag ist ein Unternehmen
der Econ Ullstein List Verlag GmbH & Co. KG,
München.
© 2000 Econ Ullstein List Verlag GmbH & Co. KG,
München, und FIT FOR FUN Verlag GmbH,
Hamburg
4. Auflage 2001

Alle Rechte vorbehalten. Nachdruck – auch
auszugsweise – nur mit Genehmigung beider
Verlage.

Südwest Verlag

Redaktion: Dr. Marion Onodi
Projektleitung: Nicola von Otto
Redaktionsleitung: Dr. Christiane Lentz
Bildredaktion: Gabriele Feld
Produktion: Manfred Metzger (Leitung),
Annette Aatz, Monika Köhler
Layout: Wolfgang Lehner
DTP-Produktion: Mihriye Yücel
Grafiken: Veronika Moga

FIT FOR FUN Verlag

Chefredakteur: Andreas Hallaschka
Verlagsleitung: Petra Linke
Titelgestaltung: Dennis Middelmann unter
Verwendung eines Fotos von Thomas Rausch

Printed in Italy
Gedruckt auf chlor- und säurearmem Papier

ISBN 3-517-6155-7

Register

A

ACTH (adrenocorticotrophes
   Hormon) 103, 114, 153, 149
Adrenalin 89f., 99, 121,
   131, 163
Akupressur 18
Akupunktur 18
Alkohol 19, 55, 65, 81f., 88,
   105, 114, 155
Aminosäuren 38, 41, 95, 110ff.,
   114f., 122, 125, 133, 213
Angst 14, 19, 56, 58, 65, 68, 70,
   77f., 79, 86, 88ff., 99, 168
Antriebslosigkeit 6, 12, 83
Arteriosklerose 98, 102, 124, 142
ATP (Adenosintriphosphat) 42
Ausdauer 101, 107, 114, 118,
   120, 140, 174

B

Ballaststoffe 110, 137
Bauchatmung 48f.
Begeisterung 17, 159, 174f.,
   180, 194
Belastbarkeit 24, 26ff., 33, 70,
   114, 143
Bewegung 20f., 24, 26,
   29, 40, 46, 48f., 58, 65,
   71, 80, 93, 97, 139ff.,
   144ff., 149ff., 153, 156f.,
   190, 207f., 210, 215f.
Bewegungsmangel 31, 47, 65,
   68, 80, 140
Biostoffe 115, 124, 214
Biotin 122
Blockaden 59f., 62, 71, 197
Blut 38, 47, 80, 82, 95, 111ff.,
   122, 132f., 140, 149, 154,
   177, 197, 214
Bluthochdruck 27, 33,
   106, 140f.
Blutzucker 82f., 98, 214
Blutzuckerspiegel 32, 81f., 98,
   110, 117, 152, 154
Bodymass-Index (BMI) 134
Burnout 13, 66ff., 69

C

Chakras 22, 202
Chlorid 117

Cholesterin 96f., 113, 116, 119,
   123, 126, 143, 213, 214
Chrom 101, 119

D

Depressive Verstimmung 50,
   121f.
Diät 54, 106, 128, 156
Disharmonie 65
Disstress 90
Disziplin 24f., 65, 210
Düfte 196f.

E

Eisen 101, 118, 121
Eiweiße 41, 110
Elektrosmog 68, 84
Endorphine 154, 178
Energie
   – kinetische 15
   – negative 15, 46, 162
   – positive 10, 46, 90, 162, 164,
     168, 193
   – thermische 15
Energiebedarf 39, 156
Energiefeld, körpereigenes 85
Energiefelder 22, 203
Energiefluss 18f., 47, 72, 78, 80,
   88, 159, 180, 182
Energielehre
   – chinesische 18f.
   – indische 22
Energiepotenzial 24, 26
Energieräuber 8, 27, 65, 73f., 77,
   80f., 84f., 87, 163
Energiestörungen 19, 71
Energieverbrauch 40
Energieverluste 168
Energydrinks 132, 187
Entspannung 8, 32, 56f., 69, 92,
   180, 200
Erfolg 8, 24, 55, 105, 151, 165,
   175, 210
Ernährung 8, 11, 24, 31, 40,
   80f., 88, 105ff., 111ff., 124,
   207f., 210, 213, 216f.
Erschöpfung 13, 66, 82,
   84, 95, 105, 112, 128,
   173, 197
Erythrozyten 95, 100
Eustress 90

F

Farben 22, 198f., 202
Fatburner 129, 147
Fett 38, 41, 81, 112f., 115,
   118, 122, 125f., 127ff.,
   130, 132f., 136, 145ff.,
   148, 151, 154, 213
Fettabbau (Lipolyse) 42
Fitness 24, 28, 124, 141
Fluor 118
Folsäure 100, 102, 123, 125
Frühjahrsmüdigkeit 8

G

Gedanken 11, 24, 33f., 45, 79,
   159, 160ff., 163, 168, 171,
   191, 186, 204, 208, 211
Gelassenheit 46, 166ff.
Gereiztheit 50, 83, 122
Glykogen 38, 110, 133

H

Hämoglobin 96, 114
HDL-Cholesterin 143, 216
Hektik 33, 45, 49, 65, 92
Herzfrequenz 146, 150,
   185, 216
Herzinfarkt 97, 140, 216
Histidin 103, 111, 114
Höchstleistung 24, 89, 107,
   128, 133, 144, 160, 207

I

Immunsystem 50, 84, 98,
   101, 103, 114, 117ff.,
   120, 122, 142, 155
Innercise 44
Intelligenz,
   somatische 106
Isoleuzin 101, 103,
   112, 114

J

Jod 102, 119, 131

K

Kalorienverbrauch 40
Kalzium 100, 116, 122
Kinesiologie 71, 181
Kohlenhydrate 41, 108, 110,
   112, 125, 146, 214

Konzentration 27, 33f., 82ff., 99, 112, 126, 160, 198
Konzentrationsschwäche 50, 83, 110, 119, 122f., 128
Kopfschmerzen 27, 82ff., 87, 115, 130
Kraftorte 205
Krafttraining 137, 156f.
Kreativität 24, 55, 105, 151, 165, 175, 210
Kupfer 83, 101, 115, 119, 125

L
Laufen 107, 148ff., 151ff., 154ff., 157ff., 182, 215, 217
Lauftraining 149, 153
LDL-Cholesterin 143, 216
Lebenskrisen 174
Lebensqualität 10, 26, 78, 141, 143, 210
Leistungseuphorie 170
Leistungsschwäche 50, 120, 128
Leukozyten 100
Leuzin 103, 111, 114
Lichtenergie 15
Lithium 101
Lysin 103, 107, 111, 114

M
Magengeschwür 27, 163
Mangan 101, 115, 119, 125, 133
Meditation 33ff., 58
Meridiane 18f., 78, 201f.
Methionin 102, 111, 132
Migräne 87, 100
Misserfolge 29, 165
Mitochondrien 41f., 142, 152
Musik 32, 52, 182, 188f., 195
Muskelschmerzen 50
Muskeltest 71ff., 81, 88, 202
Muskeltraining 156f.

N
Nährstoffe 41, 139, 141
Natrium 116, 122
Natur 17, 19, 24, 33, 37, 55, 80, 115, 126, 129f., 139, 153f., 171, 201, 203, 205
Nervensystem 32, 70, 83, 101, 121, 201
Noradrenalin 99, 114, 133

O
Optimismus 17, 159, 174f., 180, 195
Osteoporose 140

P
Pessimismus 65, 166
Phenylalanin 103, 107, 111, 114
Phosphor 117
Proteine 41, 113

Q
Qi 18
Qi Gong 20

R
Radikale, freie 124, 155
Regeneration 68
REM-Schlaf 51, 55
Resignation 88
Rückenschmerzen 27, 140f.

S
Sauerstoff 47ff., 98, 103, 107, 114, 118, 131f., 139, 142, 145f., 152, 178, 216
Schlaf 25, 28, 50f., 52ff., 56, 65, 100, 133, 137, 157
Schlaflosigkeit 27, 33, 53, 55f., 83, 186, 203
Schlafmittel 54ff.
Schmerzen 151, 154
Schwefel 117
Seele 44, 92, 127, 141, 188, 192, 196, 198, 201
Selbstwertgefühl 73, 143
Selen 95, 102, 115, 118
Serotonin 52, 54, 103, 110, 112, 185
Sex 44, 56, 156, 193f.
Silizium 101
Smog 124
Somatotropin 133, 157
Spielen 25, 170f.
Sport 24, 55, 121, 141, 147, 153, 216
Stoffwechsel 14, 41, 80ff., 99, 110, 115, 135, 142, 156, 182, 185
Stress 8, 19, 28, 33, 40, 57, 59, 65f., 68, 71, 75, 84f., 87ff., 196, 203
Stressreaktion 143f.
Stresstoleranz 28, 143
Sucht 83, 141

T
Tai Chi 20
Taurin 102, 114, 132, 187
Testosteron 102, 132
Threonin 103, 111, 114
Thrombozyten 100, 119, 123
Thymusdrüse 81, 181
Training 40, 79, 100, 140, 152f., 155f., 216
– anaerobes 155
Tryptophan 54, 103, 107, 111f., 114

U
Überforderung 65f., 68, 70, 78, 90
Übergewicht 127f., 134, 141
Unsicherheit 65, 68, 85
Unterbewusstsein 161f., 196f., 208
Unterzuckerung 110
Unzufriedenheit 15, 65

V
Valin 103, 111, 114
Verdauung 40, 50, 80f., 105, 110, 117, 130, 178, 213
Versagensängste 79, 90
Verstopfung 27, 106, 116
Visualisieren 160
Vitamin A 120
Vitamin B1 121
Vitamin B12 122
Vitamin B2 121
Vitamin B3 122
Vitamin B5 122
Vitamin B6 122, 132
Vitamin C 115, 121, 131ff., 214
Vitamin D 120
Vitamin E 102, 120, 124, 214
Vitamin K 120

W
Willenskraft 59, 191
Winterdepression 8, 198
Workout 45, 156

Y
Yoga 22, 57

Z
Zink 101, 118, 125, 132f.
Zucker 82f., 129, 136, 146, 150ff., 154, 214

FIT FOR FUN-Bücher:

Gesünder ernähren – bewusster genießen – intensiver leben: Hier finden Sie noch mehr Kochbücher und Ratgeber unserer FIT FOR FUN-Experten.

Jedes Buch für nur €15,95!

Fit, fröhlich ausgelassen: Mit Rezepten für Snacks, Fingerfood, Sushi und Hauptgerichten dazu Fitness-Cocktails mit und ohne Alkohol. Als Extra: der Partyplaner für optimale Vorbereitung, mit Partyideen und Deko-Tipps.
Format 22 x 29 cm, 128 Seiten
Bestell-Nr.: 227 027 F

Das preisgekrönte Diät-Konzept mit Rezepten & Wochenplänen für gesundes Abnehmen. Dazu die 100 besten Tricks gegen Figurfallen.
Format 16 x 21 cm, 208 Seiten
Bestell-Nr.: 227 019 F

Topleistung durch Topernährung: Mit aktuellen Erkenntnissen rund um Fitnessfood sowie Ernährungsplänen und raffinierten Rezepten.
Format 16 x 21 cm, 200 Seiten
Bestell-Nr.: 227 011 F

Abnehmen mit Spaß: Ihr individuelles Ernährungsprogramm für eine gute Figur, mehr Vitalität und Fitness.
Format 16 x 21 cm, 196 Seiten
Bestell-Nr.: 227 023 F

Mit Fahrtechniken für Anfänger und Profis, ausführlichen Trainingsplänen sowie alle wichtigen Infos zum Skate-Kauf.
Format 16 x 21 cm, 164 Seiten
Bestell-Nr.: 227 021 F

Jetzt bestellen!

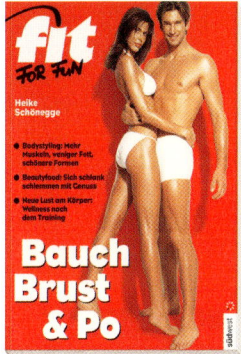